utb 4525

**Eine Arbeitsgemeinschaft der Verlage**

Böhlau Verlag · Wien · Köln · Weimar
Verlag Barbara Budrich · Opladen · Toronto
facultas · Wien
Wilhelm Fink · Paderborn
A. Francke Verlag · Tübingen
Haupt Verlag · Bern
Verlag Julius Klinkhardt · Bad Heilbrunn
Mohr Siebeck · Tübingen
Nomos Verlagsgesellschaft · Baden-Baden
Ernst Reinhardt Verlag · München · Basel
Ferdinand Schöningh · Paderborn
Eugen Ulmer Verlag · Stuttgart
UVK Verlagsgesellschaft · Konstanz, mit UVK / Lucius · München
Vandenhoeck & Ruprecht · Göttingen · Bristol
Waxmann · Münster · New York

Jana Antosch-Bardohn / Barbara Beege /
Nathalie Primus

# Tutorien erfolgreich gestalten

## Ein Handbuch für die Praxis

Ferdinand Schöningh

Umschlagabbildung: Andresr/Shutterstock.com

Illustrationen: Ulrike Schraberger, www.larika.net

Online-Angebote oder elektronische Ausgaben sind erhältlich unter
**www.utb-shop.de**

Bibliografische Information der Deutschen Nationalbibliothek

Die Deutsche Nationalbibliothek verzeichnet diese Publikation in der Deutschen Nationalbibliografie; detaillierte bibliografische Daten sind im Internet
über http://dnb.d-nb.de abrufbar.

© 2016 Ferdinand Schöningh, Paderborn
(Verlag Ferdinand Schöningh GmbH & Co. KG, Jühenplatz 1,
D-33098 Paderborn)

Internet: www.schoeningh.de

Printed in Germany.
Herstellung: Ferdinand Schöningh, Paderborn
Einbandgestaltung: Atelier Reichert, Stuttgart

UTB-Band-Nr: 4525
ISBN 978-3-8252-4525-2

# Inhalt

**Durchführung des Tutoriums**

# 1. Gebrauchsanweisung zu diesem Handbuch

Wenn Sie dieses Buch zur Hand nehmen, stehen Sie vermutlich vor der Aufgabe, ein Tutorium zu konzipieren. Vielleicht haben Sie auch bereits erste Erfahrungen mit der Durchführung von Tutorien sammeln können, sind dabei allerdings „ins kalte Wasser gesprungen" und wollen jetzt mit diesem Handbuch prüfen, wie Sie Ihr Tutorium und den Umgang mit Ihren Studierenden optimieren können.

In jedem Fall bietet Ihnen das Handbuch „Tutorien erfolgreich gestalten – Ein Handbuch für die Praxis" einen Leitfaden zur Konzeption und Durchführung von Tutorien im Hochschulkontext. Schritt für Schritt führen wir Sie durch die relevanten Aufgaben, bis Sie Ihr fertiges Konzept in den Händen halten und konkrete Maßnahmen für die Durchführung Ihres Tutoriums kennen. Wir weisen Sie auf wichtige Vorüberlegungen hin, die zuvor durchdacht sein sollten. Sie erfahren konkrete Hinweise zur Planung Ihrer Tutoriums-Sitzungen und erhalten praktisch anwendbare Tipps für die souveräne Durchführung.

Wir Autorinnen arbeiten seit Jahren als Kommunikationstrainerinnen im hochschuldidaktischen Bereich. Ein Aufgabenbereich ist die Schulung von Tutoren sowie die Qualifizierung von Tutorenausbildern. Aufgrund dieser jahrelangen hochschuldidaktischen Arbeit ist es uns möglich, Ihnen praktische Anwendungstipps zu liefern und unterschiedliche Perspektiven auf verschiedene Tutorienarten zu eröffnen.

Die Arbeit mit diesem Handbuch wird Ihnen bei der Vorbereitung des Tutoriums helfen, so dass Sie an Sicherheit gewinnen und Ihre Aufgabe als Tutorin, Tutor in einer Peer-to-Peer-Lernsituation gut meistern werden.

## 1.1 Aufbau des Buches

Im ersten Teil dieses Buches „Vorüberlegungen zur Tutorienarbeit" erfahren Sie, was Sie vor der konkreten Planung und Durchführung Ihres Tutoriums geklärt haben sollten. Wir starten mit einer kurzen Einordnung, welche Tutorien im Hochschulkontext angeboten werden und warum tutorielles Lernen so effektiv und hilfreich sein kann. Im Anschluss daran werden Sie Ihre eigene Rolle als Tutorin, als Tutor reflektieren und überlegen, welche Rolle Sie einnehmen können und möchten. Weiterhin werden organisatorische Rahmenbedingungen besprochen, die im Vornherein geklärt sein sollten, bevor es an die konkrete Arbeit mit den Studierenden im Tutorium geht.

Im zweiten Teil des Buches geleiten wir Sie Schritt für Schritt durch die Konzeption Ihres Tutoriums. Sie erfahren wie Menschen grundsätzlich lernen, um daraufhin ein lernförderliches Tutorium für Ihre Studierenden konzipieren zu können. Dazu gehören die Planung der inhaltlichen Abläufe, der Einsatz von interaktiven Lehr-/Lernmethoden und die Gestaltung von Visualisierungen inklusive Vorbereitung des Medieneinsatzes. Wenn Sie mit diesem Handbuch arbeiten, werden Sie am Ende des zweiten Buchteiles Ihr persönliches, vollständig ausgearbeitetes Tutoriums-Konzept vorliegen haben.

Im dritten Teil behandeln wir die Durchführung des Tutoriums. Wir starten mit dem persönlichen Ausdrucksverhalten und wie Sie als Tutorin, Tutor sicher auftreten. Weil es sich nicht planen lässt, welche Wortbeiträge die Teilnehmenden im Tutorium äußern werden, erfahren Sie, wie Sie Ihre Studierenden mit Kommunikationstechniken souverän leiten. Es passiert selten, aber hin und wieder läuft ein Tutorium nicht so wie gewünscht: Das 13. Kapitel zeigt Ihnen, wie Sie mit schwierigen Situationen umgehen können. Sie erhalten Tipps um auf Lampenfieber zu reagieren, Ihre Studierenden zu motivieren, schwerfällige Gruppenarbeiten zu regulieren und schwierige Kommunikationssituationen aufzulösen. Das letzte Kapitel rundet die Tutorien-Arbeit ab. Sie erfahren, wie Sie Ihre letzte Sitzung gestalten können, wie Sie Ihr Tutorium nachbereiten und es mit Ihrer Betreuerin, Ihrem Betreuer oder auch andere Tutorinnen und Tutoren nachbesprechen können.

## 1.2 Aufbau der einzelnen Kapitel

Damit Sie dieses Buch optimal für Ihre Zwecke einsetzen können, haben wir jedes Kapitel aus wiederkehrenden Elementen aufgebaut, die Ihnen helfen sollen, sich schnell zurecht zu finden und dieses Buch praktisch zu nutzen.

Jedes Kapitel startet mit relevanten Inhaltspunkten, die im jeweiligen Kapitel behandelt werden, also den Lernzielen des Kapitels. Damit können Sie vor jedem Kapitel individuell entscheiden, welche (Unter-)Kapitel Sie schneller und welche Sie intensiver durcharbeiten möchten.

Die Inhalte der Buchkapitel werden kurz und knackig beschrieben. Wir präsentieren Ihnen wissenschaftlich fundierte Informationen so aufbereitet, dass Sie diese praktisch anwenden können. Ergänzt werden diese Informationen durch Übungen, Tipps-&-Tricks-Kästen und Infotafeln.

> **Übung: Name der Übung**
>
> Übungen bieten die Möglichkeit Techniken auszuprobieren und nach Belieben zu wiederholen.

**Tipps & Tricks**

In Tipps-&-Tricks-Kästen finden Sie hilfreiche Tipps zur praktischen Umsetzung.

---
Infotafel

Infotafeln liefern Ihnen zusätzliche Informationen zum Thema, wie zum Beispiel die Darstellung wissenschaftlicher Studien.

---

Am Ende eines jeden Kapitels finden Sie eine Checkliste. Wenn Sie jede Checkliste ausfüllen, erstellen Sie automatisch parallel zur Lektüre des Buchs Ihr Tutoriums-Konzept und beachten alle relevanten Punkte bei der Konzeption und Durchführung.

---
Checkliste für das Kapitel 6

→ Füllen Sie die folgende Checkliste aus. Mit jeder ausgefüllten Checkliste vervollständigt sich Ihr Tutoriums-Konzept.

Setzen Sie Ihre Lernziele fest:

• Definieren Sie Ihre Lernziele:

................................................................

• Was sollen die Studierenden am Ende des Tutoriums konkret wissen?

................................................................

---

Sie finden alle Checklisten auch zum Herunterladen und Ausfüllen online unter **www.utb-shop.de/9783825245252**

Nun wünschen wir Ihnen viel Spaß bei der Lektüre dieses Handbuchs und gutes Gelingen bei der Konzeption und Durchführung Ihres Tutoriums!

## VORÜBERLEGUNGEN ZUR TUTORIENARBEIT

Zum Einstieg in Ihre Arbeit als Tutorin, als Tutor behandeln wir wichtige Vorüberlegungen, die Sie zu Beginn überdacht haben sollten. Wir starten mit einer kurzen Einführung, warum Tutorien so lehrreich sind (Kapitel 2), Sie reflektieren Ihre Rolle als Tutorin, Tutor (Kapitel 3) und klären wichtige Rahmenbedingungen zu Ihrem Tutorium ab (Kapitel 4).

## 2. Im Peer-to-Peer-Umfeld lernen

In diesem Kapitel erfahren Sie …

- … welche unterschiedlichen Einsatzmöglichkeiten von Tutorien es gibt.
- … warum gut gehaltene Tutorien so wichtig für die Studierenden sind.
- … inwiefern auch die Tutoren von einer Peer-to-Peer-Lernumgebung profitieren.

Im Peer-to-Peer-Umfeld zu lernen, bedeutet Lernen unter Gleichgesinnten. Damit sind Tutorien, die von studentischen Tutoren gehalten werden, das Peer-to-Peer-Lernumfeld schlechthin. Dieses Kapitel zeigt, was das klassische Verständnis von einer Tutorin, einem Tutor ist, welche unterschiedlichen Arten von Tutorien es gibt und warum sowohl Studierende als auch Tutoren in einer Peer-to-Peer-Lernsituation besonders gut lernen.

## 2.1 Tutorienvielfalt an Hochschulen kennen

Warum werden Tutorien so zahlreich angeboten? Die Antwort auf diese Frage ist naheliegend: In Vorlesungen an Hochschulen, die oft von Professorinnen oder Professoren gehalten werden, sollen in kürzester Zeit einem großen Publikum viele Inhalte vermittelt werden. Studieren heißt lernen. Lernen bedeutet aber Fachinhalte nicht nur einmal gehört zu haben, sondern sich mit den Inhalten aktiv auseinanderzusetzen, damit sie gewusst, gekonnt und angewendet werden können. Dies kann eine Vorlesung oft nicht leisten. Tutorien sollen helfen, Fachinhalte in einem Umfeld mit geringerer Teilnehmerzahl zu vertiefen. Oft bietet erst ein Tutorium die Zeit, sich intensiver mit dem Lernstoff zu beschäftigen.

Tutorinnen und Tutoren sind meistens Studierende desselben Fachgebietes aus höheren Semestern, die sich durch besonderes Engagement und gutes fachliches Wissen auszeichnen.

Die folgenden Beispiele zeigen, wie unterschiedlich Tutorien aussehen können und stellen das Hauptziel jeder Tutoriums-Art, die übliche Lehr-/Lernmethode und die benötigte Kernkompetenz der Tutorin, des Tutors dar:

| Art des Tutoriums | Hauptziel | Übliche Lehr-/ Lernmethode | Kernkompetenz des Tutors |
|---|---|---|---|
| Tutorium als Einführungs-veranstaltung | Studierende erhalten wichtige Informationen zu ihrem Studium. Sie werden in das wissenschaft-liche Arbeiten eingeführt | Vortrag der Tutorin, des Tutors | Verständlich präsentieren |

| Art des Tutoriums | Hauptziel | Übliche Lehr-/ Lernmethode | Kernkompetenz des Tutors |
|---|---|---|---|
| Tutorium als Übung nach einer Vorlesung | Wiederholung und Vertiefung der Vorlesungs- inhalte, Übung des Erlernten | Tutorin, Tutor beantwortet Fragen; Aufgaben werden von Tutorin, Tutor vorgerechnet bzw. exempla- risch bespro- chen | Komplexe Sachverhalte einfach erklären |
| Tutorium im Labor | Sicherheits- unterweisung, Experimente kennenlernen | Experimente werden unter Anleitung in der Gruppe durchgeführt | Prozessorien- tiert betreuen |
| Tutorium als Prüfungsvor- bereitung | Vorbereitung auf die Klausur | Studierende stellen Fragen an die Tutorin, den Tutor, Klausurfragen werden besprochen | Kurz und prägnant Wesentliches wiedergeben |
| E-Learning Tutorium | Unterstützung außerhalb der Lehrveranstal- tungen | Kommunikation über eine Online-Platt- form (z.B. Moodle), Studierende laden ihre Lösungen zu Aufgaben hoch und erhalten von der Tutorin, vom Tutor schriftliches Feedback, Fragen werden beantwortet | Schriftliches Moderieren, Feedback geben |

Tabelle 1: Art des Tutoriums

Nun können Sie für sich die Frage beantworten welche Art Tutorium Ihrem Vorhaben am ehesten entspricht. Egal um welche Konstellation es sich handelt, die Vorteile der Tutorienarbeit gelten für alle Tutoriumsarten gleichermaßen.

## 2.2 Vorteile des Peer-to-Peer-Lernens nutzen

Das Lernen im Peer-to-Peer-Umfeld, also das Arbeiten unter Gleichgesinnten, hat sowohl für die Studierenden als auch für die Tutorinnen und Tutoren einige Vorteile. Dozentinnen und Dozenten stehen von ihrer wissenschaftlichen Laufbahn her gesehen weit über den Studierenden. Die fachliche Kompetenz kann für Studierende daher schier unerreichbar wirken. Da dieser große Unterschied zwischen Tutoren und Studierenden nicht existiert, können Studierende von Tutorinnen und Tutoren oft mehr Hilfestellung annehmen als von promovierten und habilitierten Dozierenden. Tutorinnen und Tutoren sind die Vorbilder, die nachgeahmt werden können, denn ihr Können und ihre Leistung liegen im Bereich des Erreichbaren der Studierenden: So wie die Tutoren könnten die Studierenden in ein bis zwei Jahren auch sein. Die geringen Hierarchieunterschiede verringern bei den Studierenden die Hemmschwelle Kontakt aufzunehmen. Studierende trauen sich in Tutorien häufiger Fragen zu stellen, wodurch insgesamt die aktive Auseinandersetzung mit dem Lernstoff gefördert wird. Besonders hilfreich sind Tutorien, wenn Tutoren nicht nur Wissen vermitteln, sondern auch von den Studierenden die Inhalte entwickeln lassen. Wertvolle Hinweise, wie Sie es ermöglichen können, Wissen von den Studierenden entwickeln zu lassen, finden Sie in den Kapiteln 5, 6 und 7.

---

**Infotafel: Positivere Einstellung zum Thema**

In wissenschaftlichen Studien wurde herausgefunden, dass die Studierenden durch den Besuch von Tutorien bzw. durch das Lernen in Peer-Gruppen eine positivere Einstellung zu den Inhalten gewannen (Topping, 1996). Dies gelingt gerade bei trockenen Themen oft nur sehr charismatischen Professoren. Eine positivere Einstellung zum Thema erhöht die Lernmotivation erheblich. Damit wird eine wichtige Voraussetzung, dass Studierende gut lernen, also in Tutorien allein durch die Peer-to-Peer-Situation geschaffen.

---

In der Hochschulforschung zeigt sich, dass sich die Studierenden durch die Betreuung von Tutorinnen und Tutoren, besser an die jeweilige Hochschule angebunden fühlen, dass ihnen der Einstieg ins Studium und in das studentische Lernen erleichtert und letztlich die Wahrscheinlichkeit eines Studienabbruchs reduziert wird. Als Tutorin, als Tutor kommt Ihnen demnach eine bedeutende Aufgabe im Lehralltag von Hochschulen zu und Sie können zu einer wichtigen Bezugsperson für Studierende aus jüngeren Semestern werden. Sie werden Lehraufgaben übernehmen und die Studierenden bei deren Lernfortschritten begleiten. Womöglich werden Sie im Verlauf des Tutoriums als Vertrauensperson und Ansprechpartner von den Studierenden wahrgenommen. Sie tragen als Tutorin, als Tutor zu einem gewissen Maße dazu bei, dass die Studierenden erfolgreicher in ihrem Studium sind.

Auch für Sie als Tutorin, als Tutor gibt es viele Vorteile ein Tutorium zu halten. „Am besten lernt, wer lehrt" ist ein bekanntes Sprichwort, das auch im Kontext von Tutorien spürbar ist. Viele Untersuchungen zeigen, dass nicht nur die Studierenden im Tutorium lernen, sondern auch die Tutoren durch die Durchführung der Tutorien selbst die Leistung in dem jeweiligen Fachgebiet verbessern. Durch die Vorbereitung eines

Tutoriums verarbeitet die Tutorin, der Tutor die Inhalte gründlicher als üblich, da der Stoff organisiert und strukturiert werden muss. Beim Vermitteln der Inhalte müssen die Tutoren außerdem passende Zusammenhänge herstellen und auf Verständlichkeit achten. Folgen dann noch Fragen von den Studierenden, wird der Stoff ein weiteres Mal auf unterschiedliche Weise erläutert. Dadurch erfolgt eine besonders tiefe inhaltliche Verarbeitung.

---

**Infotafel: „Tutor-learning"-Effekt**

Webb & Palincsar (1996) begründen den Wissenszuwachs bei den Tutoren damit, dass das Erklären des Lehrstoffes und das Beantworten der von Studierenden gestellten Fragen eine Restrukturierung des Wissens im Gehirn veranlassen. Diese Restrukturierung führt dazu, dass die Tutoren ihre Wissenslücken identifizieren und überwinden. Damit wird bereits bestehendes Wissen tiefer verarbeitet und neues Wissen entsteht. Dieser Effekt, dass die Tutoren durch die Vermittlung der fachlichen Inhalte das eigene Verständnis vom Stoff reflektieren, den Stoff elaborieren und durch das Stellen und Beantworten von Fragen neues Wissen konstruieren, wird auch als „tutor-learning"-Effekt bezeichnet (Roscoe & Chi, 2007).

---

Ein weiterer Vorteil für Sie, Tutorin oder Tutor zu werden, ist, dass diese erste Lehrerfahrung der Start für eine Karriere an der Universität sein kann.

Konzipieren Sie lernförderliche Tutorien, um Ihren Studierenden und Ihnen den bestmöglichen Nutzen zu bringen!

*Unsere Literaturempfehlungen zum Weiterlesen:*

Leutner, Detlev; Klauer, Karl Josef (2012): Lehren und Lernen. Einführung in die Instruktionspsychologie. 2. Aufl. Weinheim: Julius Beltz (Psychologie 2012).

Roscoe, R. D.; Chi, M. T. H. (2007): Understanding Tutor Learning: Knowledge-Building and Knowledge-Telling in Peer Tutors' Explanations and Questions. In: Review of Educational Research 77 (4), S. 534–574. DOI: 10.3102/0034654307309920.

**Checkliste für das Kapitel 2**

→ Füllen Sie die folgende Checkliste aus. Mit jeder ausgefüllten Checkliste vervollständigt sich Ihr Tutoriums-Konzept.

Betrachten Sie die Tabelle auf Seite 14/15 und bestimmen Sie, welche Art Tutorium Sie durchführen werden:

| Art des Tutoriums | Thema/Titel/ Hauptziel | Übliche Lehr-/ Lern-methode | Ihre Kern-kompetenz als Tutorin, Tutor |
|---|---|---|---|
| | | | |

# 3. Rollenbewusstsein entwickeln

In diesem Kapitel erfahren Sie …

… wieso es wichtig ist, sich als Tutorin, als Tutor über die eigene
Rolle bewusst zu werden.
… welche Rollen Sie einnehmen können.
… wie Sie möglichen Rollenkonflikten vorbeugen.

Tutorinnen und Tutoren werden nicht nur im Hochschulkon-
text eingesetzt. Vielleicht haben Sie bereits Erfahrungen als
Tutorin, als Tutor in anderen Kontexten gesammelt, zum Bei-
spiel während Ihrer Schulzeit. Hier war die Rollenverteilung
meist ziemlich klar, die Tutorinnen und Tutoren waren die
„Großen" und die Schülerinnen und Schüler die „Kleinen".
Dabei haben die Kleinen in der Regel auf die Großen gehört.
Wie ist das nun, wenn Sie die Leitung eines Tutoriums im
Hochschulkontext übernehmen? Gehören Sie da auch zu den
„Großen"? Falls Sie sich mit dieser Zuweisung noch nicht
wohlfühlen, sind Sie in diesem Kapitel genau richtig.

Das Lernen unter Anleitung einer Tutorin, eines Tutors
bringt viele Vorteile mit sich (siehe auch Kapitel 2). Die Studierenden trauen sich aufgrund der geringen Hierarchieunterschiede und der bestehende Gemeinsamkeiten mit den Tutorinnen und Tutoren, Fragen zu stellen und ehrlich offenzulegen,
was sie nicht verstehen. Der geringere Altersunterschied und
die möglichen Gemeinsamkeiten bringen neben vielen Vortei-
len allerdings auch ein Risiko mit sich. So zeigt die „Peer-to-
Peer"-Forschung, dass die größte Schwierigkeit bei der Durchführung von Tutorien für die Tutorinnen und Tutoren in dem
erlebten Rollenkonflikt besteht. Denn einerseits sind die Tutorinnen und Tutoren in der Regel selbst noch Studierende,
wenn auch in einem höheren Semester, auf der anderen Sei-

te treten sie im Tutorium als Lehrtätige auf. So kann es sein, dass ein Student mit Kommilitonen gemeinsam in der Mensa zu Mittag isst und nach der Mittagspause findet sich derselbe Student in der Rolle des Tutors wieder und führt für die Kommilitonen, mit denen er gerade noch über die Wochenendpläne gesprochen hat, ein Tutorium durch. In dem Tutorium ist es dann seine Aufgabe, für Struktur, Orientierung und die nötige Disziplin im Raum zu sorgen, damit im Tutorium gut gelernt werden kann. Er vermittelt Wissen und beantwortet Fragen.

Vielen Tutorinnen und Tutoren fällt dieser Rollenwechsel schwer. Sie wollen nicht autoritär oder wie eine Dozentin, ein Dozent auftreten, dieses Verhalten scheint ihnen meist unangemessen. Es soll vielmehr ein lockerer „kumpelhafter" Umgang gepflegt werden. Mögliche auftretende Schwierigkeiten im Tutorium, wie Nebengespräche oder unproduktive Sitzungen, lassen sich aus der Rolle des Kumpels allerdings schwieriger lösen. Damit sind wir bei der Frage, welche Rolle Sie in der Leitung eines Tutoriums einnehmen möchten? In welcher Rolle ist es Ihnen einerseits möglich, authentisch Kommilitonin, Kommilitone zu sein und andererseits das Tutorium als ernstzunehmende Leitung zu führen und Inhalte souverän zu vermitteln? Es geht also darum, für Sie persönlich eine Rolle in der Mitte zu finden, die es Ihnen erlaubt, auf Augenhöhe, entspannt mit den Studierenden zu interagieren und gleichzeitig mit dem nötigen Respekt die Gruppe zu führen. Bei dieser Rollenfindung wollen wir Sie in diesem Kapitel unterstützen.

## 3.1 Eigene Rolle klären

Am geläufigsten ist der Begriff „Rolle" wohl aus Film und Theater, Schauspieler spielen Rollen, sie schlüpfen in fiktive Charaktere, verkörpern diese und füllen sie mit Leben. Auch

Sie werden in die Rolle „Tutorin", „Tutor" schlüpfen, allerdings sollen Sie dabei keinen fiktiven Charakter nachahmen oder gar schauspielern. Es geht darum, die Rolle persönlich so auszufüllen, dass Sie an alle damit verbundenen Aufgaben denken und während der Ausübung Sie selbst bleiben können.

Welche Aufgaben sind an die Rolle Tutorin, Tutor geknüpft?

- die Selbständige Vorbereitung eines Tutoriums (Kapitel 5-8)
- Rücksprachen mit der betreuenden Lehrkraft und/oder anderen Tutoren (Kapitel 4)
- Organisatorische Aufgaben rund um das Tutorium, wie zum Beispiel die Vorbereitung des Raums (Kapitel 4, 12)
- die Durchführung des Tutoriums (Kapitel 9-13)
- die Nachbereitung und Reflexion des Tutoriums (Kapitel 14)

Im Zentrum Ihrer Tätigkeit wird die erfolgreiche Durchführung des Tutoriums stehen. Die Vor- und Nachbereitung, ebenso wie organisatorische Aufgaben, sind notwendig, damit Sie ein gut strukturiertes Tutorium gestalten und zum positiven Lernerlebnis der teilnehmenden Studierenden beitragen. Für die Kernaufgabe, nämlich als Lehrperson im Tutorium aufzutreten, ist es hilfreich die unterschiedlichen Rollen vor Augen zu haben, in die eine Lehrperson während einer Lehreinheit schlüpft. Wir verwenden die Tabelle aus Kapitel 2, um die mögliche Rollenvielfalt in einem Tutorium aufzuzeigen (vgl. S. 14/15).

| Art des Tutoriums | Hauptziel |
|---|---|
| Tutorium als Einführungsveranstaltung | Studierende erhalten wichtige Informationen zu Ihrem Studium, Einführung in das wissenschaftliche Arbeiten |
| Tutorium als Übung nach einer Vorlesung | Wiederholung und Vertiefung der Vorlesungsinhalte, Übung des Erlernten |
| Tutorium im Labor | Sicherheitsunterweisung, Experimente kennenlernen |
| Tutorium als Prüfungsvorbereitung | Vorbereitung auf die Klausur |
| E-Learning Tutorium | Unterstützung außerhalb der Lehrveranstaltungen, Feedback erhalten |

Tabelle 2: Eigene Rolle klären

Auch wenn Sie während des Tutoriums unterschiedliche Rollen erfüllen, empfehlen wir Ihnen eine „Hauptrolle" für die Durchführung des Tutoriums zu entwickeln, die Ihnen dabei hilft, sich angemessen im Tutorium zu verhalten. Am einfachsten wird Ihnen diese Rollenfindung fallen, wenn Sie sich dazu an guten Vorbildern orientieren:

| Beitrag des Tutors, der Tutorin | Leitbilder/Rollen |
|---|---|
| • Orientierung geben<br>• Transparent machen, wie das Studieren funktioniert<br>• Ansprechpartner für alle Fragen sein<br>• Anspruch wissenschaftlichen Arbeitens erklären | • Große Schwester, großer Bruder<br>• Helfende Hand<br>• Übersetzerin, Übersetzer<br>• Fluglotsin, Fluglotse |
| • Einfache Erklärungen bieten<br>• Raum für Übungen geben – Fehler sind erlaubt<br>• Strukturiert Inhalte wiederholen<br>• Fragen beantworten und Inhalte erneut erklären | • Lernbegleiterin, Lernbegleiter<br>• Nachhilfelehrerin, -lehrer<br>• Die, der Geduldige<br>• Moderatorin, Moderator |
| • Eindeutige Anleitungen geben<br>• Über die Einhaltung von Regeln wachen<br>• Vorgehensweise klar kommunizieren<br>• Auf die wertvollen Geräte achten | • Supervisorin, Supervisor<br>• Schiedsrichterin, Schiedsrichter<br>• Fluglotsin, Fluglotse<br>• Bademeisterin, Bademeister |
| • Motivieren<br>• Angst nehmen/beruhigen<br>• Strukturiert Inhalte wiederholen<br>• Fragen beantworten und Erklärungen liefern | • Sport-Coach<br>• Mental-Coach<br>• Lernbegleiterin, Lernbegleiter<br>• Nachhilfelehrerin, -lehrer |
| • Konstruktives Feedback geben<br>• Verständlich schreiben<br>• Austausch auf E-Learning-Plattformen anregen | • Kundenberaterin, Kundenberater<br>• Schiedsrichterin, Schiedsrichter<br>• Moderatorin, Moderator |

Denken Sie bitte zurück an Ihre bisherigen Lernerfahrungen. Denken Sie an Ihre Schulzeit oder an Ihre bisherige Studienzeit. Möglicherweise haben Sie in dem einen oder anderen Fach Nachhilfe in Anspruch genommen. Überlegen Sie bitte, bei welchen Personen Sie in den zurückliegenden Jahren besonders gut gelernt haben. Rufen Sie sich drei Personen ins

Gedächtnis, die für Sie gute Lehrpersonen waren und notieren Sie diese in den drei Kästchen:

Wir laden Sie zu einem Gedankenexperiment ein. Nehmen wir an, Ihre ausgewählten Lehrpersonen wären keine Lehrer geworden, sondern hätten einen anderen Beruf gewählt. Welche Berufe kommen in Frage, in denen die Stärken Ihrer Lehr-Vorbilder ebenso gut Anwendung finden würden?

Versuchen Sie spontan den folgenden Satz in Bezug auf Ihre drei ausgewählten Personen zu ergänzen:

Wenn Frau ................ nicht Lehrerin geworden wäre, wäre sie ................ geworden!
Wenn Herr ................ nicht Lehrer geworden wäre, wäre er ................ geworden!
Wenn Frau ................ nicht Lehrerin geworden wäre, wäre sie ................ geworden!

Wären die besten Lehrerinnen und Lehrer, die noch nach Jahren in unserer Erinnerung sind, vielleicht Geschichtenerzähler, Fußballtrainerinnen, Köche, Seglerinnen, Dirigenten, Bauingenieure, Bergführerinnen oder Gärtner geworden? Wir greifen zunächst ein Beispiel heraus. Mit Ihren eigenen Berufsbeispielen werden Sie später weiterarbeiten.

Nehmen wir an, dass die beste Lehrerin Bergführerin geworden wäre. Was fällt Ihnen ein, was eine gute Bergführerin für Kompetenzen benötigt?

*Sie kennt natürlich die Region und weiß, welche Wege gerade begehbar oder vielleicht noch dick verschneit sind. Sie achtet auf die Kondition und Ausrüstung ihrer Wandergruppe – hat auch jeder das richtige Schuhwerk an, etwas zum Trinken und weitere Verpflegung dabei? Führt der Weg über einen Klettersteig und können alle Wanderer diese Passage schaffen? Falls nicht, kann sie eine andere Route wählen. Die Bergführerin erklärt, was wir auf dem Weg alles entdecken, auf welche anderen Gebirgszüge wir blicken und wo wir vorsichtig gehen müssen. Sie achtet darauf, dass die Gruppe zusammenbleibt und passt ggf. das Tempo an. Sie plant Pausen auf einer Berghütte ein und organisiert Übernachtungsplätze für die Gruppe. Und es macht richtig Spaß ihr zuzuhören, denn sie kann einfach von tollen Erlebnissen berichten.*

Auch wenn wir uns die ideale Bergführerin noch weiter ausmalen könnten, stoppen wir an dieser Stelle und schauen, was wir aus der Aufzählung nun für die Rollenklärung eines Tutors, einer Tutorin nutzen können:

Auch Tutorinnen und Tutoren sollten die Region, das Themengebiet, kennen und sie suchen Lernwege, die es den Studierenden möglichst leicht und angenehm machen. Kondition und Ausrüstung können für Vorwissen und Verfassung der Studierenden stehen, der Klettersteig kann für ein besonders anspruchsvolles Lernziel stehen, das vielleicht noch nicht alle Teilnehmenden erreichen können. Die Möglichkeit, das Vorgehen (die Route) im Tutorium an die Studierenden anzupassen, ist eine anspruchsvolle Erwartung, aber gleichzeitig zeichnet eine solche Flexibilität nicht nur gute Bergführer, sondern auch wirklich gute Lehrpersonen aus. Und auch in den weiteren Aufzählungen, fällt die Übertragung auf die Lehrsituation leicht. Ob es darum geht einen Ausblick zu geben, welche Berge, welche Themen sich die Studierenden noch erschließen können oder bewusst Pausen einzubauen und sich um allerlei Organisatorisches, wie Materialien oder Räume zu kümmern, all das enthält die Rolle eines

Tutors, einer Tutorin. Wenn Sie es dann noch schaffen, die Lehre durch interessante Beispiele oder Geschichten anschaulich und spannend zu machen, werden die Studierenden Sie sicher ebenfalls als richtig gute Lehrperson in Erinnerung behalten.

Vielleicht finden Sie sich in der ausgeführten Metapher eines Bergführers wieder, vielleicht haben Sie Ihre Vorbild-Lehrer mit anderen Berufen betitelt, die für sie besser passen. Wählen Sie eine Metapher, die Ihnen gefällt, und malen Sie sich diese so aus, wie wir das oben für die Bergführerin gemacht haben („Was macht eine(n) gute(n) … aus?"). Erst im zweiten Schritt prüfen Sie, was Sie daraus für die vor Ihnen liegende Lehraufgabe ziehen können.

Die folgende Darstellung skizziert als Anregung mögliche alternative Berufe für die besten Lehrerinnen und Lehrer:

Dirigent: „Die Partitur kennen und individualisieren, mit dem Dirigentenstab den Takt vorgeben, den einzelnen Instrumentengruppen den Einsatz geben …"

Koch: „Die richtigen Zutaten auswählen, auf Unverträglichkeiten achten, kleine gut verdauliche Portionen und immer ein süßes Dessert am Ende!"

Bauingenieurin: „Das Baukonzept prüfen, die Gewerke planen, einen Zeitplan anfertigen, notwendige Materialien frühzeitig bestellen, Überblick behalten, ein stabiles Fundament gießen …"

Abb. 1: Das passende Rollenmodell finden

Sie haben nun ein für Sie passendes Bild gewählt, dass Ihnen hilft Ihre Rolle als Tutorin, Tutor angemessen auszuüben.

## 3.2 Rollenkonflikten vorbeugen

Wir verwenden den Vergleich mit der Bergführerin noch für einen nächsten Schritt. Wir wollen nämlich erfahren, wie die Bergführerin wohl mit der Situation umgehen würde, wenn sie gleichaltrige Wanderer in ihrer Gruppe hätte, die auch schon Bergerfahrung haben oder sich vielleicht selbst zum Bergführer ausbilden lassen wollen.

Eine Möglichkeit ist dies direkt vor der Gruppe anzusprechen. Zu Beginn der Wanderung könnte das etwa so klingen:

*„Wir haben heute eine anspruchsvolle Route vor uns. Ich bin die Strecke vor 3 Tagen gegangen und es erwarten uns neben blühenden Landschaften, 800 Höhenmeter, teils schmale Wege und am Ende die Einkehr in eine charmante Berghütte mit herrlicher Aussicht. Viele von euch kenne ich schon und weiß, dass ihr erfahrene Wanderer seid und ich freue mich, dass ihr heute mit mir auf Tour geht. Für die heutige Tour ist mir wichtig, dass die Gruppe in Sichtweite zusammenbleibt, wenn ihr euer Tempo gehen wollt, wartet bitte immer mal wieder, bis alle zusammen sind. Ich habe die Strecke so ausgesucht, dass wir auch abkürzen können, wenn wir wollen, ich richte mich dabei nach euren Wünschen. Sagt mir Bescheid, wie es euch geht und was ihr braucht!"*

Neben einem Ausblick darüber, was die Gruppe heute in groben Zügen erwartet, spricht die Bergführerin auch die vorhandene Erfahrung in der Gruppe an. Sie wertschätzt die erfahrenen Wanderer und macht für alle die Regeln transparent, die ihr für die anstehende Tour wichtig sind. Am Ende richtet

sie noch einen Appell an die Gruppe, damit sich alle eigenverantwortlich einbringen, wenn sie etwas brauchen.

Wie könnte nun eine entsprechende Formulierung zur Eröffnung des Tutoriums lauten, in der Sie offen ansprechen,
dass Sie sich in einer anderen Rolle als die Professorinnen und
Professoren oder die Dozierenden befinden?

*„Das Semester liegt vor uns und wir haben insgesamt zwölf
Tutoriums-Sitzungen Zeit, die Inhalte der Grundlagenvorle-
sung zu vertiefen. Es ist nicht nur leichte Kost, die wir hier vor
uns haben, aber ich werde versuchen, es so verständlich wie
möglich zu erklären und gemeinsam kriegen wir das hin! Ich
habe diese Vorlesung vor zwei Semestern absolviert und mitt-
lerweile weiß ich, wieviel auf den Inhalten aufbaut. Ich hab
noch oft in meinen Aufzeichnungen nachgesehen und konnte die Inhalte in vielen kommenden Seminaren anwenden. Es
lohnt sich also, hier gut mitzumachen! Und ich freue mich
darauf, mit euch zusammenzuarbeiten! Ich möchte, dass wir
hier unser Wissen zusammentragen, denn ich würde mir nicht
anmaßen zu sagen, dass ich mehr weiß als ihr. Auch wenn
ich zwei Semester weiter bin, werde ich nicht alles wissen
und auch nicht alles beantworten können. Wenn eine Frage
offen bleibt, dann besorge ich die Antwort von Professorin
Heinrich. Ich bitte euch, bringt euch ein! Stellt die Fragen, die
ihr habt, und sagt, wenn es euch zu schnell oder zu langsam
geht. Ich möchte, dass das Tutorium euch weiterhilft! Dafür
habe ich einen Plan gemacht, der aber flexibel genug ist, um
die Sachen zu machen, die euch weiterhelfen.“*

Mit einer derartigen Eröffnung positionieren Sie sich und
schaffen den Boden für ein konstruktives Arbeiten mit der
Gruppe. Sie halten die Balance zwischen der leitenden Rolle,
die Sie als Lehrperson innehaben und positionieren sich
gleichzeitig als Teil der Gruppe. Die Tabelle soll Ihnen eine
Hilfestellung bieten, indem sie die Funktionen der einzelnen

Sätze offenlegt. Auf diese Weise können Sie Ihre eigene Eröffnung formulieren und alle wichtigen Funktionen berücksichtigen.

| Originalsatz | Funktion |
| --- | --- |
| Das Semester liegt vor uns und wir haben insgesamt zwölf Tutoriums-Sitzungen Zeit, die Inhalte der Grundlagenvorlesung zu vertiefen. | Orientieren und Rahmen setzen |
| Es ist nicht nur leichte Kost, die wir hier vor uns haben, aber ich werde versuchen, es so verständlich wie möglich zu erklären und gemeinsam kriegen wir das hin! | Angebot formulieren, was Sie tun werden |
| Ich hab diese Vorlesung vor zwei Semestern absolviert und mittlerweile weiß ich, wie viel auf den Inhalten aufbaut. Ich hab noch oft in meinen Aufzeichnungen nachgesehen und konnte die Inhalte in vielen kommenden Seminaren anwenden. Es lohnt sich also, hier gut mitzumachen! | Persönliche Verbindung zum Stoff transparent machen, Relevanz der Inhalte aufzeigen |
| Und ich freue mich darauf mit euch zusammenzuarbeiten! | Beziehungsangebot formulieren |
| Ich möchte, dass wir hier unser Wissen zusammentragen, denn ich würde mir nicht anmaßen zu sagen, ich weiß mehr als ihr. Auch wenn ich zwei Semester weiter bin, werde ich nicht alles wissen und auch nicht alles beantworten können. Wenn eine Frage offen bleibt, dann besorge ich die Antwort von Professorin Heinrich. Ich bitte euch, bringt euch ein! | Vorwissen und Fähigkeiten der Teilnehmenden anerkennen; Positionierung als Lernender, nicht als Experte; Wunsch an die Art der Zusammenarbeit explizieren |
| Stellt die Fragen, die ihr habt, und sagt, wenn es euch zu schnell oder zu langsam geht. | Eigenverantwortung an die Gruppe geben |

| Originalsatz | Funktion |
|---|---|
| Ich möchte, dass das Tutorium euch weiterhilft! Dafür habe ich einen Plan gemacht, der aber flexibel genug ist, um die Sachen zu machen, die euch weiterhelfen. | Flexibilität und Offenheit zeigen |

Tabelle 3: Rollenkonflikt „Eröffnung planen"

Die bisher aufgezeigten Möglichkeiten sollen dazu beitragen, dass Sie während der Durchführung des Tutoriums keine Rollenkonflikte erfahren. Sie sprechen direkt an, dass Sie mit der Durchführung des Tutoriums eine andere Rolle als üblich einnehmen. Sie treten als Tutorin, als Tutor auf, der das Tutorium vorbereitet, strukturiert und durchdacht hat und der während des Tutoriums die Leitung innehat. Dazu können Sie transparent formulieren, wie Sie diese Rolle ausüben wollen. Nennen Sie Ihre ausgewählte Metapher und sagen Sie, was Sie mit dieser Metapher verbinden. Auf diese Weise bringen Sie etwas Persönliches in die Eröffnung des Tutoriums und die Studierenden wissen, worauf es Ihnen im Tutorium ankommt. Alle Teilnehmenden wissen, wie Sie das Tutorium leiten werden.

Eine Technik, die Ihnen dabei hilft in die neue Rolle hineinzukommen, ist das Formulieren von Leitsätzen. Die folgende Übung wird Sie bei der Erstellung begleiten. Indem Sie Leitsätze aufschreiben, klären Sie sich zunächst innerlich und konkretisieren Ihre Rollenvorstellung. Wenn Sie sich ein passendes Bündel an Leitsätzen geschnürt haben, können sie diese nutzen, um im Tutorium Ihr Rollenverständnis den Studierenden zu vermitteln.

**Übung 1: Rolle & Leitsätze**

Formulieren Sie zu der von Ihnen gewählten Rolle passende Leitsätze:
„Ein Tutorium zu leiten ist für mich als … wie …
   … für Freunde ein gutes Menü zu kochen."
   … für Austauschschüler ein interessantes Rahmenprogramm auszutüfteln."

………………………………………………………………"

………………………………………………………………"

„Ich verstehe mich als …
   … Lernbegleiter."
   … Orientierungshelfer."
   … Informationsstelle."

………………………………………………………………"

………………………………………………………………"

„Ich biete euch hier …
   … gemeinsames Lernen unter Gleichgesinnten an."
   … offenen Austausch an."
   … Struktur und Orientierung an."

………………………………………………………………"

………………………………………………………………"

„Von euch brauche ich / erwarte ich …
   … dass ihr diese Veranstaltung ernst nehmt und hier gemeinsam lernen wollt."
   … dass ihr pünktlich seid und aktiv mitmacht.
   … dass ihr mir ehrlich sagt, was ihr nicht versteht."

………………………………………………………………"

………………………………………………………………"

„Das Tutorium ist für mich ein Ort, an dem …
……jede Frage gestellt werden darf."
……wir gemeinsam lernen und Spaß am Studieren haben."
……Studierende für Studierende Lernangebote machen."

……..............................................................."

……..............................................................."

Mir ist es wichtig, dass …
……wir gemeinsam vereinbaren, wie wir miteinander arbeiten wollen."
……alle aktiv teilnehmen und sich einbringen."
……ihr am Ende des Tutoriums zufrieden raus geht."

……..............................................................."

……..............................................................."

Jetzt haben Sie eine Auswahl an Leitsätzen formuliert. Wählen Sie sich die Sätze aus, die Sie am meisten ansprechen, mit denen Sie sich wohlfühlen und die Ihnen helfen, mit der passenden Rolle in Ihr Tutorium zu gehen. Vor jeder Sitzung sollten Sie sich diese Sätze erneut ansehen und verinnerlichen. Die Sätze helfen dabei, die eigene Rolle bewusst zu halten und stellen damit die Basis dar, um Rollenkonflikten vorzubeugen. Wenn Sie sich Ihrer Rolle bewusst sind, können Sie diese gegenüber Ihren Studierenden transparent kommunizieren und rollenbewusst auftreten.

Sollten Sie während der Durchführung dennoch merken, dass es für Sie schwierig wird, die Rolle der Tutorin, des Tutors auszuüben, weil Sie sich mehr als Teil der Studierenden denn als deren Lehrperson fühlen, so prüfen Sie Ihre Leitsätze. Erweitern Sie diese gegebenenfalls, damit Sie wieder gut eingestimmt in die nächste Sitzung gehen können. Zudem werden Sie im Kapitel 12 „Gruppen leiten" hilfreiche Kommunikations- und Gruppenführungstechniken kennenlernen, die Sie in der Ausübung Ihrer Rolle unterstützen.

Des Weiteren hilft der Austausch mit anderen Tutorinnen und Tutoren, um zu erfahren, wie diese etwaige Rollenkonflikte für sich lösen. Auf diese und weitere Rahmenbedingungen, wie den Austausch mit Ihrer Betreuerin, Ihrem Betreuer geht das folgende Kapitel ausführlich ein.

*Unsere Literaturempfehlungen zum Weiterlesen:*

Eder, F., & Scholkmann, A. (2011). Lehrende als Coaches: Lernbegleitung von Studierenden am Beispiel des Tutoring im problem-based learning (PBL). Journal Hochschuldidaktik, 22(2), 6–10.

Schulze-Seeger, J. (2013). Schwarzer Gürtel für Trainer: Vom Meistern schwieriger Seminarsituationen. Weinheim: Beltz.

**Checkliste für das Kapitel 3**

→ Füllen Sie die folgende Checkliste aus. Mit jeder ausgefüllten
Checkliste vervollständigt sich Ihr Tutoriums-Konzept.

Meine Hauptrolle im Tutorium verstehe ich als:

.................................................................................

.................................................................................

.................................................................................

.................................................................................

Formulieren Sie wörtlich Ihre Eröffnung des Tutoriums und machen Sie dabei Ihre Rolle für die Studierenden transparent:

.................................................................................

.................................................................................

.................................................................................

.................................................................................

.................................................................................

.................................................................................

.................................................................................

.................................................................................

Meine Leitsätze in der Übersicht:

.................................................................................

.................................................................................

.................................................................................

.................................................................................

.................................................................................

.................................................................................

# 4. Rahmenbedingungen klären

In diesem Kapitel erfahren Sie ...

... welche Rahmenbedingungen abgeklärt werden müssen.
... wie und warum sie vorab eine Analyse Ihrer Teilnehmenden vornehmen.
... wie Sie Hilfestellung von Ihrer Betreuerin, Ihrem Betreuer bekommen.

Bevor Sie mit der Konzeption Ihres Tutoriums beginnen, sollten Sie die Rahmenbedingungen zu Ihrem Tutorium klären. Im folgenden Kapitel zeigen wir auf, welche Fragen Sie am besten im Vorfeld klären und mit wem Sie sich diesbezüglich austauschen bzw. absprechen können. Zudem erhalten Sie Tipps, um derartige Absprachen effektiv zu gestalten. Wenn Sie sich für diese Vorklärungen Zeit nehmen, können Sie Ihr Tutorium auf der richtigen Informationsbasis konzipieren.

## 4.1 Relevante Informationen beschaffen

Wo und wann findet das Tutorium statt? Wie viele Studierende nehmen teil? Ist das Konzept im Sinne der Betreuerin, des Betreuers? Sind die Inhalte an die dazugehörige Vorlesung angepasst? Jede Tutorin, Tutor sollte sich vor dem Start des Tutoriums über die Rahmenbedingungen Gedanken machen. Alle Klärungspunkte zu den Rahmenbedingungen eines Tutoriums haben wir in der folgenden Tabelle übersichtlich für Sie zusammengefasst. Sie finden dort übergreifende Punkte, ebenso wie konzeptionelle Vorüberlegungen. Zudem wird vermerkt, wer Sie bei den jeweiligen Aufgaben unterstützen kann. Wenn Sie diese Tabelle Schritt für Schritt durchgehen und jede Frage beantworten können, sind Sie bereit für die didaktische Planung Ihres Tutoriums.

## Rahmenbedingungen für Ihr Tutorium

| Was muss geklärt werden? | Was bedeutet das konkret? | Woher kommen die Informationen bzw. mit wem müssen Sie sich absprechen? |
| --- | --- | --- |
| **Übergreifende Rahmenbedingungen** | | |
| Art des Tutoriums | Um welche Art Tutorium handelt es sich (siehe dazu Kapitel 2)? In welchem Format wird Ihr Tutorium gehalten, als wöchentliche Veranstaltung im Semester oder als einmalige Blockveranstaltung? | → Absprache mit Ihrer Betreuerin, Ihrem Betreuer |
| Zeit | An welchem Tag und zu welcher Uhrzeit soll Ihr Tutorium stattfinden? | → Absprache mit Ihrer Betreuerin, Ihrem Betreuer<br>→ Vorgaben vom Vorlesungsverzeichnis |
| Ort | In welchem Raum findet das Tutorium statt? Ist der Raum groß genug für Ihr Tutorium und die Anzahl Studierender? Zu welcher Uhrzeit findet das Tutorium statt? | → Absprache mit Ihrer Betreuerin, Ihrem Betreuer<br>→ Absprache mit der Raumbuchungsstelle der Hochschule |
| Studierende | Bis wann und wie können sich die Studierenden zu Ihrem Tutorium anmelden? Mit welcher Teilnehmerzahl können Sie rechnen (Gruppengröße)? Sind die Studierenden über Ort und Zeit des Tutoriums informiert? | → Absprache mit Ihrer Betreuerin, Ihrem Betreuer<br>→ Absprache mit anderen Tutorinnen, anderen Tutoren |
| Erwartungen | Mit welchen Erwartungen werden die Studierenden in Ihr Tutorium kommen? Welche Erwartungen von Seiten Ihrer Betreuerin, Ihres Betreuers sind an Sie gerichtet? Wann werden von Ihnen mögliche Absprachen oder Zwischenresümees erwartet? | → Teilnehmeranalyse<br>→ Absprache mit Ihrer Betreuerin, Ihrem Betreuer |

| Hilfe | Inwieweit und von wem erhalten Sie bei Problemen im Tutorium Hilfestellung? | → Absprache mit Ihrer Betreuerin, Ihrem Betreuer<br>→ Absprache mit anderen Tutorinnen, anderen Tutoren |
|---|---|---|
| Konzeptionelle Rahmenbedingungen | | |
| Ziele des Tutoriums | Welche Hauptziele sollen von Seiten Ihrer Betreuerin, Ihres Betreuers in Ihrem Tutorium erfüllt werden? Auf das Setzen von konkreten Zielen wird im Kapitel 6.1 näher eingegangen. | → Absprache mit Ihrer Betreuerin, Ihrem Betreuer |
| Inhalte | Welche Inhalte sollen Sie in Ihrem Tutorium abdecken? Sprechen Sie sich ggf. ab, welche Inhalte andere Tutoren vorstellen und welche Sie übernehmen müssen (Die inhaltliche Planung wird in Kapitel 6.2. behandelt).<br>Wo können Sie sich über die Inhalte informieren bzw. woher erhalten Sie die Materialien zu Ihrem Tutorium? | → Absprache mit Ihrer Betreuerin, Ihrem Betreuer<br>→ Absprache mit anderen Tutoren, anderen Tutoren<br>→ Teilnehmeranalyse |
| Leistungs-nachweis | Auf welche Abschlussleistung müssen die Studierenden von Ihnen vorbereitet werden: z. B. Klausur, mündliche Prüfung, Hausarbeit etc.?<br>Für welche Aufgaben, die über die Durchführung Ihres Tutorium hinausgehen, sind Sie verantwortlich: zum Beispiel Beratung, Prüfung, Evaluation, Hausarbeit etc.? | → Absprache mit Ihrer Betreuerin, Ihrem Betreuer<br>→ Absprache mit anderen Tutorinnen, anderen Tutoren |

Tabelle 4: Rahmenbedingungen

## 4.2 Teilnehmerschaft analysieren

Ein besonderes Augenmerk in der Vorklärung liegt auf der Teilnehmenden-Analyse. Wer wird mit wie viel Vorwissen und mit welchen Erwartungshaltungen in Ihrem Tutorium sitzen? Welche Verhaltensweisen werden die Studierenden zeigen? Wie nehmen sie das Angebot des Tutoriums an? Sie können und sollten darüber im Vorfeld nachdenken, aber vollständig einschätzen oder gar „kontrollieren" können Sie diesen Aspekt nicht. Jede neue Gruppe ist zu vergleichen mit einer Wundertüte: Man weiß nie, was drinsteckt. Genau diese Tatsache macht das Lehren so spannend, denn Sie können schöne, überraschende und unerwartet bereichernde Momente mit Ihren Studierenden erleben.

Um sich bestmöglich auf Ihre Studierenden einzustellen, können Sie eine Teilnehmenden-Analyse durchführen. Das bedeutet nicht, dass Sie jede Person bei Google eingeben und versuchen, etwas über sie zu erfahren, sondern darum, Vorannahmen über die Studierenden hinsichtlich ihres Vorwissens, ihrer möglichen Erwartungen, ihrer Einstellung zu Thema, der Zusammensetzung der Teilnehmenden und der Stimmungslage zu treffen, um Ihre Tutoriums-Konzeption bestmöglich daran auszurichten. Versuchen Sie sich ein Bild von Ihren Studierenden zu machen und nehmen Sie sich Zeit, anhand der folgenden Fragen Ihre Gruppe zu analysieren:

| Was weiß ich über meine Studierenden? | | Welche Konsequenzen hat das für mein Tutorium |
|---|---|---|
| **Vorwissen**: Was wissen meine Studierenden schon über das Thema des Tutoriums? | *Z.B. Grundwissen aus der Schule, Vorlesung aus dem 1. Semester etc.* | → *Bekannte Fachbegriffe abfragen bzw. mit allen wiederholen* |
| | ................................. | → |
| | ................................. | → |

| Was weiß ich über meine Studierenden? | | Welche Konsequenzen hat das für mein Tutorium |
|---|---|---|
| **Erwartungen**: Was erwarten meine Studierenden von dem Tutorium? | Z.B. Hilfestellung bei der Lösung von Übungsaufgaben | → Regelmäßig Übungsaufgaben zeigen und mit allen detailliert besprechen |
| | ................................... | → |
| | ................................... | → |
| **Einstellung zum Thema**: Wie finden meine Studierenden das Thema des Tutoriums? | Z.B. Das Thema ist sehr komplex, das heißt, sie haben Angst es nicht zu verstehen. | → Die Angst vor dem Thema nehmen, indem viele Beispiele und Anwendungsfelder gezeigt werden. |
| | ................................... | → |
| | ................................... | → |
| **Zusammensetzung der Studierenden:** Was studieren die Teilnehmenden noch? Über welches zusätzliche Wissen verfügen sie? | Z.B. einige Studierende haben Mathematik im Nebenfach | → Die Mathematik-Stärkeren können den Mathematik-Schwächeren bei Übungsaufgaben helfen – Gruppen bilden |
| | ................................... | → |
| | ................................... | → |
| **Stimmungslage der Studierenden:** In welcher Stimmung könnten meine Studierenden zum Zeitpunkt des Tutoriums sein? | Z.B. Das Tutorium ist Freitagmittag und die Studierenden könnten unkonzentriert sein | → Versuchen, die Studierenden aktiv zu halten und Abwechslung in mein Tutorium bringen |
| | ................................... | → |
| | ................................... | → |

Tabelle 5: Teilnehmenden-Analyse

Eine Teilnehmenden-Analyse beinhaltet relevante Vorüberlegungen, die Sie in die Konzeption und Planung einbeziehen sollten.

## 4.3 Im Austausch bleiben

Beim Klären der unterschiedlichen Rahmenbedingungen können Sie Unterstützung bei Ihrer Betreuerin, Ihrem Betreuer, aber auch anderen Tutorinnen und Tutoren bekommen.

Abb. 2: Austausch

Die Betreuerin, der Betreuer eines Tutoriums hat unterschiedliche Funktionen. Primär soll die Betreuung dazu dienen, den Tutorinnen und Tutoren thematische sowie organisatorische Hilfestellungen zu geben. Zudem übernimmt die betreuende Person die übergeordnete Verantwortung für den erfolgreichen Verlauf des Tutoriums und auch für die Richtigkeit der Inhalte. Aus diesem Grund ist es wichtig, dass Sie sich regelmäßig mit Ihrer Betreuerin, Ihrem Betreuer absprechen.

Welche Vorstellungen haben beide Seiten von einem guten Tutorium? Die Vorstellungen können thematisch, gestalterisch aber auch organisatorisch ganz verschieden sein. Sie halten zum Beispiel ein Tutorium mit dem Ziel, Übungen der Vorlesung zu bearbeiten. Ihre Betreuerin, Ihr Betreuer geht davon aus, dass Sie alle Übungen bereits besitzen bzw. selbst zusammenstellen. Sie haben jedoch noch nie Übungen bearbeitet und wissen noch nicht genau, wie Sie am besten vorgehen sollen. Um nicht in unterschiedliche Richtungen zu planen und das Tutorium gut voranzubringen, müssen Sie als Tutorin, Tutor diese Vorstellungen und auch die Erwartungen aneinander gemeinsam mit Ihrer Betreuerin, Ihrem Betreuer abgleichen.

Ihre Betreuerin, Ihr Betreuer wird wahrscheinlich zugleich Ihre Dozentin, Ihr Dozent an der Hochschule sein. Sie müssen also eine gute Balance zwischen der Betreuung, die vielleicht in einem partnerschaftlichen Gefüge abläuft, und der Situation finden, in der Sie von der Betreuerin, dem Betreuer benotet werden. Unsicherheiten im Umgang mit diesem Hierarchieunterschied können in einem offenen Gespräch besprochen werden.

Abb. 3: Aufgaben Betreuerin, Betreuer

In der Vorbereitung eines Tutoriums müssen Sie viele Entscheidungen hinsichtlich Schwerpunktsetzung und methodischem Vorgehen treffen. Die Betreuerin, der Betreuer hat letztlich die „Entscheidungsmacht" über die Vorgehensweise im Tutorium. Vereinbaren Sie gemeinsam, wie viel Entscheidungsspielraum die Betreuerin, der Betreuer Ihnen lässt. Vergewissern Sie sich zudem, was Sie tun sollen, wenn etwas entschieden werden muss und die Betreuerin, der Betreuer nicht verfügbar ist, damit Sie eigenverantwortlich handeln können.

Nutzen Sie regelmäßige Absprachen, um sich abzustimmen und zu prüfen, ob die bestehenden Vorstellungen und Erwartungen erfüllt werden. Damit Ihr Termin gut verläuft, benötigen Sie eine klare Zielsetzung, gute Orientierung, einen Erwartungsabgleich und präzise Fragen. Wie können Sie das konkret umsetzen?

Erscheinen Sie pünktlich zu den vereinbarten Terminen. Bereiten Sie Ihre Unterlagen so vor, dass Sie alle notwendigen Fragen, Materialien oder Informationen zur Hand haben, um ein Feedback Ihrer Betreuerin, Ihres Betreuers darauf zu erhalten. Machen Sie sich vor jedem Treffen eine kurze Agenda, was Sie in dem Termin besprechen möchten und gehen Sie im Treffen diese Struktur mit Ihrer Betreuerin, Ihrem Betreuer durch. Notieren Sie sich zunächst was die groben Ziele dieses Treffens sein sollen. Neben den Zielen ist eine kurze Orientierung über den Stand des Tutoriums hilfreich, um die Situation besser einordnen, aber auch um mögliche Probleme einschätzen zu können. Nennen Sie Ihrer Betreuerin, Ihrem Betreuer Ihre Erwartungen an das Treffen und welche Informationen Sie von ihr oder ihm benötigen. Gehen Sie dann Ihre konkreten Fragen durch, die Sie haben. Versuchen Sie die Fragen präzise zu formulieren, damit Sie die gewünschte Antwort erhalten. Stellen Sie die wichtigsten Fragen gleich zu Beginn. Ihre Betreuerin, Ihr Betreuer wird Ihnen Feedback auf Ihre Tutorien-Arbeit geben. Sehen Sie dies als Chance, fragen Sie bei Unklarheiten

# TREFFEN BETREUUNG

ZIEL: IDEEN 3. SITZUNG DES TUTORIUMS

STAND: 2. SITZUNG GUT VERLAUFEN
STUDIERENDE SIND...
--> MOTIVIERT
--> GUTER AUSTAUSCH
--> INHALT GEWÜNSCHT FÜR
3. SITZUNG

=> HILFESTELLUNG: THEMATISCH U.
KONZEPTIONELL FEEDBACK AUF IDEEN

FRAGEN: 1.) WELCHE INHALTE GUT F. PRÜFUNG
2.) PASSEND ZUR VORLESUNG
3.) METHODE: GRUPPENDISKUSSION
4.) ÜBUNG SINNVOLL?

NÄCHSTES TREFFEN?

Abb. 4: Struktur Betreuungsgespräch

nach und gehen Sie konstruktiv damit um. Sehen Sie Feedback nicht als persönlichen Angriff, sondern als Bereicherung. Am Ende jedes Treffens ist es empfehlenswert, die vereinbarten Punkte zusammenzufassen. So erhalten Sie eine Bestätigung, ob Sie alles richtig verstanden haben. Besprechen Sie, in welchen Abständen Sie sich treffen und vereinbaren Sie ggf. gleich einen neuen Termin. Klären Sie, wie lange Ihre Betreuerin, Ihr Betreuer für Sie beim nächsten Treffen Zeit hat, damit Sie abschätzen können für wie viele Fragen Zeit zur Verfügung steht.

In der Betreuung kann es auch Herausforderungen geben, mit denen Sie umgehen müssen. Dazu wollen wir Ihnen zwei häufig auftretende Schwierigkeiten nennen:

## Terminkoordination

Ihre Betreuerin, Ihr Betreuer hat neben der Tutorien-Betreuung diverse andere Aufgaben zu erfüllen. Daher kann es durchaus passieren, dass die Besprechungszeit verkürzt wird, Treffen kurzfristig abgesagt werden oder es Schwierigkeiten gibt, überhaupt konkrete Termine zu vereinbaren. Um damit gut umzugehen, beachten Sie folgende Tipps:

| | |
|---|---|
| Verkürzte Besprechungszeit | Priorisieren Sie vor jedem Treffen präventiv, was Sie unbedingt, auch wenn Sie nur ein Fünf-Minuten-Gespräch haben, mit Ihrer Betreuerin, Ihrem Betreuer klären müssen. |
| Kurzfristige Absage | Machen Sie gleich einen neuen Termin aus. Klären Sie, mit wem Sie sich alternativ absprechen können, vor allem dann, wenn dies häufiger auftritt. |
| Schwierigkeiten, Termine zu vereinbaren | Machen Sie immer gleich zwei Termine aus. Mit zeitlichem Vorlauf ist es leichter, Termine zu vereinbaren. Erbitten Sie, wenn möglich, einen regelmäßigen Termin. |

Tabelle 6: Tipps Terminkoordination

## Vorgehensweise im Tutorium: inhaltlich & konzeptionell

Ihre Betreuerin, Ihr Betreuer hat aufgrund der jahrelangen Erfahrung unterschiedliche Ideen und Vorschläge, wie das Tutorium ablaufen sollte. Was machen Sie, wenn Absprachen nicht mehr eindeutig sind oder inhaltlich bzw. konzeptionell häufig Veränderungen integriert werden sollen? Dazu haben wir folgende Anregungen für Sie:

| | |
|---|---|
| Unklare Absprachen | Unklare Absprachen können dann entstehen, wenn die Betreuerin, der Betreuer sich nicht mehr erinnern kann, was besprochen wurde. Machen Sie aus eigener Initiative ein kurzes Protokoll nach jedem Treffen, welches Sie auch der Betreuerin, dem Betreuer zukommen lassen, damit Sie eine gemeinsame Erinnerungsstütze haben. |
| Inhaltliche & konzeptionelle Veränderungen | Klären Sie in einem der ersten Treffen die gegenseitigen Erwartungen an das Tutorium. Machen Sie inhaltliche und konzeptionelle Vorschläge und sagen Sie Ihrer Betreuerin, Ihrem Betreuer, was Sie unbedingt integrieren möchten bzw. an welchen Stellen Sie Bedenken haben. Wenn Sie in einem Treffen etwas besprochen haben, das spontan geändert werden soll, wägen Sie ab, welchen Aufwand die Veränderungen mit sich bringen. Kleine Veränderungen können Sie integrieren, bei großen Veränderungen können Sie den Vorschlag machen, diese zu einem späteren Zeitpunkt umzusetzen. |

Tabelle 7: Vorgehensweise im Tutorium

Seien Sie verständnisvoll, wenn es mit Ihrer Betreuerin, Ihrem Betreuer auch einmal nicht so leicht läuft. Häufig beruhen Schwierigkeiten auf fehlender Kommunikation. Ihre Betreuerin, Ihr Betreuer möchte Sie in Ihrer Tutorien-Arbeit unterstützen. Ihre Arbeit wird als wertvoll und wichtig von Seiten der Betreuer geachtet.

Neben Ihrer Betreuerin, Ihrem Betreuer sollten Sie sich auch mit anderen Tutorinnen und Tutoren austauschen. Dieser Austausch findet auf Augenhöhe statt, sodass entspannt auch die Fragen besprochen werden können, die Sie möglicherweise Ihre Betreuerin, Ihren Betreuer nicht fragen würden. In einem regelmäßigen „Tutoren-Stammtisch" lässt sich in lockerer Runde über Fragen und Erfahrungen sprechen.

**Tipps & Tricks**

Um Ideen und hilfreiche Materialen zu teilen, eignet sich eine gemeinsame Materialiensammlung, die in einem Wiki oder einer Online-Plattform zusammengestellt werden kann. Sie können zum Beispiel schwierige Fragen der Studierenden, Prüfungsfragen oder Konzeptideen untereinander austauschen.

Welche Themen fallen Ihnen ein, die Sie lieber mit Gleichgesinnten besprechen möchten? Denkbare Themen sind mögliche Rollenkonflikte, schwierige Studierende, inhaltliches und konzeptionelles Vorgehen im Tutorium oder auch Erfahrungen mit den Betreuern. Suchen Sie den Kontakt mit anderen Tutorinnen und Tutoren, denn meistens geht es den anderen ähnlich und sie sind froh, sich darüber austauschen zu können.

Die Vorüberlegungen zu Ihrem Tutorium sind hiermit abgeschlossen. Jetzt sind Sie bereit, in die konkrete Planung Ihres Tutoriums zu gehen.

*Unsere Literaturempfehlungen zum Weiterlesen:*

Macke, Gerd; Hanke, Ulrike; Viehmann, Pauline (2012): *Hochschuldidaktik: Lehren-vortragen-prüfen-beraten.* Mit Methodensammlung „Besser lehren". Weinheim, Basel: Beltz (Pädagogik).

Thomann, G.; Pawelleck, A. (2013): *Studierende beraten.* Stuttgart: UTB.

**Checkliste für das Kapitel 4**

→ Gehen Sie die Checkliste durch, um die Rahmenbedingungen für Ihr Tutorium zu klären. Mit jeder ausgefüllten Checkliste vervollständigt sich Ihr Tutoriums-Konzept.

Gehen Sie die Tabelle durch und kontrollieren Sie, welche Rahmenbedingungen Sie bereits geklärt haben bzw. was Sie noch klären müssen:

| Was muss geklärt werden? | Was bedeutet das konkret? | Was ist noch zu tun? |
|---|---|---|
| Rahmenbedingungen | | |
| Format des Tutoriums | Siehe Checkliste Kapitel 2 | |
| Zeit | An welchem Tag und zu welcher Uhrzeit findet das Tutorium statt? | |
| Ort | In welchem Raum findet das Tutorium statt? | |
| | Ist die Größe des Raums angemessen? | |
| | Sind die Studierenden über den Raum informiert? | |
| Ziele des Tutoriums | Welche Ziele erfüllt das Tutorium im Lehrplan? | |
| Inhalte | Ist geklärt, welche Inhalte besprochen werden sollen? | |
| | Müssen Inhalte unter verschiedenen Tutoren aufgeteilt werden? | |
| | Haben Sie alle Informationen bzw. Materialien zu den Inhalten? | |

| | | |
|---|---|---|
| Studierende | Bis wann können sich die Studierenden bei wem für das Tutorium anmelden? | |
| | Wie hoch wird die Studierendenanzahl sein? | |
| Erwartungen | Welche Erwartungen bestehen von Seiten Ihrer Betreuerin, Ihres Betreuers? | |
| | Wann treffen Sie sich zur Absprachen mit der Betreuerin, dem Betreuer? | |
| Abschluss | Für welche weiteren Aufgaben sind Sie außerhalb des Tutoriums verantwortlich? | |
| Hilfe | Von wem erhalten Sie Hilfe? | |
| Teilnehmenden-Analyse | | |
| Vorwissen | Was wissen meine Studierenden schon über das Thema des Tutoriums? | |
| Erwartungen | Was erwarten meine Studierenden von dem Tutorium? | |
| Einstellung zum Thema | Wie finden meine Studierenden das Thema des Tutoriums? | |
| Zusammensetzung der Studierenden | Was studieren die Teilnehmenden noch? Über welches zusätzliche Wissen verfügen sie? | |
| Stimmungslage der Studierenden | In welcher Stimmung könnten meine Studierenden zum Zeitpunkt des Tutoriums sein? | |

## Planung des Tutoriums

Nach den Vorüberlegungen der ersten vier Kapitel können Sie nun mit der konkreten Planung der einzelnen Sitzungen Ihres Tutoriums beginnen. In Tutorien soll einerseits die Vermittlung von Wissen verbessert und andererseits die Aneignung von Wissen unterstützt werden. Beide Ziele werden durch ein didaktisch (Kapitel 6) und methodisch (Kapitel 7) sinnvoll aufgebautes Tutorium erreicht. Gute vorbereitete Visualisierungen unterstützen Sie bei der Inhaltsvermittlung (Kapitel 8). Wenn Sie als Tutorin, als Tutor neu anfangen oder Ihr Tutorium zum ersten Mal durchführen, wird vermutlich in der Konzeption mehr Arbeit stecken, als in der Durchführung selbst.

Wir werden Sie in den folgenden Kapiteln Schritt für Schritt bei der Konzeption begleiten. Als Einstieg geben wir Ihnen einen kurzen Einblick, wie Menschen lernen und welche Aspekte davon wichtig sind, um Studierenden das Lernen zu erleichtern (Kapitel 5).

## 5. Lehren lernen

In diesem Kapitel erfahren Sie …

… allgemeine psychologische Mechanismen wie Menschen lernen.
… was lehrenden- und lernendenzentrierte Lehre unterscheidet.
… was das Lehr-Lern-Dreieck inklusive seiner Verbindungen bedeutet.

„Lehren findet nur dann statt, wenn auch gelernt wird." (Böss-Ostendorf & Senft, 2014, S.23) Dieser kurze Satz verdeutlicht, dass das Hauptziel jeder Lehre das Lernen der Studierenden ist. Es kommt demnach nicht darauf an, wie viel Stoff die Dozierenden vermitteln, sondern wie viel Stoff die Studierenden behalten. Gute Lehre bedeutet, dass Situationen geschaffen werden, in denen die Studierenden gut lernen. Wer also ein Tutorium konzipieren möchte, aus dem die Studierenden viel mitnehmen, sollte es so aufbereiten, dass das Lernen für die Studierenden erleichtert wird. Daher soll zunächst erklärt werden, wie Menschen überhaupt lernen.

## 5.1 Sich der Psychologie des Lernens bewusst sein

Menschen lernen täglich in unterschiedlichsten Situationen und nicht nur in der Schule oder Universität. Wir lernen beispielsweise, dass unsere Freundin keine Erdbeeren mag und erwerben damit Wissen über sie. Oder wir lernen stricken, eine neue Fertigkeit. Wir lernen über uns, dass uns die Musik einer bestimmten Band fröhlich stimmt und lernen damit eine Strategie, unsere Emotionen zu regulieren. Und wir lernen, morgens fünf Minuten früher aufzustehen, damit wir nicht die U-Bahn verpassen und erlernen damit eine neue Angewohnheit. Lernen passiert also beinahe überall und zu jeder Zeit.

Aus psychologischer Perspektive bedeutet Lernen eine stabile Veränderung im Gedächtnis oder im Verhalten. Im Studium wollen die Studierenden Wissen und Fertigkeiten erwerben, die sie für ihren späteren Beruf qualifizieren. Schwerpunkt und Hauptziel der universitären Ausbildung ist sicherlich der Erwerb von Wissen. Wie aber merkt sich eigentlich unser Gehirn die vielen neuen Informationen, die uns im Studierendenalltag beispielsweise in Vorlesungen präsentiert werden?

Selten können Sie sich eine Information, die Sie nur einmal gehört haben, dauerhaft einprägen. Damit Lernstoff im Gedächtnis langfristig gespeichert wird, muss mit den Informationen „gearbeitet" werden. Das bedeutet, dass Sie dann lernen, wenn Sie sich wiederholt und intensiv mit einem Sachverhalt auseinandersetzen.

> **Übung 2: Lernverhalten**
>
> Erinnern Sie sich an eine Phase, in der Sie viel lernen mussten. Reflektieren Sie, unter welchen Umständen Sie dabei besonders gut gelernt haben.

Lernen bedeutet Informationsverarbeitung

Sehen wir uns einmal an, wie wir uns gut gelernte Informationen im Gedächtnis vorstellen können:

Abb. 5: Gehirn mit neuronalem Netzwerk

In unserem Kopf sind viele kleine Informationseinheiten (die Neurobiologie spricht von Neuronen) miteinander verknüpft. Alle Informationseinheiten zusammen repräsentieren unser Wissen. Das Wissen, das wir sofort abrufen können, ist durch viele hoch aktivierte Informationseinheiten verkörpert, die mit starken Verbindungen verknüpft sind. Immer dann, wenn eine Informationseinheit aktiviert wird, wird sie gestärkt bzw.

stärkt auch die Informationseinheiten, die eng mit ihr verbunden sind. Aktivieren wir eine Informationseinheit selten oder nie, verblasst sie immer mehr und die Verbindungen werden schwach, bis sie schließlich vergessen wird.

Einen passenden Vergleich bietet die Vorstellung eines neuen Weges, der zunächst als Trampelpfad hin und wieder benutzt wird. Häufig genutzte Wege werden zu Straßen oder sogar zu breiten Autobahnen ausgebaut. Informationen, die über die Autobahn „geschickt" werden, sind stark und stehen schnell zur Verfügung. Im Gegensatz dazu verwächst ein selten benutzter Weg mit Gras und Gestrüpp, wird schwerer sichtbar und wird unter Umständen gar nicht mehr benutzt. Lernen bedeutet also, Informationseinheiten häufig zu aktivieren und die Verbindungen zu anderen Informationseinheiten so zu stärken, dass sie vor dem Verblassen bzw. Vergessen bewahrt werden.

Die gängigste Lernmethode ist das Wiederholen des Lernstoffes, bis dieser auswendig gekonnt wird. Das Bild der zu aktivierenden Informationseinheiten zeigt, dass nicht nur das ständige Wiederholen Lernen ist. Damit Informationen bei den Studierenden im Gedächtnis behalten werden und bei Bedarf abgerufen werden können, muss das Wissen mit bereits bestehenden kognitiven Strukturen verknüpft werden. Das bedeutet, dass neue Inhalte dann gelernt werden, wenn sie an bereits bestehendes Vorwissen angebunden werden. Deswegen ist es besonders wichtig das Vorwissen der Studierenden zu aktivieren und Bezüge zu bekannten Inhalten herzustellen. Reines Auswendiglernen hilft zwar Inhalte 1:1 wiedergeben zu können, doch erst mit einer tieferen Verarbeitung von Lerninhalten, kann neues Wissen flexibel angewendet werden. Tieferes Verarbeiten bedeutet, Verknüpfungen und Assoziationen zu bilden, neue Inhalte gut an bereits bestehendes Vorwissen anzubinden und Bezüge zwischen verschiedenen Bereichen herzustellen.

**Infotafel: Gedächtnismodell nach Atkinson und Shiffrin**

Lernen bedeutet aus kognitivistischer Perspektive das Verarbeiten von Informationen. Ein klassisches Informationsverarbeitungsmodell ist das Drei-Speicher-Modell nach Atkinson und Shiffrin. Die drei Speicher sind das sensorische Register, das Arbeitsgedächtnis und das Langzeitgedächtnis.

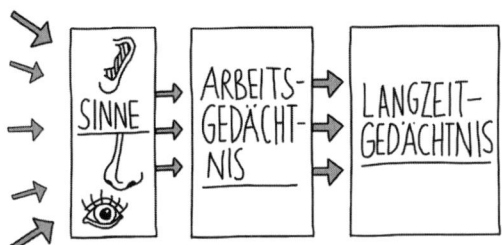

Abb. 6: Gedächtnismodell nach Atkinson und Shiffrin

Informationen werden zunächst durch unsere Sinne wahrgenommen und damit im sensorischen Register repräsentiert. Wird bewusst die Aufmerksamkeit auf die Informationen gelenkt, so gelangen sie in das Arbeitsgedächtnis. Informationen im Arbeitsgedächtnis überdauern keinen langen Zeitraum. Wir können unsere Aufmerksamkeit immer nur auf einen Aspekt richten. Wird die Aufmerksamkeit zu lange von der Information weggenommen und ist diese Information noch nicht im Langzeitgedächtnis angekommen, so wird die Information vergessen.

Im Langzeitgedächtnis ist schließlich unser gesamtes Wissen gespeichert. Wir können es in unser Arbeitsgedächtnis befördern und das Wissen damit abrufen und reproduzieren. Um Wissen in das Langzeitgedächtnis transportieren zu können, muss sich der Lerner aktiv mit dem Wissen befassen, z.B. wiederholen, elaborieren, tiefer auseinandersetzen, Verknüpfungen bilden, Eselsbrücken bilden, mit Vorwissen vernetzen.

(Kunter & Trautwein, 2013)

Diese Perspektive des Lernens als Informationsverarbeitung wird auch als kognitivistische Perspektive bezeichnet: Im Fokus stehen die lernende Person und die Verarbeitungsprozesse im Gedächtnis. Eine weitere sehr verbreitete Perspektive, die sehr gut als Ergänzung zur kognitivistischen Lerntheorie gesehen werden kann, ist die des Konstruktivismus.

Lernen bedeutet Wissen zu konstruieren

Lernen unter konstruktivistischer Perspektive basiert auf der Annahme, dass Menschen lernen, indem sie sich ihr eigenes Wissen konstruieren. Dabei knüpfen sie an ihre Werte, Überzeugungen, Muster und Vorerfahrungen an. Wissen kann also nicht von einer Lehrperson auf den Lerner übertragen werden bzw. direkt vermittelt werden, sondern muss von den Lernenden aktiv erworben werden. Konstruktivistisches Lernen bedeutet, dass die Lerninhalte mit Situationen verknüpft und in einen Kontext eingebunden sein müssen, da sie dann leichter behalten werden können. Den Stoff situiert aufzubereiten, also in eine Situation einzubinden, ist eine entscheidende Aufgabe des Lehrenden. Gut situiert aufbereitet ist ein Lehrinhalt beispielsweise, wenn praktische Fallbeispiele angebracht werden und die Lernenden selbst aktiv daran arbeiten.

Eine Weiterentwicklung der konstruktivistischen Lerntheorie ist die sozial-konstruktivistische Perspektive. Ihre Vertreter betonen, dass Lernen immer in sozialer Interaktion mit anderen stattfindet. Gemäß dieser Sichtweise sollten Lehrende Lernsituationen schaffen, in denen die Studierenden miteinander in Austausch gelangen. Durch den sozialen Austausch arbeiten die Lernenden automatisch mit den neuen Inhalten. Sie stellen Positionen auf, formulieren Argumente und begegnen diesen mit Gegenargumenten. Sie verwenden neue Inhalte flexibel und erreichen damit eine tiefere Verarbeitung der Lerninhalte. Zahlreiche Möglichkeiten zur sozialen Interaktion mit dem Lernmaterial bieten interaktive Lehr-/Lernmethoden (Kapitel 7).

Sicherlich kennen Sie die Situation, dass Dozierende sich wundern „das habe ich doch schon einmal erklärt. Anscheinend hat mir keiner zugehört!" Sie als Tutorin und Tutor wissen nun, dass Ihre Studierenden Inhalte dann lernen und gut behalten können, wenn sie gut mit bereits bestehendem Vorwissen verknüpft werden, sie die Gelegenheit bekommen, sich aktiv und wiederholt mit den Informationen auseinanderzusetzen sowie im sozialen Austausch Gelegenheit bekommen, sich ihr Wissen selbständig zu konstruieren.

## 5.2 Lernförderliche Umgebungen schaffen

Der vorige Abschnitt hat gezeigt, dass Lehrende durch die Art, wie sie Inhalte vermitteln und den Studierenden Möglichkeiten zur Auseinandersetzung mit dem Stoff geben, entscheidend dazu beitragen, ob Studierende die Inhalte tiefer verarbeiten und damit besser behalten. Sie als Tutorin, als Tutor haben die Aufgabe, die fachlichen Inhalte so aufzubereiten, dass sich die Studierenden damit intensiv beschäftigen und leichter lernen. Um dies zu erreichen, nehmen Sie die Perspektive der Lernenden ein und richten die Menge des Stoffes, die Struktur, die Lernziele und Methoden auf das Lernen der Studierenden aus.

Die Berücksichtigung der Perspektive der Studierenden nennt man lernendenzentriert im Gegensatz zur lehrendenzentrierten Perspektive. Lehrendenzentrierte Perspektive bedeutet, dass sich die Lehrenden bei der Vorbereitung nur daran orientieren, was im Curriculum festgesetzt ist und wie sie in kurzer Zeit möglichst viele Inhalte vermitteln können. Die lernendenzentrierte Perspektive orientiert sich am Ergebnis, d.h. die Lehrenden fokussieren sich darauf, was die Lernenden am Ende einer Seminareinheit erreicht haben sollten. Das Einnehmen lernendenzentrierter Perspektive wird dadurch unterstützt, dass theoretische Inhalte veranschaulicht werden, indem lebensnahe, interdisziplinäre und problemorientierte Beispiele oder Fälle angebracht werden.

> **Übung 3: Lernen & Gedächtnis**
>
> Sie haben sich bereits in Kapitel 3 an eine Lehrerin, einen Lehrer, eine Dozentin oder einen Dozenten erinnert, bei der bzw. dem Sie gut gelernt haben. Notieren Sie nun konkrete Punkte, warum Sie bei dieser Person gut lernen konnten.
> Inwieweit können Sie die notierten Punkte auch in Ihrem Tutorium umsetzen?

Welche Aspekte unter lernendenzentrierter Perspektive beachtet werden sollten, zeigt sich im Modell des Lehr-Lern-Dreiecks. Das Lehr-Lern-Dreieck stellt das Beziehungsgeflecht zwischen Lerninhalten, Lehrenden und Lernenden dar, also bezogen auf die Tutoriums-Situation die Beziehung zwischen Lerninhalten, Tutorin bzw. Tutor und den Studierenden:

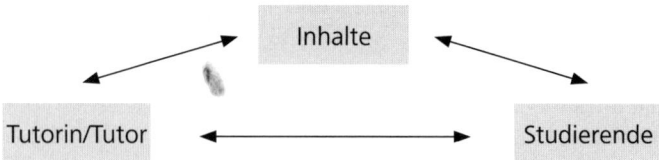

Abb. 7: Das Lehr-Lern-Dreieck

Sowohl Lerninhalte, Tutoren als auch Studierende stehen in Beziehung zueinander, wobei sich diese Beziehungen ständig ändern können. Mit dem Lehr-Lern-Dreieck ist gut erkennbar, dass nicht nur der Stoff als Grundlage des Tutoriums oder etwa nur die Tutoren in ihrer Rolle als Inhalts-Vermittelnde wichtig sind, sondern auch die Studierenden und die Beziehungen untereinander zentral sind. Es zeigt außerdem, dass die Tutorin, der Tutor keinen direkten Einfluss darauf hat, welche Beziehung die Studierenden zu einem fachlichen Thema haben. Tutorinnen, Tutoren können nur ihre persönliche Beziehung zu dem Inhalt direkt beeinflussen und ihre Beziehung zu den Studierenden. Natürlich erzielen sie damit indirekt eine Wirkung auf die Beziehung der Studierenden zu den Inhalten. Finde ich als Tutorin oder Tutor beispielsweise die Inhalte langweilig (Beziehung Tutorin/Tutor – Inhalt), wird es nur mühsam gelingen, die Studierenden für die Inhalte zu interessieren. Das Lehr-Lern-Dreieck verdeutlicht, dass die Perspektive der Studierenden ganz wesentlich in die Planung eines Tutoriums einzubeziehen ist.

In der folgenden Tabelle sind einige Beispiele aufgeführt, die sowohl Gegebenheiten innerhalb der Eckpunkte als auch die Beziehungen zwischen den Eckpunkten verdeutlichen:

| Beziehung | Beispiel |
|---|---|
| Tutorin/Tutor – Inhalt | Die Tutorin/der Tutor strukturiert den komplexen Stoff. |
| Inhalt – Tutorin/Tutor | Die Vermittlung der Inhalte macht der Tutorin/ dem Tutor Spaß. |
| Tutorin/Tutor – Studierende | Die Tutorin/der Tutor gibt den Studierenden Zeit, einander kennenzulernen. |
| Studierende – Tutorin/ Tutor | Die Studierenden sind froh, dass die Tutorin/ der Tutor sich Zeit für sie nimmt. |
| Inhalt – Studierende | Der Inhalt interessiert die Studierenden. |
| Studierende – Inhalt | Die Studierenden empfinden den Inhalt als sehr schwierig. |

Tabelle 8: Lehr-Lern-Dreieck

> **Übung 4: Lehr-Lern-Dreieck**
>
> Formulieren Sie für jede Beziehung des Lehr-Lern-Dreiecks ein weiteres Beispiel in Bezug auf Ihr Tutorium.

Sie wissen nun, dass Lehrveranstaltungen immer zum Ziel haben sollten, gutes Lernen der Studierenden zu ermöglichen. Im Lehr-Lern-Dreieck werden die drei Komponenten „Tutorin/Tutor", „Studierende" und „Inhalt" sowie ihre Beziehung zueinander dargestellt. Die Reflexion der Komponenten und Beziehungen im Dreieck hilft Ihnen, eine lernendenzentrierte Perspektive einzunehmen.

*Unsere Literaturempfehlungen zum Weiterlesen:*

Beck, Henning (2013): Biologie des Geistesblitzes – Speed up your mind! Berlin: Springer Berlin.

Böss-Ostendorf, Andreas; Senft, Holger (2014): Einführung in die Hochschul-Lehre. Ein Didaktik-Coach. Unter Mitarbeit von Lillian Mousli. 2., überarb. Aufl. Leverkusen, Leverkusen: UTB; Budrich, Barbara (UTB, 3447).

Krapp, Andreas; Seidel, Tina (2014): Pädagogische Psychologie. Mit Online-Materialien. 6., vollst. überarb. Aufl. Weinheim [u.a.]: Beltz.

**Checkliste für das Kapitel 5**

→ Füllen Sie die folgende Checkliste aus. Mit jeder ausgefüllten Checkliste vervollständigt sich Ihr Tutoriums-Konzept.

Markieren Sie im Kapitel 5 Schlagworte zum Thema „Lernen fördern".

Reflektieren Sie anhand der Komponenten des Lehr-Lern-Dreiecks die Situation in Ihrem Tutorium:

Tutor ↔ Studierende: Wie ist meine Beziehung zu den Studierenden?
Warum mag ich die Studierenden?

.............................................................................

Warum akzeptieren mich die Studierenden?

.............................................................................

Tutor ↔ Inhalt: Wie ist meine Beziehung zu dem Thema?
Was interessiert mich an dem Thema?

.............................................................................

Warum halte ich das Tutorium gerne?

.............................................................................

Studierende ↔ Inhalt: Wie ist die Beziehung zwischen Studierenden und Inhalt?
Welche Interessen haben die Studierenden? Welche Interessen sind direkt mit dem Lernstoff zu verknüpfen?

.............................................................................

Welchen Nutzen hat das Thema für die Studierenden?

.............................................................................

Welche Inhalte kann ich von den Studierenden „konstruieren" lassen?

.............................................................................

Was motiviert die Studierenden, an dem Thema dran zu bleiben?

.............................................................................

# 6. Tutorien konzipieren

In diesem Kapitel erfahren Sie ...

... warum eine Lernzielorientierung im Tutorium hilfreich ist.

... wie die Wissenstaxonomie nach Bloom aufgebaut ist und wie Sie diese für Ihre Tutorien-Inhalte anwenden können.

... wie sie Sitzungen nach dem „+AVIVA+"-Schema planen.

... wie Sie eine positive Lernatmosphäre in Ihrem Tutorium herstellen können.

... wie Sie einen Ablaufplan zu erstellen, in dem alle notwendigen Aspekte stehen, die Sie während der Durchführung Ihres Tutoriums berücksichtigen müssen.

Sie müssen kein Superexperte sein, um fachliche Inhalte nach einem schlüssigen Konzept vermitteln zu können. Halten Sie sich in der Konzeptionsphase an drei grobe Grundschritte: Setzen Sie zunächst Ihre Lernziele fest, verteilen Sie die strukturierten Inhalte über die gesamte Tutoriumszeit und erstellen Sie sich für jede Einzelstunde einen Ablaufplan.

## 6.1 Lernziele setzen

Im vorigen Kapitel haben Sie erfahren, dass eine lernenden-zentrierte Perspektive nützlich ist, um ein gutes Tutorium zu konzipieren. In diesem Kapitel geht es darum, sich als Tutorin, als Tutor Lernziele zu setzen. Lernziele sind eine wichtige Grundlage Ihres Tutoriums-Konzeptes. Ohne zuvor festgesetzte Ziele kann nicht überprüft werden, ob erreicht wurde, was Sie erreichen wollten. In der hochschuldidaktischen Literatur wird in diesem Zuge von „Lernzielorientierung" gesprochen. Ziele zu setzen hilft Ihnen als Tutorin, als Tutor sowie den Studierenden. Bevor wir darauf eingehen, welche Arten von Lernzielen es gibt und wie Lernziele optimal formuliert werden, betrachten wir zunächst, warum es notwendig ist konkrete Lernziele festzusetzen:

Abb. 8: Alice im Wunderland

Kennen Sie die Geschichte „Alice im Wunderland?" Alice trifft auf ihrem Weg durch das Wunderland die Grinsekatze und fragt sie, welchen Pfad sie einschlagen soll. Die Katze antwortet: „Das kommt ganz darauf an, wo du hin willst." Alice antwortet: „Das ist mir ziemlich egal." Daraufhin sagt die Grinsekatze: „Dann ist es egal, welchen Weg du nimmst."

Diese kurze Geschichte verdeutlicht, dass wir ohne ein Ziel nicht wissen können, welchen Weg wir gehen müssen. Mit einem Ziel vor Augen lässt sich eine Aufgabe leichter und effizienter erfüllen. Dies ist auch bei Lehrveranstaltungen so. Das Wissen, mit welchem Ziel welche Lehreinheit durchgeführt werden soll, verhilft Ihnen zu einer schlüssigen Struktur und einem roten Faden. Damit gewinnen Sie an Sicherheit. Anhand von festgesetzten Zielen können Sie außerdem anderen (z.B. Ihrer Betreuerin, Ihrem Betreuer) leichter erläutern, was Sie in Ihrem Tutorium tun und aus welchen Gründen Sie dies tun. Bei der Konzeption des Tutoriums können Sie als Tutorin, als Tutor die Lernziele als Maßstab nehmen, an denen Sie sich konkret orientieren:

- Anhand von Lernzielen können Sie entscheiden, welche Inhalte wichtig sind.
- Müssen Inhalte aus Zeitgründen reduziert werden, können die Lernziele Anhaltspunkte geben, welche Inhalte unbedingt behandelt werden müssen und welche nicht.
- Festgesetzte Lernziele erleichtern Ihnen die Auswahl von interaktiven Lehr-/Lernmethoden (vgl. Kapitel 7). Wenn das Ziel ist, dass die Studierenden ein Thema nur einmal gehört haben, so genügt es, dieses Thema frontal vorzustellen. Ist das Ziel jedoch, dass die Studierenden den Stoff im Detail verstehen und wiedergeben können, so empfiehlt sich der Einsatz von interaktiven Lehr-/Lernmethoden, die den Studierenden eine aktive Auseinandersetzung mit den Inhalten ermöglichen.
- Zuvor festgesetzte Ziele können überprüft werden. Nach Durchführung des Tutoriums können Sie also sehen, ob Ihre Ziele erfüllt worden sind und liefern damit ein Messinstrument zur Beurteilung Ihrer Veranstaltung.

Hierarchische Zielarten

Wenn Sie Ihre Lernziele definieren, kommt es wieder darauf an, die Perspektive der Studierenden einzunehmen (lernendenzentrierte Perspektive). Die Frage, die sich jede Tutorin und jeder Tutor also zu Beginn der Konzeption des Tutoriums stellen sollte ist, was die Studierenden am Ende des Tutoriums wissen und können sollen.

Die Ziele, die Sie für Ihr Tutorium setzen, können Sie in eine Zielhierarchie auf unterschiedlichen Niveaustufen (Leitziel, Grobziel, und Feinziel) anordnen: Allen Zielen übergeordnet steht das Leitziel. Darunter finden sich mehrere breiter formulierte Ziele, die Grobziele. Unter jedem Grobziel stehen mehrere Feinziele. Die Feinziele sind die am konkretesten und detailliertesten formulierten Ziele. Ein Leitziel ist dann erfüllt, wenn alle darunter liegenden Grobziele erfüllt sind. Die Grobziele sind wiederum dann erreicht, wenn alle darunter liegenden Feinziele erreicht sind.

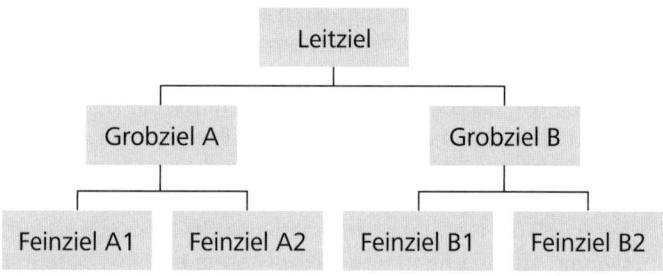

Abb. 9: Zielhierarchie

Es ist sinnvoll, sich zu Beginn des gesamten Tutoriums ein großes übergeordnetes Leitziel zu setzen, beispielsweise „In diesem Semester sollen die Studierenden empirische Forschungsmethoden kennenlernen." Dieses Leitziel gilt für die gesamte Veranstaltung.

Zur Erreichung dieses Leitziels werden kleinere Grobziele gebildet. Diese Grobziele können beispielsweise übergeordnete Ziele zu einer Veranstaltung oder zu einem thematischen Bereich sein, wie „Das heutige Ziel ist es, dass die Studierenden lernen, aus einer wissenschaftlichen Fragestellung ein Forschungsdesign abzuleiten." Die Grobziele der jeweiligen

Sitzungen können Sie den Studierenden in der ersten Tutoriums-Sitzung als Orientierung vorstellen.

Aus diesem Grobziel ergeben sich wieder mehrere untergeordnete Feinziele, die einzelne Unterrichtseinheiten segmentieren, beispielsweise „Die Studierenden sollen in der ersten Viertelstunde den Unterschied zwischen einem Within-Design und einem Between-Design kennen lernen." Die Feinziele werden möglichst konkret formuliert und können nach Erreichen des Zieles zur Überprüfung abgefragt werden.

Obwohl die Feinziele die detaillierteste Form aller Zielarten sind, sagt dies noch nichts darüber aus, wie intensiv die Studierenden an der Themenstellung arbeiten sollen. Um zu reflektieren, inwiefern die Studierenden jeden Inhalt verarbeiten sollten und um daran die Feinziele ausrichten zu können, empfehlen wir, die berühmte Lernzieltaxonomie nach Bloom als Denkhilfe zu verwenden.

Inhaltliche Ausarbeitung von Feinzielen
mit der Lernzieltaxonomie nach Bloom

Das zentrale Ziel von Tutorien ist wohl unumstritten, dass die Studierenden Wissen erwerben. Der amerikanische Psychologe Benjamin Bloom hat eine Taxonomie aufgestellt, in der Lernziele in drei unterschiedlichen Dimensionen kategorisiert werden: eine kognitive Dimension, eine affektive Dimension und eine handlungsorientierte Dimension.

Die kognitive Dimension beschreibt wie tief ein Lerninhalt gewusst oder gekonnt wird, z.B. „Ich weiß wann die Weimarer Republik gegründet wurde".

Die affektive Perspektive beinhaltet die Emotionen und Werte, die mit dem Wissen verbunden werden, z.B. „Mir macht es immer viel Spaß Quellentexte zur Weimarer Republik zu lesen".

Die handlungsorientierte Dimension bedeutet, inwieweit die festgelegten Ziele das Verhalten der Studierenden beeinflussen, z.B. „Wichtige Daten der Weimarer Republik liste ich chronologisch auf".

Alle drei Dimensionen treten beim Lernen gleichzeitig auf. Während die Lerner also beispielsweise wichtige Daten der Weimarer Republik chronologisch auflisten, lernen sie, die Daten auswendig zu reproduzieren und sind zugleich sehr interessiert und haben Spaß an der Tätigkeit.

Für die Tutorien-Arbeit und das Festsetzen der Feinziele ist es hilfreich, die kognitive Dimension hinsichtlich der Gestaltung von Lernzielen zu überprüfen. Nach der Taxonomie von Bloom und deren Revision von Anderson & Krathwohl (2001), kann Wissen auf den folgenden sechs Stufen verarbeitet werden:

- Kennen
- Verstehen
- Anwenden
- Analysieren
- Bewerten
- Erschaffen

Mit jeder Stufe wird das Wissen tiefer verarbeitet und damit besser gekonnt. Die Taxonomie hilft Ihnen als Tutorin, Tutor dabei zu überlegen, welche konkreten Inhalte die Studierenden am Ende des Tutoriums auf welcher Stufe wissen und können sollen.

| Wissens-stufe und Verarbei-tungstiefe | Erläuterung | Beispiel | |
|---|---|---|---|
| Erschaffen | Verbinden von Informationen zu einem neuen Zusammenhang, Formulieren alternativer Lösungen | Die Studierenden finden im Zuge ihrer For-schungsarbeit neue Lösungswege, um die Reliabilität ihres Fragebogens zu verbessern. | |
| Beurteilen | Beurteilen und Bewerten von Informationen oder der Qualität einer Arbeit, Schlüsse ziehen | Die Studierenden bestimmen, ob die Reliabilität in ihrer Forschungsarbeit ungenügend ist und decken Fehler im Prozess auf. | Je höher die Stufe, desto tiefer die Verarbeitung des Lernstoffs |
| Analy-sieren | Teileinheiten des Stoffes in Einzelteile zerlegen, Gliedern von Informati-onen, Beweise finden | Die Studierenden finden selbständig heraus, warum in ihrer Forschungsarbeit die Reliabilität noch ungenügend ist. | |
| Anwenden | Anwenden der Inhalte, Lösen von Problemen in einem anderen Kontext durch Anwenden des erworbenen Wissens | In ihrer Forschungsar-beit berechnen Studierende die Reliabilität des Fragebogens. | |
| Verstehen | Verstehen und Erläutern von Informationen | Studierende erklären anderen Studierenden, was „Reliabilität" bedeutet. | |
| Kennen | Erinnern, Wiedergeben von Fakten und Informationen | Studierende definieren den Begriff „Reliabili-tät". | ⇑ |

Tabelle 9: Vereinfachte Darstellung der Wissenstaxonomie von Bloom (kogniti-ve Dimension), überarbeitet nach Anderson & Krathwohl (2001)

Um Lernziele aktiv und handlungsorientiert zu gestalten, hilft es, sie so zu formulieren, dass eine Tätigkeit beschrieben wird, die die Studierenden können sollen (zusammenfassen, analysieren, differenzieren etc.). In der oben aufgeführten Tabelle ist pro Wissensstufe ein Beispiel formuliert.

**Übung 5: Bloom Taxonomie**

Formulieren Sie zu dem Thema „deutsche Grammatik" oder einem anderen, Ihnen bekannten Thema, auf den Stufen der Bloom-Taxonomie jeweils ein passendes Beispiel.

## Feinziele SMART formulieren

Die Formulierung von Feinzielen in Form von Tätigkeiten hilft, Ziele zu konkretisieren. Damit Lernziele auch wirklich gewinnbringend sind, können beim Formulieren weitere formale Kriterien beachtet werden. Die Zielformulierungsformel „SMART" von Doran (1981) hilft bei der formalen Ausarbeitung der Feinziele. Das Akronym SMART steht für die Eigenschaften: **s**pezifisch, **m**essbar, **a**kzeptiert, **r**ealistisch und **t**erminiert. In der folgenden Tabelle wird jede Eigenschaft mit einem kurzen Beispiel erläutert:

| Eigen-schaft | Erläuterung | Beispiel |
|---|---|---|
| S – spezifisch | Feinziele sollen so genau wie möglich formuliert werden. | In unserem Beispiel wäre ein eher unspezifisches Ziel „Forschungsdesigns behandeln" und ein spezifisches Ziel „Studierende sollen Between- und Within-Design unterscheiden lernen". |

| Eigen- schaft | Erläuterung | Beispiel |
|---|---|---|
| M – messbar | Nur bei einem konkret formulierten Ziel kann im Nachhinein gemessen werden, ob es erreicht worden ist. | In unserem Fall kann anhand eines praktischen Beispiels geprüft werden, ob die Studierenden das richtige Forschungsdesign benennen können. |
| A – akzeptiert | Das Ziel muss von den Studierenden akzeptiert werden, es muss angemessen und möglichst attraktiv sein, so dass die Studieren- den es als „ihr Ziel" anerkennen. | In unserem Kontext wäre ein wenig akzeptiertes Ziel beispielsweise: „Die Studierenden sollen alle statistischen Formeln auswendig wissen." Akzeptiert wäre „Studieren- de sollen verstehen, welchen statistischen Test sie beim Vergleich von zwei Gruppen heranziehen müssen." |
| R – realistisch | Das Ziel muss realistisch sein. | So ist es beispielsweise unrealistisch, dass Studierende innerhalb von fünf Minuten lernen, wie sie aus einer wissenschaftlichen Fragestellung ein Versuchs- design erstellen. |
| T – terminiert | Gut formulierte Ziele beinhalten, in welcher Zeit sie erreicht werden sollen. | Dies ergibt sich aus den gesetzten Lernzielen des Tutoriums und der Konzeption der jeweiligen Einheit sowie dem zeitlich strukturierten Ablaufplan. So könnte beispielsweise das Thema „Forschungsde- signs erstellen" für die dritte Tutoriumssitzung terminiert werden. |

Tabelle 10: SMART Feinziele

> **Übung 6: SMART-Kriterien**
>
> Sie möchten die Zeit an der Uni nutzen, um Italienisch zu lernen. Formulieren Sie zu diesem Leitziel drei Feinziele nach den SMART-Kriterien.

Es ist nun deutlich geworden, dass Lernziele den Tutorinnen und Tutoren bei der Konzeption von Nutzen sind. Die Frage, die sich also jede Tutorin und jeder Tutor zu Beginn der Konzeption des Tutoriums stellen sollte, ist, was die Studierenden am Ende des Tutoriums wissen und können sollen, also welche Lernziele erreicht werden sollen. Integrieren Sie eine Phase in ihr Tutorium, in der Sie den Studierenden wichtige Ziele vorstellen. Wenn die Studierenden die Ziele des Tutoriums kennen, sind sie gut auf den Lernprozess vorbereitet. Kommunizieren Sie im Tutorium, wenn ein Ziel erreicht wurde, denn transparente Ziele helfen den Studierenden, die Inhalte besser einzuordnen und fördern Motivation und Ausdauer.

Wenn Sie Ihre Tutoriums-Ziele formuliert haben, befinden Sie sich nun in der optimalen Ausgangslage, um den Ablauf Ihrer Tutoriums-Sitzungen gestalten zu können.

## 6.2 Inhalte anordnen

Als Tutorin, als Tutor gestalten Sie Ihre Tutoriums-Sitzung optimal, wenn Sie im Tutorium einerseits den roten Faden behalten und Ihnen andererseits die Studierenden gut folgen können. Die Studierenden sollen aufmerksam bleiben und sich aktiv mit dem Lernstoff auseinandersetzen. Mit dem Formulieren der Feinziele (vgl. Kapitel 6.1) haben Sie bereits die notwendigen Grundvoraussetzungen gelegt. Möglicherweise ist Ihnen vollkommen klar, welche Inhalte Sie in welcher Reihenfolge mit den Studierenden bearbeiten. Einige Tutorinnen und Tutoren vergessen jedoch, dass das Gestalten einer guten Lernatmosphäre ebenfalls ihre Aufgabe ist.

In diesem Kapitel geht es nun zunächst darum, einen Überblick über die Inhalte zu bekommen, die Sie im gesamten Tutorium durchnehmen werden. Diese ordnen Sie in einen Semesterplan ein. Danach können Sie an die Konzeption der einzelnen Sitzungen gehen. Bei der Konzeption der einzelnen Sitzungen stellen wir Ihnen ein Ablaufschema vor, mit dem Sie unter Berücksichtigung einer guten Lernatmosphäre Ihre Inhalte in eine sinnvolle Reihenfolge bringen können.

Den Semesterplan erstellen

Als Tutorin, als Tutor sollten Sie immer einen guten Gesamtüberblick behalten sowie einschätzen, wie viel Stoff Sie in welcher Sitzung behandeln müssen und wie viel Zeit Ihnen zur Vertiefung der einzelnen Inhalte bleibt. Bevor Sie sich in die Konzeption einzelner Sitzungen vertiefen, erstellen Sie sich deshalb Ihren Semesterplan. Dazu ist folgendes Vorgehen empfehlenswert:

1. Listen Sie sämtliche Inhaltsbereiche auf, die in Ihrem Tutorium im kommenden Semester behandelt werden sollen.
2. Ziehen Sie den Kalender zu Rate, um die Anzahl der tatsächlich in diesem Semester stattfindenden Tutoriums-Sitzungen zu ermitteln. Im Sommersemester finden unter Berücksichtigung der Feiertage meist weniger Sitzungen statt als im Wintersemester.
3. Rechnen Sie in der ersten Sitzung Ihres Tutoriums einige Zeit zur grundsätzlichen Orientierung ein, also für die Klärung von Organisatorischem, der Festlegung von Seminarregeln und dem Kennenlernen.

4. Gibt es bestimmte Termine oder Fristen, bis zu denen gewisse Meilensteine erreicht werden sollen? Notieren Sie diese.

5. Die letzte Sitzung im Semester sollte für eine Zusammenfassung, Wiederholung, Fragerunde und Reflexion reserviert werden (vgl. Kapitel 14).

6. Wenn Sie sehen, wie viel Zeit Sie für Ihre Inhalte übrig haben, können Sie nun die Inhalte grob über die Sitzungen hinweg verteilen.

7. Lassen Sie sich auf Ihren fertig erstellten Semesterplan Feedback von Ihrer Betreuerin oder Ihrem Betreuer geben, denn der Semesterplan wird Ihr Leitfaden sein.

8. Erst jetzt beginnen Sie mit der Ablaufgestaltung der einzelnen Sitzungen.

**Tipps & Tricks**

Manche Professorinnen und Professoren geben Ihren Tutoren wöchentlich die Inhalte vor. In diesem Fall werden Sie Punkt 6 auslassen.

Gehen Sie in ähnlicher Weise vor, wenn Sie ein **Blockseminar** planen:

1. Listen Sie sämtliche Inhaltsbereiche auf, die in Ihrem Blockseminar behandelt werden sollen.

2. Berechnen Sie, wie viele Stunden Ihnen zur Verfügung stehen.

3. Reservieren Sie die erste Stunde Ihres Blockseminars zur grundsätzlichen Orientierung, also für die Klärung von Organisatorischem, der Festlegung von Seminarregeln und dem Kennenlernen.

4. Die letzte Stunde des Blockseminars sollte für eine Zusammenfassung, Wiederholung, Fragerunde und Reflexion reserviert werden.
5. Wenn Sie sehen, wie viel Zeit Sie für Ihre Inhalte übrig haben, können Sie nun die Inhalte grob verteilen.
6. Lassen Sie sich auf Ihren fertig erstellten Blockseminarplan Feedback von Ihrer Betreuerin oder Ihrem Betreuer geben, denn der Plan wird Ihr Leitfaden sein.
7. Erst jetzt beginnen Sie mit der Konzeption der einzelnen Stunden.

Sie können sich nun Ihren Semesterplan erstellen. Er bietet einen Überblick zur Verteilung der Inhalte über alle Sitzungen im Semester und verhilft dadurch zu einer guten Orientierung. Durch die Rückversicherung bei der Betreuerin oder dem Betreuer können Sie sicher sein, dass die Feinkonzipierung der Inhalte an dem richtigen Leitfaden ausgerichtet sein wird.

Nun geht es daran, die Inhalte so für die Stunde aufzubereiten, dass Sie als Tutorin, Tutor den roten Faden behalten und auf der anderen Seite die Studierenden gut folgen können, aufmerksam bleiben und optimal lernen können. Im folgenden Unterkapitel wird ein Schema zur Konzeption von Lehrveranstaltungen beschrieben, das Sie bei der Erfüllung dieser Ziele unterstützt: das +AVIVA+-Schema.

Anhand des +AVIVA+-Schemas die Einzelstunden planen

Ob Seminar, Tutorium, Vorlesung, Workshop oder Übung – jede Veranstaltung, die zum Ziel hat, dass Teilnehmende etwas lernen, kann nach dem +AVIVA+-Schema geplant werden. Wir benutzen es seit Jahren auch für unsere Seminarplanung. Es ist ohne Schwierigkeit anzuwenden, leicht einzuprägen und gut auf unterschiedlichste Lehrsituationen übertragbar. Das Akronym „+AVIVA+" (angelehnt an Städeli et al., 2010) steht für:

+ (Lern-) Atmosphäre gestalten
A Ausrichten
V Vorwissen aktivieren
I Informieren
V Verarbeiten
A Auswerten
+ (Lern-) Atmosphäre gestalten

Abb. 10: AVIVA-Schema

Jeder Buchstabe steht für eine Phase in der Lehrveranstaltung. Das „+" mit dem Gestalten einer guten Lernatmosphäre bildet den Rahmen. Im Folgenden werden die einzelnen Phasen des +AVIVA+-Schemas näher erläutert. Im Kapitel 7 finden Sie außerdem für jede Phase geeignete Unterrichtsmethoden.

Die fünf Phasen „A", „V", „I", „V" und „A" werden von einem **„+"**, nämlich der **Gestaltung einer Lernatmosphäre** eingerahmt. Denn eine positive Atmosphäre trägt in jeder Phase des Tutoriums dazu bei, dass gut gelernt wird und dass sowohl Tutorin und Tutor als auch Studierende motiviert bleiben und Freude an dem Tutorium haben.

**Übung 7: Lernatmosphäre**

Erinnern Sie sich an Lehrveranstaltungen, in denen Sie selbst gut lernen konnten:
Wie ist die Atmosphäre, also die Stimmung, in den Seminaren, in denen Sie gerne aktiv mitarbeiten? Wie ist die Atmosphäre in den Seminaren, in denen Sie sich gar nicht gerne beteiligen?

Wenn unter den Studierenden eine gute Stimmung herrscht und auch zwischen den Studierenden und dem Dozierenden, in unserem Falle der Tutorin oder dem Tutor, fühlen sich die Studierenden wohler. Unsicherheiten werden abgebaut, sie trauen sich Fragen zu stellen und aktive Wortbeiträge zu bringen. Eine positive Lernatmosphäre ist deswegen die Voraussetzung dafür, dass jede AVIVA-Phase funktioniert.

**Infotafel: Beziehung zwischen Studierenden und Dozierenden**

In einer Befragung gaben Studierende folgende Faktoren an, die zu einem guten Verhältnis zwischen Lehrenden und Lernenden beitragen (Brauer, 2004, S.104):
• Ein entspanntes Auftreten des Lehrenden
• Für die Studierenden ansprechbar sein
• Diskussionen in der Lehrveranstaltung fördern
• Interesse für die Studierenden bekunden
• Die Namen der Studierenden kennen
• Persönliche Erlebnisse erzählen
• Mit Beispielen aus der Praxis den Stoff veranschaulichen
• Verständnis für die Studierenden haben

Zu einem gewissen Anteil können Sie dazu beitragen, dass ein gutes Klima im Tutorium entsteht. Förderlich für eine gute Lernatmosphäre ist auf der einen Seite die Art des Miteinanderumgehens, eine respektvolle Beziehung auf Augenhöhe und eine Haltung gegenseitiger Wertschätzung. Auf der anderen Seite trägt zu einer Wohlfühlatmosphäre bei, wenn Sie persönliche Kontakte unter den Studierenden ermöglichen, beispielsweise durch Kennenlern-Methoden und der Förderung des Austauschs untereinander. Regen Sie zum offenen Diskurs an, stellen Sie Fragen, um die Studierenden aktiv einzubeziehen und lassen Sie auch Raum für Pausen und Auflockerungen. Der „+"-Rahmen mit dem Gestalten der Lernatmosphäre wirkt über alle fünf Phasen des AVIVA-Schemas.

Die erste Phase jeder Tutoriums-Sitzung ist die Phase **A – Ausrichten**. Hier sollen die Studierenden auf die Lehrveranstaltung eingestimmt werden. Stellen Sie sich vor, die Studierenden hetzen gerade aus einer anderen Veranstaltung her, haben den Bus verpasst oder haben im Flur noch einen befreundeten Kommilitonen getroffen. In der Phase „Ausrichten" lenken wir den Fokus weg von den einzelnen subjektiven Aufmerksamkeiten hin zu unserem Thema. Dabei beachten wir drei Aspekte: Interesse wecken, Beziehung sichern und Orientierung geben.

*Interesse* zu einem Thema zu haben ist der größte motivationale Antrieb zu lernen (vgl. Kapitel 13.2). Ohne Interesse lernt es sich nur sehr mühsam. Deswegen ist die Förderung des Interesses bei den Studierenden gut investierte Zeit. Überlegen Sie, wie Sie die Neugier der Studierenden wecken können und zeigen Sie den Nutzen der Inhalte auf. Wecken Sie Interesse für die Veranstaltung mit einem kurzen Beispiel, den Bezug zu aktuellen Nachrichten, einem lustigen thematisch passenden Bild oder einer Abstimmungsfrage an die Studierenden, die mit dem Thema zu tun hat. Ist das Interesse der Studierenden geweckt, hat das Thema ihre Aufmerksamkeit, was eine wichtige Basis für die darauffolgende Phase darstellt.

**Übung 8: AVIVA-Ausrichten**

Überlegen Sie sich zwei Möglichkeiten, wie Sie zu Beginn Ihrer ersten und zweiten Tutoriums-Sitzung das Interesse der Studierenden wecken können.

Weiterhin sollte zu Beginn der Veranstaltung die *Beziehungsebene* aufgebaut werden. In der allerersten Veranstaltung ist eine gute Vorstellung wichtig: Wer sind Sie, welchen Hintergrund haben Sie und was hat Sie dazu bewegt, Tutorin oder Tutor zu werden? In späteren Veranstaltungen kann die Frage gestellt werden, ob etwas von dem letzten Tutorium noch unklar ist. Dies ist auf der einen Seite ein wertschätzendes beziehungsförderliches Angebot, auf der anderen Seite können die Antworten wichtige Informationen darüber geben, welche Inhalte gut verstanden wurden und welche nicht.

Der dritte Aspekt eines gelungenen Einstiegs ist, *Orientierung zu geben*. In diesem Zuge können auch Regeln für die Zusammenarbeit aufgestellt werden. Formulieren Sie zu Beginn des Tutoriums zwei bis vier Botschaften, wie Sie sich die gemeinsame Arbeit innerhalb des Tutoriums vorstellen. Formulieren Sie hierzu den gewünschten Soll-Zustand mit positiven Formulierungen, anstatt Regeln in Form von Verboten vorzugeben:

„Bitte bringt eure Ideen und Fragen ein." anstatt „Bitte keine Nebengespräche führen." oder

„Arbeitet aktiv mit, damit ihr viel vom Tutorium profitiert." anstatt „Verweigert nicht die Mitarbeit."

**Tipps & Tricks**

Achten Sie darauf, dass die Regeln, die Sie vereinbaren stimmig mit Ihrem Verhalten sind und dass Sie diese Regeln auch einhalten können. Ist beispielsweise der Austausch im Tutorium explizit gewünscht, so ist es wichtig, dass Sie für Austausch genügend Raum geben, anstatt selbst zu viel zu reden.

Eine weitere Möglichkeit ist, dass Sie gemeinsam mit Ihren Studierenden in der ersten Sitzung erarbeiten, wie das Tutorium ablaufen soll, damit alle Erwartungen erfüllt werden. Regeln, die mit der Gruppe erarbeitet werden, finden mitunter größere Akzeptanz als jene, die vorgegeben werden.

Natürlich sollten in der Phase „Ausrichten" ebenfalls die Ziele und der Ablauf des Tutoriums vorgestellt werden. Orientierung ist eine wichtige Voraussetzung für die Aufmerksamkeit der Studierenden!

Alles in allem sollte die Phase *A – Ausrichten* ungefähr fünf Minuten dauern. In der ersten Sitzung, in der die Orientierung für das gesamte Tutorium geschaffen und Zeit für ein Kennenlernen eingeräumt werden soll, kann die Phase durchaus bis zu 45 Minuten in Anspruch nehmen.

Sind die Studierenden erst einmal auf das Thema ausgerichtet, so sollte das **Vorwissen** der Studierenden **aktiviert** werden. Im besten Fall haben Sie in einer Teilnehmenden-Analyse das Vorwissen Ihrer Studierenden schon sondiert (vgl. Kapitel 4.2). Wieso ist das Aktivieren von Vorwissen wichtig?

Bitte versuchen Sie sich die Aussage der zwei folgenden Sätze zu merken: „Einerseits ist die Ungenauigkeit $\Delta x$ des Ortes dabei abhängig von der Wellenlänge des verwendeten Lichtes. Andererseits wirkt die Ablenkung des Lichtquants wie ein Stoß auf das Teilchen, wodurch der Impuls des Körpers eine Unbestimmtheit von $\Delta p$ erfährt (Comptonstreuung)."

Wenn Sie sich in Physik gut auskennen und Heisenbergs Theorie der Unschärferelation kennen, haben Sie vielleicht kaum Schwierigkeiten damit. Gehören Sie zu dem Großteil der Bevölkerung, der in dieser Domäne nicht so bewandert ist, kostet es Sie vermutlich viel Energie sich den Sinn dieser zwei Sätze zu erschließen und sich einzuprägen.

Vorwissen zu aktivieren ist sehr wichtig beim Lernen neuer Inhalte, denn es ist fast unmöglich, etwas völlig Neues im Gedächtnis zu behalten. Alle neu erlernten Informationen müssen mit alten, bereits bestehenden kognitiven Strukturen verknüpft werden, da sie nur dann wieder abgerufen und letztendlich auch langfristig gespeichert werden können. Um die zwei Sätze zur Unschärferelation zu verstehen, müssen wir unser physikalisches Vorwissen aktivieren. Wenn wir nicht genügend Vorwissen dazu haben, können wir die neuen Informationen nirgendwo anknüpfen. Informationen, die nicht verknüpft werden, bedeuten eine sehr lose oder gar keine Verbindung zwischen den Nervenzellen im Gehirn, in denen Informationen gespeichert werden – sie können demnach nicht wieder abgerufen werden (vgl. Kapitel 5.1).

Im Kontext von Lehrveranstaltungen gibt es zweierlei Arten von Vorwissen, das aktiviert werden kann: Es kann Vorwissen zu einem Thema abgefragt werden, das neu behandelt werden soll, es kann aber auch Wissen wiederholt werden zu einem Thema, das bereits behandelt wurde. Die Wiederholung von Wissen ist die am häufigsten angewendete Strategie, um sich Inhalte zu merken und dem Vergessen entgegenzuwirken.

Die Phase *V – Vorwissen* aktivieren kann fünf bis zehn Minuten eines Tutoriums in Anspruch nehmen.

Der Hauptzweck einer Lehrveranstaltung ist die Vermittlung von Wissen. **„I – Informieren"** ist die Phase im „+AVIVA+"-Schema, in der die Lerninhalte, die von den Studierenden gelernt werden sollen, präsentiert werden.

---

**Infotafel: „Cognitive Overload"**

Die Kapazität des Arbeitsgedächtnisses ist begrenzt. Die meisten von uns kennen das Gefühl, wenn wir zu viele Informationen auf einmal verarbeiten müssen und keinen Überblick mehr haben oder blockiert sind. So in etwa macht sich ein „cognitive overload" bemerkbar, ein überfülltes Arbeitsgedächtnis, in dem kein Platz mehr für Denkprozesse vorhanden ist. Eine Möglichkeit der Entlastung des Arbeitsgedächtnisses ist, Informationen aufzuschreiben oder eine Pause einzulegen. Eine weitere Möglichkeit ist die Automatisierung von Prozessen. In der Schule wird beispielsweise das Einmaleins so oft wiederholt, bis Multiplikationsaufgaben „wie aus der Pistole geschossen" gelöst werden können. Auf das Gedächtnis bezogen bedeutet das, dass das Multiplizieren so automatisiert worden ist, dass es nahezu keine Kapazität des Arbeitsgedächtnisses mehr besetzt. (Paas et al., 2004)

---

Leider wird die Phase des Informierens in Lehrveranstaltungen häufig überstrapaziert: Informationen werden ohne Punkt und Komma frontal 90 Minuten den Studierenden vorgetragen. Die Aufnahmekapazität unseres Arbeitsgedächtnisses ist jedoch begrenzt. Empirische Studien zeigen, dass die Aufmerksamkeit der Studierenden die ersten zehn Minuten der Lehrveranstaltung am höchsten ist und danach kontinuierlich sinkt. Deswegen wird empfohlen alle 15 bis 20 Minuten zumindest die Art der Darstellung zu wechseln, wenn nicht sogar eine Verarbeitungsphase einzubauen, in der sich die Studierenden aktiv mit dem Stoff auseinandersetzen. Daher empfehlen wir, nach einer maximal 20-minütigen Informationsphase eine Verarbeitungsphase anzuschließen.

> **Infotafel: Viel Stoff, wenig Zeit**
>
> Viele Dozierende haben das gleiche Problem: zu viel Stoff in zu wenig Zeit vermitteln zu müssen. Die Lehrenden möchten den Studierenden über alle Details zu einem Thema informieren, was selten möglich ist. Lehner (2012) nennt dieses Problem die Vollständigkeitsfalle.
>
> Bedenken Sie, dass es letzten Endes nicht darauf ankommt, wie viel Stoff Sie durchnehmen, sondern wie viel Stoff bei den Studierenden ankommt. Das heißt:
>
> - Sprechen Sie nicht etwa schneller, um mehr Inhalte zu vermitteln oder verzichten gar auf die Einstiegs- oder Abschlussrunde. Die Aufnahmekapazität der Studierenden ist begrenzt (vgl. Infotafel zum Cognitive Load).
> - Reflektieren Sie Ihre Ziele: Welche Inhalte müssen die Studierenden unbedingt aus Ihrem Tutorium mitnehmen? Welche Details sind eigentlich Nebensache und kein „Must-have"?
> - Priorisieren Sie und räumen Sie wichtigen Inhalten mehr Zeit ein als unwichtigen Inhalten.
> - Machen Sie ein Gedankenexperiment und gehen Sie von dem Extrem aus: „Worauf würden Sie sich konzentrieren, wenn Sie nur zehn Minuten Zeit zur Inhaltsvermittlung hätten?" Diese Technik schärft Ihren Blick für das Wesentliche.
>
> Weitere Techniken zur Reduktion von Inhalten finden Sie im Buch von Martin Lehner „Viel Stoff, wenig Zeit".

Eine Alternative zur frontalen Wissensvermittlung durch die Lehrtätigen, also auch Tutoren, ist das Wissen von den Studierenden selbst generieren zu lassen. Oft wird unterschätzt, wieviel die Studierenden bereits wissen. Durch einen Wissens-Austausch der Studierenden untereinander kann jeder mit seinem Vorwissen etwas beitragen und lernt von anderen Kommilitoninnen und Kommilitonen Aspekte, die vorher noch nicht gewusst wurden. Eine Einheit zur Generierung von Wissen bringt nicht nur Abwechslung in den Lernalltag, sie fördert auch die tiefere Verarbeitung der Inhalte und damit die Behaltensleistung, da sich die Studierenden aktiv mit dem Stoff auseinandersetzen müssen. Geeignete Lehr-/Lernmethoden, mit denen Sie Wissen generieren lassen können, finden Sie im Kapitel 7.

Falls es nicht möglich ist das Wissen von den Studierenden generieren zu lassen, sollten spätestens alle 20 Minuten kurze Phasen zur Verarbeitung des neu erworbenen Wissens (**„V"** **– Verarbeiten**) in die Veranstaltung eingebaut werden.

Einmal hören heißt noch lange nicht, dass man etwas weiß. Je höher die Verarbeitungsleistung sein soll, desto mehr Zeit sollte zum Verarbeiten eingeräumt werden. Denn je tiefer der Stoff verarbeitet wurde, desto leichter ist es am Ende für die Studierenden, sich den Stoff einzuprägen.

---

Infotafel: Fragen generieren bedeutet lernen

Zahlreiche Untersuchungen belegen, dass es sehr hilfreich für den Erwerb neuen Wissens und das Behalten neuen Lernstoffs ist, wenn Lernende Fragen stellen. Das Erzeugen von Fragen verbessert die Verarbeitung von gelernten Inhalten in hohem Maße und fördert damit das Verständnis.

Ebenso ist das Stellen von Fragen, die der Lehrende formuliert, förderlich. Hierbei wird zwischen vorangestellten Fragen und nachgestellten Fragen unterschieden. Vorangestellte Fragen werden vor der Vermittlung des Lernstoffs gestellt, nachgestellte im Anschluss an die Informationseinheit. Der Vorteil von nachgestellten Fragen ist, dass die Lernenden in der Informationseinheit offen bleiben und nicht durch vorangestellte Fragen im Blickwinkel eingeschränkt werden. (Klauer, & Leutner, 2012, S. 72)

---

Im Kapitel 6.1 haben Sie gelernt, wie Sie Ihre Feinziele mithilfe der Wissenstaxonomie nach Bloom setzen. Damit wissen Sie bereits, welche Art der Wissensverarbeitung gefordert ist: Sollten die Inhalte so verarbeitet werden, dass sie angewendet werden können, dass Analyse- oder Beurteilungsfähigkeiten entstehen oder dass neues Wissen erschaffen wird? Abhängig davon entscheidet sich, ob beispielsweise über eine Zusammenfassung Inhalte wiederholt werden, Aufgaben mit unterschiedlichen Schwierigkeitsgraden geübt werden oder Anwendungsbeispiele herangezogen werden, um Lerntransfer zu schaffen. Besonders tief verarbeitet wird Wissen, wenn sich die Studierenden in Diskussionen kritisch mit dem neu erworbenen Wissen auseinandersetzen müssen. Auch das Formulieren von Fragen ist eine gute Form, Inhalte tiefer zu verarbeiten und sich den Stoff besser zu merken (siehe Infotafel). Konkrete Ideen, wie die Phase *V – Verarbeiten* methodisch umgesetzt werden kann, liefert der Methodenkasten im Kapitel 7.

---

**Tipps & Tricks**

Wenn das Ziel Ihres Tutoriums „Wiederholung" ist, dann bereiten Sie auch den zu wiederholenden Stoff nach dem +AVIVA+-Schema auf. Starten Sie beispielsweise mit dem Aktivieren von Vorwissen und identifizieren Sie die Wissenslücken. In der Phase „Informieren" füllen Sie diese Lücken oder lassen Sie von den Studierenden gegenseitig erarbeiten. Anschließend können Sie in der Phase „Verarbeiten" beispielsweise Klausurfragen miteinander lösen.

---

Nach einer Phase des Verarbeitens kann mit der Vermittlung von neuen Inhalten (I – Informieren) fortgefahren werden. Wenn Sie in Ihrer Veranstaltung beispielsweise drei Inputeinheiten planen, würden Sie ein +AVIVIVIVA+-Schema vollziehen. Am Ende einer jeden Sitzung wird die letzte Verarbeitungsphase mit der Phase **A – Auswerten** abgeschlossen.

Am Schluss einer Tutoriums-Sitzung sollten Sie ca. fünf bis zehn Minuten investieren, um die Veranstaltung abzurunden. Eine gelungene Abrundung ist eine Kombination vom Festigen der wichtigsten Inhalte, dem Aufzeigen von Perspektiven und dem Sichern der Beziehungsebene, worauf wir nun näher eingehen.

Auf der inhaltlichen Seite kann das behandelte Wissen noch einmal abgefragt werden, die Lernziele überprüft oder eine knackige, aussagekräftige Kernbotschaft als „Take-Home-Message" präsentiert werden.

> **Übung 9: AVIVA-Auswerten**
> Formulieren Sie zu Ihrem Thema eine knackige Take-Home-Message: Sagen Sie in einem Satz, was die Studierenden mitnehmen sollen.

Geben Sie einen Ausblick, indem Sie sagen, wie es in der nächsten Stunde weitergeht. Zudem kann der Lernprozess reflektiert werden, also besprochen werden, welche Inhalte die Studierenden gut verstanden haben und bei welchen Aufgaben es Probleme gab. Damit identifizieren die Studierenden ihre Wissenslücken. Reflektieren dient dem Aufbau von Metakompetenzen: Wenn Studierende über ihr eigenes Lernen bewusst Bescheid wissen, können sie sich weitere Themengebiete schneller selbstbestimmt aneignen. Insofern kann es sehr lernförderlich sein, sich Zeit für diesen Punkt zu nehmen.

Sichern Sie die Beziehung zu den Studierenden (so wie am Anfang der Sitzung), indem Sie beispielsweise die Mitarbeit der Studierenden loben oder sich persönliches Feedback einholen. Auf diese Weise überprüfen Sie, ob Sie Wissen erfolgreich vermittelt haben und Interesse wecken konnten. Fragen Sie nach, welche Inhalte im Tutorium gut verstanden wurden und was verbessert werden könnte. Das gibt den Teilnehmenden das Gefühl, dass sie ernst genommen werden und außerdem erhalten Sie Anregungen zur Verbesserung Ihres Tutoriums.

Ideen, wie Inhalte zum Abschluss gefestigt werden können, der Lernprozess reflektiert werden kann und Sie Feedback erhalten, bietet Kapitel 7 zu interaktiven Lehr-/Lernmethoden.

Getreu dem Motto „der Anfang prägt, das Ende haftet" haben Sie es in der Hand, wie Ihre Veranstaltung in Erinnerung behalten wird!

---

**Übung 10: AVIVA-Schema**

Rufen Sie sich ein lehrreiches Seminar in Ihr Gedächtnis, an dem Sie im letzten Semester teilgenommen haben. Reflektieren Sie, welche Seminareinheiten zu welcher Phase des +AVIVA+-Schemas gehörten.

---

Das +AVIVA+-Schema bietet ein leicht anwendbares Phasenmodell zur Konzeption der Sitzungen unter Berücksichtigung lernförderlicher Aspekte. Zur Erinnerung: Das „+" steht für das Gestalten einer positiven Lernatmosphäre und bildet den Rahmen um alle fünf Phasen. Das Akronym steht für „A – Ausrichten", „V – Vorwissen aktivieren", „I – Informieren" und „A – Auswerten". Die Lerninhalte können Sie nun nach dem +AVIVA+-Schema ordnen. Damit sind Sie bereit sich Ihren Ablaufplan zu erstellen.

## 6.3 Den Ablaufplan erstellen

In den hochschuldidaktischen Seminaren, die wir anbieten, sehen wir immer wieder die Situation, dass Lehrende viel Stoff für ihre Veranstaltung einplanen und dann mitten in der Sitzung merken, dass sie nicht fertig werden und relevante Inhalte weglassen müssen. Damit dies nicht passiert, hilft ein guter Überblick über sämtliche Inhalte, die im Laufe der Stunde bearbeitet werden sollen und die angedachte Zeit für jede Phase.

Mithilfe eines Ablaufplanes lassen sich die geplanten Themen pro Sitzung übersichtlich darstellen. Ihr Ablaufplan ist Ihr Feinkonzept und wird Sie wie ein roter Faden durch das Tutorium führen. Ablaufpläne sind Zeitpläne, die auf einen Blick ersichtlich machen, welcher Inhalt an welcher Stelle präsentiert wird, welche Fragen gestellt, welche Materialien benötigt und wie viel Zeit zur Verfügung steht. Nach dem Lesen von Kapitel 7 und 8 werden Sie noch hinzufügen, welche interaktiven Lehr-/Lernmethoden und welche Visualisierungstechniken Sie an welcher Position einsetzen werden.

Integrieren Sie in Ihren Ablaufplan folgende Informationen:
- Titel der Veranstaltung
- Uhrzeit: So müssen Sie im Tutorium nicht nachrechnen, wie viel Zeit Sie noch übrig haben, sondern wissen immer, ob Sie sich im Zeitplan befinden
- Dauer der einzelnen Einheiten
- Phase nach dem +AVIVA+-Schema
- Überschrift der einzelnen thematischen Einheiten
- Lernziele (vgl. Kapitel 6.1)
- Inhaltliche Stichworte: damit Sie mit einem Blick erfassen können, was unbedingt gesagt werden muss
- Wichtige Fragen, die Sie stellen wollen
- Lehr-/Lernmethode bei Übungseinheiten (Details dazu erfahren Sie in Kapitel 7)
- Materialien und benötigte Medien (Details dazu erfahren Sie in Kapitel 8)
- Puffer: Planen Sie in Ihren Tutorien einen Zeitpuffer ein, da Sie nur ungefähr vorhersagen können, in welchem Umfang Ihnen die Studierenden Fragen stellen und wie viel Zeit die Studierenden bei interaktiven Einheiten benötigen. Es bietet sich an, immer eine kleine Einheit zu planen, die zur Not weggelassen werden kann. Damit bleiben Sie bei der Durchführung flexibel und müssen nicht am Ende wo-

Ein Beispiel für einen Ablaufplan:

**Tutorium zu empirischen Forschungsmethoden**

| Uhrzeit | Dauer | Phase + Inhalt | Details | Ziele | Materialien |
|---------|-------|----------------|---------|-------|-------------|
| 12:15 | 5 | A – Begrüßung | Begrüßung, Ablauf des heutigen Tages, Ziele | Einstimmen | |
| 12:20 | 10 | V – Wiederholung | Mit Fragen zur letzten Sitzung | Inhalte der letzten Stunde wiederholen | Fragezettel |
| 12:30 | 15 | I – Between-Design | Inputeinheit per Video, mündlich ergänzen | Between-Design kennenlernen | Video, Laptop |
| 12:45 | 40 | V – Between-Design anwenden | Studierende anhand einer Forschungsfrage Design erstellen lassen | Between-design erstellen | Forschungs-frage auf Tafel |
| 13:25 | 5 | Pause/Puffer | | | |
| 13:30 | 5 | I – Within-Design | Unterschiede zu Between-Design im interaktiven Dialog erarbeiten | Unterschiede Between- und Within-Design kennen | |
| 13:35 | 15 | V – Within-Design | Frage an Studis: „Welche Forschungs-fragen erfordern Erstellung eines Within-Designs?" | Within-Design festigen | Antworten auf Flipchart notieren |
| 13:40 | 5 | A – Abschluss | Zusammenfassung, Ausblick auf nächste Woche | | |
| 13:45 | ENDE | | | | |

Tabelle 11: Ablaufplan

möglich aus Zeitgründen den Abschluss oder die Auflösung weglassen.

**Tipps & Tricks**

Dokumentieren Sie Ihre Echtzeit-Abläufe im Tutorium und heften Sie diese mit Ihren Unterlagen ab. Damit können Sie bei der nächsten Planung auf Ihre Erfahrungswerte zurückgreifen.

Die erforderlichen Angaben eines Ablaufplanes zwingen Sie zu einer genauen Vorbereitung. Außerdem behalten Sie mit einem Ablaufplan im Tutorium den Überblick und können auf unerwartete Entwicklungen flexibel reagieren. Drucken Sie sich ihr fertig erstelltes Feinkonzept aus. Wenn Sie es auf eine DIN A5 Karteikarte kleben, haben Sie es wie eine Moderationskarte immer griffbereit zur Hand. Mit einem detailliert ausgearbeiteten Ablaufplan können Sie gut vorbereitet Ihr Tutorium starten.

*Unsere Literaturempfehlungen zum Weiterlesen:*

Brinker, Tobina; Stelzer-Rothe, Thomas (2008): Kompetenzen in der Hochschullehre. Rüstzeug für gutes Lehren und Lernen an Hochschulen. 2., aktualisierte. Aufl. Rinteln: Merkur-Verl. (Das Kompendium).

Städeli, Christoph (2010): Kompetenzorientiert unterrichten. Das AVIVA-Modell. 1. Aufl. Bern: hep, der Bildungsverlag.

**Checkliste für das Kapitel 6**

→ Füllen Sie die folgende Checkliste aus. Mit jeder ausgefüllten Checkliste vervollständigt sich Ihr Tutoriums-Konzept.

Setzen Sie die Lernziele fest:

Definieren Sie die Lernziele:

.............................................................................

Was sollen die Studierenden am Ende des Tutoriums konkret wissen?

.............................................................................

Was sollen die Studierenden am Ende des Tutoriums konkret können?

.............................................................................

Besprechen Sie die Lernziele mit Ihrer Betreuerin/Ihrem Betreuer. Gibt es noch etwas zu ergänzen?

.............................................................................

Reflektieren Sie Blooms Wissenstaxonomie: Formulieren Sie die Lernziele der ersten Sitzung und orientieren Sie sich dabei an den Wissensstufen:

| Stufe nach Bloom | Welches Wissensniveau sollen die Studierenden bei welchen Inhalten erlangen? |
| --- | --- |
| Erschaffen | |
| Beurteilen | |
| Analysieren | |
| Anwenden | |
| Verstehen | |
| Kennen | |

Führen Sie den SMART-Check durch: Sind die Ziele spezifisch, messbar, akzeptiert, realistisch formuliert und stehen in einem zeitlichen Rahmen?

Erstellen Sie sich Ihren Semesterplan.
* Auflistung: Welche groben Inhalte sollen im Laufe des Semesters in dem Tutorium durchgenommen werden?
* Blick in den Kalender: An welchen Tagen finden meine Sitzungen statt?
* Für die erste Sitzung Zeit einplanen für die Klärung von Organisatorischem, die Festlegung von Seminarregeln, das Kennenlernen und Aufbauen einer guten Seminaratmosphäre.
* Die letzte Sitzung im Semester für eine Zusammenfassung, Wiederholung, Fragerunde und Reflexion reservieren.
Verteilen Sie die Inhalte nun grob über die Sitzungen hinweg.

| Tutorium im Wintersemester | | | | |
|---|---|---|---|---|
| **Leitziel:** | | | | |
| **1. Sitzung** | **2. Sitzung** | **3. Sitzung** | **4. Sitzung** | **Letzte Sitzung** |
| Start mit Orientierung, Kennenlernen | ... | | | |
| Inhalt 1 | | | | |
| Inhalt 2 | | | | Abschluss mit Zusammenfassung, Fragen, Reflexion |

Lassen Sie sich auf Ihren fertig erstellten Semesterplan Feedback von Ihrer Betreuerin bzw. Ihrem Betreuer geben

Nehmen Sie sich nun die erste Sitzung im Detail vor: Strukturieren Sie alle Inhalte nach dem „+AVIVA+"-Schema.

+ Lernatmosphäre gestalten:

So läuft das Kennenlernen ab: ....................................

Ich denke an Pausen oder Auflockerungen: ....................

Weitere Ideen eine förderliche Lernatmosphäre

zu gestalten: .........................................................

Folgende Regeln möchte ich aufstellen: ..........................

So werde ich die Regeln einführen: ...............................

Betrachten Sie noch einmal Ihre Teilnehmenden-Analyse aus Kapitel 4.2. Hatten Sie Aspekte bezüglich der Stimmungslage Ihrer Studierenden notiert? Welche wollen Sie hier wieder aufgreifen?

...................................................................................

A – Ausrichten:

So wecke ich das Interesse für das Tutorium: ...................

So sichere ich die Beziehungsebene: .............................

So gebe ich Orientierung:

Ziele des Tutoriums formulieren: ..............................

Ablauf des Tutoriums vorstellen: ..............................

V – Vorwissen aktivieren:

Aus der Teilnehmenden-Analyse (Kapitel 4.2) erwarte ich folgendes Vorwissen:

...................................................................................

Folgendes Vorwissen muss aktiviert werden: ...................

Diese Inhalte möchte ich wiederholen (lassen): ................

I – Informieren:

Am besten nicht mehr als 20 Minuten am Stück reine Inhaltsvermittlung! Nur die Inhalte zählen, die auch bei den Studierenden ankommen. Haben Sie Mut dazu, Wissen generieren
zu lassen! Inhalte, die ich vermitteln muss:

......................................................................

......................................................................

......................................................................

V – Verarbeiten:

Folgende Inhalte müssen tiefer verarbeitet, also besser gekonnt werden:

......................................................................

......................................................................

......................................................................

A – Auswerten:

Inhaltlich abrunden per Kernbotschaft:

......................................................................

Perspektive geben: Wie geht es nächste Woche weiter?

......................................................................

Beziehung sichern, Feedback einholen

......................................................................

Erstellen Sie sich nun Ihren Ablaufplan.

| „Meine Tutoriums-Sitzung" | | | | | |
|---|---|---|---|---|---|
| Uhrzeit | Dauer | Phase + Inhalt | Details | Ziele | Materialien |
| | | | | | |
| | | | | | |
| | | | | | |
| | | | | | |
| **Pause/Puffer** | | | | | |
| | | | | | |
| | | | | | |
| | | | | | |
| **ENDE** | | | | | |

Vergessen Sie nicht Zeitpuffer und Kürzungsmöglichkeiten einzuplanen.

Drucken Sie den Ablaufplan aus und kleben Sie ihn auf eine DIN A5 Karteikarte.

# 7. Lehr-/Lernmethoden einsetzen

In diesem Kapitel erfahren Sie ...

... wie Sie die Systematisierung des Münchner Methodenkastens für Ihr Tutorium nutzen können.

... welche interaktiven Lehr-/Lernmethoden es gibt und wie diese durchgeführt werden.

... wie Sie Studierende dazu bringen, bei Gruppenarbeiten gut mitzuarbeiten.

... wie Sie einen Ablaufplan mit Lehr-/Lernmethoden erstellen, in dem alle notwendigen Aspekte stehen, die in Sie bei der Durchführung Ihres Tutoriums berücksichtigen müssen.

... welche Leitfragen Sie sich stellen sollten, wenn Sie Online-Module einsetzen möchten.

In diesem Kapitel geht es um den Einsatz von interaktiven Lehr-/Lernmethoden. Wie schon im Kapitel 5 näher erläutert wurde, wird aus konstruktivistischer Perspektive neues Wissen nicht einfach vom Lernenden übernommen, sondern es wird auf individuelle Weise je nach persönlichen Erfahrungen und Vorwissen neu zusammengesetzt. Wissen wird also konstruiert. In der Lehre wird die Konstruktion von Wissen besonders gefördert, wenn es anhand von interaktiven Lehr-/Lernmethoden vermittelt wird. Interaktive Lehr-/Lernmethoden zielen nämlich darauf ab, die Lernenden, also die Studierenden, in den Prozess der Wissensvermittlung aktiv einzubeziehen, sozialen Austausch zwischen den Studierenden zu ermöglichen und das neue Wissen in eine Situation einzubetten.

Je aktiver die Lernenden während des Lernvorgangs mit dem Wissen arbeiten, desto besser prägt sich das Gelernte ein. Lehr-/Lernmethoden schaffen Situationen, in denen sich jeder Studierende aktiv mit dem Lerninhalt auseinandersetzen muss.

Menschen lernen leichter kooperativ, also in sozialem Austausch mit anderen, als isoliert. Interaktive Methoden fördern die Zusammenarbeit der Studierenden untereinander. Durch den sozialen Austausch müssen sich die Studierenden ständig geistig „bewegen", d.h. Positionen aufbauen, verändern, verwerfen und Hypothesen bilden. Dadurch wird das Gelernte schon im Lernprozess besser und flexibler vernetzt. Außerdem steigert der Austausch untereinander die Motivation der Studierenden.

Abb. 11: Situierte Lernumgebung

Menschen lernen situiert, d.h. sie verknüpfen den Lernstoff mit einer bestimmten Situation. Dies kann durch ein gutes Beispiel oder praktische Anwendungsbereiche geschaffen werden. Die inhaltliche Verknüpfung mit konkreten Situationen hilft den Lernstoff besser zu behalten. Des Weiteren wird auch die Situation in der Lernumgebung mit dem Lerninhalt verknüpft. So merken sich die Studierenden beispielsweise, dass der Mathematikprofessor die Einführung der komplexen Zahlen per Overhead-Folie präsentiert hat. Möglicherweise wissen Sie auch noch, in welcher Situation Sie das Kapitel mit dem +AVIVA+-Schema gelesen haben. Der Einsatz von interaktiven Lehr-/Lernmethoden schafft eine sowohl inhaltliche Situierung als auch eine starke Situierung der Lernumgebung durch die intensive Beschäftigung mit dem Lernstoff.

---

**Übung 11: Situiertheit**

Denken Sie an eine Lehrveranstaltung, die Sie im letzten Semester besucht haben und bei der Sie in einer interaktiven Lehr-/Lernmethode involviert waren. Beantworten Sie folgende Fragen:
Wie stark waren Sie aktiviert und was genau hat Sie aktiviert?
In welcher Form fand der soziale Austausch statt?
Können Sie sich an das Thema erinnern?
Wie war die Situation, wie sah die Lernumgebung aus?

---

Gute Gründe sprechen für den Einsatz von interaktiven Lehr-/Lernmethoden. Dies soll jedoch nicht bedeuten, dass Methoden zum Selbstzweck eingesetzt werden müssen. Jede Methode muss ein konkretes Lernziel verfolgen (z.B. tiefere Verarbeitung eines bestimmten Lerninhaltes, orientiert an der Wissenstaxonomie nach Bloom). Pures Faktenwissen kann durchaus frontal vermittelt werden, da dies die effektivste Form der Wissenspräsentation ist. Wie bereits im Kapitel 6.2 „Die inhaltliche Planung" beschrieben, sollten Phasen des Informierens jedoch spätestens nach ca. 20 Minuten von Phasen des Verarbeitens abgelöst werden. Und wie konkret diese Abwechslung aussehen kann, erfahren Sie in den nächsten Kapiteln.

Die folgenden Seiten liefern Ihnen eine strukturierte Übersicht, die Ihnen hilft, zu den Inhalten Ihres Tutoriums passende interaktive Lehr-/Lernmethoden auszuwählen und ergebnisreiche Gruppenarbeiten durchzuführen.

## 7.1 Den Münchner Methodenkasten nutzen

Als etablierter Trainingsanbieter führen wir als „Sprachraum" seit 2006 an Universitäten hochschuldidaktische Kurse durch und unterrichten Hochschuldozierende im Einsatz von interaktiven Lehr-/Lernmethoden. Schnell ist uns aufgefallen, dass bei der Vielzahl an interaktiven Lehr-/Lernmethoden für die Dozierenden häufig nicht immer zu erkennen ist, welche Methoden zielführend sind. Daher haben wir einen Baukasten erstellt, in dem interaktive Lehr-/Lernmethoden übersichtlich eingeordnet werden können: den Münchner Methodenkasten. Die Anwendung des Münchner Methodenkastens ist einfach und intuitiv. Er führt den Benutzer anhand von zwei Dimensionen zur gewünschten Lehr-/Lernmethode:

Die vertikale Dimension stellt die Phasen des +AVIVA+-Schemas dar. Die horizontale Dimension beschreibt die Sozialformen. Als Sozialform wird die Art der Zusammenarbeit von Tutorinnen und Tutoren mit den Studierenden in Lehrveranstaltungen bezeichnet. Es werden die folgenden fünf Sozialformen unterschieden:

| Einzelarbeit | Die Studierenden beschäftigen sich, jeder für sich allein, mit einem bestimmten Inhalt. |
|---|---|
| Plenum-/ Gruppenarbeit | Die Studierenden arbeiten paarweise oder in kleinen Gruppen an einer Aufgabe. |
| Plenum – Studierende untereinander | Die Studierenden tauschen sich im Plenum über einen Inhalt untereinander aus. Die Tutorin, der Tutor bleibt im Hintergrund. |

| Plenum interaktiv | Die Tutorin, der Tutor führt einen interaktiven Dialog mit den Studierenden im Plenum. |
| Plenum frontal | Die Tutorin, der Tutor hält einen Frontalvortrag vor den Studierenden. |

Tabelle 12: Sozialformen

Sorgen Sie bei Ihrer Methodenauswahl für Abwechslung in den Sozialformen. So ist es beispielsweise nach einiger Zeit langweilig für die Studierenden, wenn ständig Einzelarbeit stattfindet. Durch immer wieder unterschiedlich zusammengestellte Gruppen wird die Lernatmosphäre gefördert, die Aufmerksamkeit bleibt länger erhalten und die Durchmischung selbst heterogener Gruppen wird gewährleistet.

In der Konzeptionsphase können Sie zunächst überlegen, in welcher Phase des +AVIVA+-Schemas eine Lehr-/Lernmethode eingesetzt werden soll. Orientieren Sie sich an Ihren Lernzielen, die Sie in Kapitel 6.1 formuliert haben. Möchten Sie Inhalte wiederholen, suchen Sie sich eine Methode aus der Phase „Vorwissen aktivieren" aus. Möchten Sie, dass neue Inhalte angewendet werden, so greifen Sie in den Baukasten zur Phase „Verarbeiten".

In der Tabelle 13 sind zur Erinnerung auch die Phasen des +AVIVA+-Schemas dargestellt mit den jeweiligen typischen Zielen.

Als zweiten Schritt entscheiden Sie sich für eine Sozialform. Sind die zwei Entscheidungen getroffen (Phase und Sozialform), finden Sie im Münchner Methodenkasten geeignete Lehr-/Lernmethoden, die Sie dann mit den Inhalten des Tutoriums füllen können.

Der Münchner Methodenkasten bietet zudem freie Felder an. Wenn Sie neue Methoden kennenlernen, können Sie diese im Methodenkasten ergänzen, so dass sich jeder Anwender mit der Zeit einen individuellen Lehr-/Lernmethodenkasten zusammenstellen kann.

**Tipps & Tricks**

Als aufmerksamer Leser haben Sie bestimmt gesehen, dass die vier Ziele der Phase „Verarbeiten" die vier komplexeren Verstehenstiefen der Bloom-Taxonomie repräsentieren (Kap. 6.1). Wenn Sie also Lernziele gemäß der Bloom-Taxonomie formuliert haben, dürfte es Ihnen leicht fallen, passende interaktive Lehr-/Lernmethoden zu finden.

Die im Münchner Methodenkasten nummerierten Methoden werden im Kapitel 7.2 näher erläutert.

## 7.2 Lehr-/Lernmethoden anwenden

Mit dem Münchner Methodenkasten wird Ihnen als Tutoren ein intuitiver Zugriff auf Lehr-/Lernmethoden je nach Tutoriums-Phase und gewünschter Sozialform ermöglicht. Im folgenden Kapitel werden die Lehr-/Lernmethoden konkret beschrieben. Sicherlich haben Sie im Methodenkasten die eine oder andere Methode entdeckt, die Sie noch nicht kannten. Auf den nächsten Seiten finden Sie alphabetisch aufgeführt die Erklärung zu 21 interaktiven Lehr-/Lernmethoden. Neben dem Ablauf werden positive Effekte erläutert, die die Methode mit sich bringt. Außerdem ist ein kurzes Beispiel angeführt, wie die Methode eingesetzt werden kann. Weiterhin werden Materialanforderungen und der Zeitbedarf aufgeführt.

| PHASEN | | SOZIALFORMEN | | | | |
|---|---|---|---|---|---|---|
| +AVIVA+ | Ziele | Einzelarbeit | Partner-/Gruppen-arbeit | Plenum interaktiv | Plenum unterein-ander | Plenum frontal |
| **+ (Lern-) Atmosphäre gestalten** | *Kennenlernen, Gruppengefühl stärken* | Eine wahre, eine gelogene Aussage über sich vorstellen. Die anderen raten, was gelogen war | Interview zwischen zwei Personen. Danach stellt eine Person die andere vor | Blitzlicht (02) / Bodenaufstellung (03) | Netzwerkübung (12) | |
| | *Auflockerung* | Thematisch passendes Kreuzworträtsel (siehe Zusatzmaterialien) | | „Deutschland sucht den Superexperten" (04) | „Ich packe meinen Koffer" und nehme aus der Sitzung mit … | |
| **A Ausrichten** | *Auf Thema einstimmen/ Sensibilisieren* | Vorab Texte zum Lesen geben | Murmelgruppe (11): Erfahrungen zu dem Thema? | | | Fall vorstellen, Beispiel nennen |
| | *Ziele/Ablauf und Regeln klären* | | | Blitzlicht als Erwartungsabfrage (02) / Regeln über einen interaktiven Dialog (08) aufstellen | | Ziele, Ablauf und Regeln vorstellen |

| +AVIVA+ | Ziele | Einzelarbeit | Partner-/Gruppen-arbeit | Plenum interaktiv | Plenum unterein-ander | Plenum frontal |
|---|---|---|---|---|---|---|
| **V Vorwissen aktivieren** | *Vorwissen erfragen* | Fragebogen ausfüllen lassen | Murmelgruppe (11) | Kartenabfrage (10)<br>Zurufliste (21)<br>Interaktive MindMap (07)<br>Blitzlicht (02) | | |
| | *Inhalte wiederholen* | „Denkpause": Jeder hat fünf Minuten Zeit sich die Unterlagen d. letzten Stunde durchzusehen | Studierenden-gruppe stellt Inhalte der letzten Stunde vor | Wissenswettbe-werb in zwei Teams | Glückstopf (06) | |
| | | Wiederholungs-fragen im Stillen beantworten lassen, anschl. besprechen | Interview zwischen zwei Personen über den Inhalt d. letzten Stunde | Interaktive Fragerunde durch Tutor geleitet (07) | | |

| +AVIVA+ | Ziele | Einzelarbeit | Partner-/Gruppen-arbeit | Plenum interaktiv | Plenum untereinander | Plenum frontal |
|---|---|---|---|---|---|---|
| | *Inhalte präsentieren* | Text zum Lesen austeilen | Text austeilen, Partner erklären sich Inhalte gegenseitig | Interaktiver Dialog (08) | Vernissage (19) | Vortrag |
| **I Informie-ren/ Kon-struieren** | | Halbfertige Arbeitsblätter austeilen | Zirkeltraining (20) | Sandwich-Methode | | Inhalte an passendem Anschauungsob-jekt erklären |
| | | | Kurzpräsentati-on im Team vorbereiten lassen | | | |
| | *Wissen generieren* | Rechercheauf-trag bearbeiten lassen | Snowballing (16) | Modell miteinander entwickeln | Vernissage (19) | |
| | | | Think-Pair-Share (17) | | | |

| +AVIVA+ | Ziele | Einzelarbeit | Partner-/Gruppen-arbeit | Plenum interaktiv | Plenum unterein-ander | Plenum frontal |
|---|---|---|---|---|---|---|
| > Verarbeiten | *Wissen anwenden* | Übungsauf-gaben bearbeiten lassen | Übungs-maschine (18) | Transferfragen stellen | Diskussion (05) | Präsentation von Anwendungs-fällen |
|  |  |  | Lerntempo-Duett(08) | Interaktive Fragerunde (08) |  |  |
|  | *Wissen analysieren* | Lerntempo-Duett (09) | Zirkeltraining (20) |  | Interaktive MindMap (07) erstellen lassen |  |
|  |  |  | Snowballing (16) |  |  |  |
|  | *Wissen beurteilen* | One-Minute-Paper (13) | Klausurfragen stellen lassen | Klausurfragen bearbeiten | +/- Fragen (01) | Wiederholung des Wesent-lichen |
|  |  | Spickzettel schreiben lassen |  |  | Diskussion (05) |  |
|  | *Wissen erschaffen* |  | Snowballing (16) | Kartenabfrage (08) | Diskussion (05) |  |
|  |  |  | Think-Pair-Share (17) |  |  |  |

| +AVIVA+ | Ziele | Einzelarbeit | Partner-/Gruppen-arbeit | Plenum interaktiv | Plenum unterein-ander | Plenum frontal |
|---|---|---|---|---|---|---|
| **A** **Auswerten** | *Wissen abfragen* | Probetest | Übungs-maschine (18) | Glückstopf (06) | Tn denken sich (Prüfungs-) Fragen aus und stellen sich diese gegenseitig | |
| | | | Gruppe fasst vergangene Stunde kurz zusammen | Deutschland sucht den Super-experten (04) | | |
| | *Lernprozess reflektieren* | Lerntagebuch führen | Lerngruppen bilden | Blitzlicht (02) | Lernziele überprüfen | Tutor präsentiert seine Perspektive |
| | *Feedback einholen* | One-Minute-Paper (13) | | Blitzlicht (02) | Punktabfrage (14) | |
| **+** | *Abschluss* | | | | Gemeinsames Nachtreffen anregen | Schlussresümee, Dank, Abschied |

Tabelle 13: Münchner-Methodenkasten

1) +/- Fragen

*Ablauf:* Jeder Studierende denkt sich zwei Fragen aus: eine, die sie bzw. er beantworten kann („Plus"-Frage) und eine zweite Frage, die er oder sie nicht beantworten kann („Minus"-Frage).

Abb. 12: + / - Fragen

Ein Studierender fängt an seine „Minus"-Frage vorzustellen. Ein Studierender, der diese als „Plus"-Frage hat, beantwortet die Frage und fährt mit seiner „Minus"-Frage fort.

*Effekte:* Wissenslücken werden identifiziert. Etwas nicht zu wissen, ist erlaubt. Die Schwelle, Fragen zu stellen, wird herunter gesetzt.

*Beispielfrage:* „Formuliert bitte zu dem Thema SWOT-Analyse eine Frage, die ihr beantworten könnt sowie eine Frage, die ihr nicht beantworten könnt."

*Material:* Die Studierenden benötigen nur ein Blatt Papier und einen Stift.

*Zeitaufwand:* In kleinen Gruppen kann man die Methode so lange durchführen, bis jeder seine „Minus"-Frage angebracht hat. In großen Gruppen sollte die Methode nicht länger als 15 Minuten andauern. Übrige „Minus"-Fragen können eingesammelt und in der nächsten Sitzung als Einstieg verwendet werden.

2) Blitzlicht

*Ablauf*: Alle Studierenden geben zu einer Fragestellung ein kurzes Statement ab, das nicht bewertet wird. So erhalten alle gleichberechtigt die Gelegenheit, ihren Beitrag zu kommunizieren und ein schnelles Gruppenmeinungsbild wird eingeholt. Als Fragestellung ist im Prinzip alles möglich, was in wenigen Sätzen zu beantworten ist: Vom persönlichen Erfahrungshintergrund, über das Generieren von Ideen bis hin zum Feedback zur Sitzung.

*Effekte:* Die Meinung der Studierenden ist gefragt, das kommt gut an!

Beispielfrage: „Welche Erwartungen habt ihr an die heutige Sitzung?"

*Material:* Kein Material erforderlich

*Zeitaufwand:* Bei einer Gruppe bis 15 Personen wenige Minuten. Bei größeren Gruppen kann man das Blitzlicht z.B. nur bei einer Tischreihe durchführen.

3) Bodenaufstellung

Abb. 13: Bodenaufstellung

*Ablauf:* Es wird eine Frage gestellt. Daraufhin werden die Studierenden gebeten sich im Raum mittels einer imaginären

Linie (z.B. von der Tür bis zum Fenster) zu positionieren, wobei das eine Ende 0% (Ich stimme gar nicht zu – ich habe gar keine Erfahrung o.Ä.), das andere Ende 100% (ich stimme absolut zu – ich bin Experte o.Ä.) repräsentiert. Danach werden einige Studierende exemplarisch befragt, warum sie sich an ihrer Position aufgestellt haben.

*Effekte:* Meinungsbilder werden sichtbar und direkt wahrnehmbar. Die Studierenden werden motiviert, ihre Meinung zu vertreten bzw. Stellung zu nehmen. Außerdem kommen sie auch mit Kommilitoninnen und Kommilitonen in Kontakt, mit denen sie sonst nicht so viel zu tun haben. Besonders anschaulich ist es, wenn eine zweite passende Frage gestellt wird, eine neue Haltung eingenommen werden soll und der Unterschied in den Positionen für alle sichtbar wird.

*Beispielfrage:* „Wie hoch schätzt ihr Euer Vorwissen zu dem Thema ,Interkulturelle Kommunikation' ein?"

*Material:* Hilfreich sind zwei Schilder mit 0% und 100%, die man am Ende der gedachten Linie aufhängt.

*Zeitaufwand:* 5 Minuten, bei mehreren Fragen und mit exemplarischen Einzelstatements 10 bis 15 Minuten

4) Deutschland sucht den Superexperten

*Ablauf:* Alle Lernenden sollen aufstehen. Die Tutorin, der Tutor stellt geschlossene Fragen, die mit „ja" oder „nein" bzw. „richtig" oder „falsch" zu beantworten sind. Wenn eine Frage laut Lernenden mit „Ja" beantwortet werden soll, dann sollen sie die Arme nach oben heben, wenn die Antwort „Nein" lautet, so sollen sie die Arme vor dem Körper kreuzen.

Alle Lernenden, die die Frage korrekt beantwortet haben, dürfen stehenbleiben. Alle, die nicht korrekt geantwortet haben, müssen sich hinsetzen. Es werden so viele Fragen gestellt, bis nur noch ein Lernender stehenbleibt, der Superexperte.

*Effekte:* Die Methode motiviert und lockert auf. „Nicht"-Wissen wird nicht bestraft, Wissen wird belohnt. Die Methode ist besonders effektvoll bei sehr großen Gruppen.

Abb. 14: Superexperte

*Beispielfrage:* „Die Binomische Formel lautet $a^2=b^2+c^2$. Richtig oder falsch?"

*Material:* 10 bis 15 vorbereitete geschlossene Fragen (siehe Kapitel 12) unterschiedlichen Schwierigkeitsgrades, die eindeutig mit „ja" oder „nein" zu beantworten sind

*Zeitaufwand:* 5 Minuten

5) Diskussionen und Varianten

*Ablauf:* Die Grundform der Diskussion läuft so ab, dass sich Studierende über eine bestimmte Fragestellung austauschen. Konkrete Hinweise, die bei der Vorbereitung und Leitung von Diskussionen beachtet werden müssen, finden Sie im Kapitel 12.2. Protokollieren Sie die Diskussionsergebnisse mit.

Abb. 15: Fish-Bowl-Diskussion

Beliebt sind auch folgende Diskussionsvarianten:

* Fish-Bowl
  Fish-Bowl ist eine strukturierte Diskussion. Eine kleine Gruppe von fünf bis sieben Personen diskutiert im Innenkreis sitzend. Die übrigen Studierenden hören im Außenkreis stehend zu. Ein Stuhl im Innenkreis bleibt frei. Jeder Studierende im Außenkreis, der mitdiskutieren möchte, darf sich setzen. Dafür muss derjenige links von dem „frisch besetzten" Stuhl aus dem Innenkreis in den Außenkreis. Vorteile der Fish-Bowl-Variante: Jeder darf selbst entscheiden, wann er sich als Diskutant an der Diskussion beteiligen möchte. Außerdem werden Vielredner automatisch „herausgeworfen". Durch die ständig wechselnden Diskutanten wechseln auch die Themenaspekte schneller.

* Podiumsdiskussion
  Die Studierenden überlegen sich zunächst zu einer Fragestellung Argumente. Stellvertretend diskutieren vier bis sechs Studierende die unterschiedlichen Argumente. Die anderen Studierenden bleiben Zuhörer.

* Sechs-Hüte-Diskussion
  Bei dieser Diskussionsvariante nehmen die Studierenden unterschiedliche Perspektiven ein. Die klassischen Perspektiven, also „Hüte", repräsentieren nach dem Erfinder Edward de Bono folgende sechs Positionen:
  – Weiß: objektive Sichtweise
  – Rot: emotionale Sichtweise
  – Schwarz: negative Sichtweise
  – Gelb: positive Sichtweise
  – Grün: kreative Sichtweise
  – Blau: schlussfolgernde Sichtweise

Abb. 16: Sechs-Hüte-Diskussion

Die Studierenden argumentieren unter einer bestimmten Perspektive. Nach einiger Zeit wird die Perspektive gewechselt, so dass die Studierenden unterschiedliche Sichtweisen einnehmen können. Die Tutorin, der Tutor kann sich auch eigene Perspektiven einfallen lassen. Ein Beispiel aus den Religionswissenschaften: Die Studierenden diskutieren aus Sicht der unterschiedlichen Religionen über das Leben nach dem Tod. Hut 1 = Judentum, Hut 2 = Buddhismus, Hut 3 = Christentum etc.

*Effekte:* Diskussionen eigenen sich am besten, um neue Wissensinhalte kritisch zu überprüfen und zu hinterfragen.

*Beispielfrage:* „Welche Auswirkungen können Vorurteile und Stereotypen auf die interkulturelle Kommunikation haben?"

*Material:* Flipchart, Tafel oder Whiteboard zum Dokumentieren der Ergebnisse

*Zeitaufwand:* 15 bis 30 Minuten

6) Glückstopf

Abb. 17: Glückstopf

*Ablauf:* In einem Topf/Säckchen/Umschlag o.Ä. befinden sich Zettel mit Fragen bzw. Begriffen. Einige Zettel enthalten keine Fragen, sondern sind mit dem Begriff „Glückslos" beschriftet. Die Lernenden ziehen einen Zettel und beantworten die Frage bzw. erklären den Begriff. Zieht man ein „Glücklos" so muss man keine Frage beantworten.

*Effekte:* Die Methode schafft eine lockere Atmosphäre. Die Inhalte werden spielerisch wiederholt.

*Beispielfrage:* „Was ist der Unterschied zwischen intrinsischer und extrinsischer Motivation?"

*Material:* Ca. sieben vorbereitete, schnell zu beantwortende Fragen und ca. drei Glückslose sowie ein Topf/Säckchen/Umschlag/Box

*Zeitaufwand:* 5 bis 10 Minuten

7) Interaktive Mindmap

Abb. 18: Interaktive Mindmap

*Ablauf:* Ziel der interaktiven Mindmap ist es, zu einem Thema die Ideen, Meinungen oder Vorerfahrungen der Studierenden zu sammeln. Die Tutorin, der Tutor schreibt einen Begriff in die Mitte an die Tafel, die Studierenden nennen per Zuruf dazugehörige Wörter, die mindmap-artig hinzugefügt werden. So wird auf ein Thema eingestimmt, Vorwissen abgefragt, an Vorwissen angeknüpft und gleichzeitig assoziatives Denken geübt. Gegen Ende der Übung kann die Tutorin, der Tutor die Mindmap mit fehlenden Inhalten anreichern.

Eine interessante Variante ist es, eine Mindmap zu Beginn der Lehrveranstaltung und am Ende der Lehrveranstaltung zu konstruieren und beide Mindmaps miteinander zu vergleichen. So ist der Wissenszuwachs visuell sichtbar.

*Effekte:* Die Tutorin/der Tutor kann bestens an das Vorwissen der Studierenden anknüpfen.

*Beispielfrage:* „Was fällt euch alles zu ‚Methoden der Biochemie' ein?"
*Material:* Whiteboard oder Tafel
*Zeitaufwand:* 10 Minuten

8) Interaktiver Dialog

*Ablauf:* „Interaktiver Dialog" bedeutet, dass Inhalte von den Tutorinnen und Tutoren nicht einfach frontal und monologisch vermittelt, sondern im Gespräch mit den Studierenden erarbeitet werden.

*Effekte:* Die Studierenden werden aktiv an der Erarbeitung der neuen Inhalte beteiligt und können die neuen Informationen auf diese Weise leichter verknüpfen und sich besser merken. Zudem bleibt die Aufmerksamkeit länger erhalten.

*Beispiel:* „Heute geht es um die Standardabweichung. Was fällt euch für ein Beispiel ein, in welchen Fällen die Standardabweichung besonders wichtig ist? (…) Richtig. Das Prüfen der Mittelwerte liefert uns nämlich manchmal nicht ausreichend Informationen. Was glaubt ihr, könnte der Unterschied zur Varianz sein? (…)"

*Material:* Kein Material erforderlich

*Zeitaufwand:* Je nach Umfang des Inhalts kann man bis zu 20 Minuten einen interaktiven Dialog mit den Studierenden führen.

9) Lerntempo-Duett

*Ablauf:* Die Studierenden erhalten Arbeitsblätter mit Übungsaufgaben, die sie in ihrem eigenen Tempo bearbeiten. Sobald die Studierenden die erste Übungsaufgabe gelöst haben, stehen sie auf und warten, bis ein weiterer Studierender fertig ist und aufsteht. Beide bilden dann ein Lerntempo-Duett und besprechen gemeinsam ihre Lösung. Anschließend bearbeiten sie in Einzelarbeit die nächste Aufgabe.

*Effekte:* Die Studierenden können ihr eigenes Lerntempo beibehalten und stehen nicht unter Zeitdruck bzw. es entstehen keine Leerlaufzeiten. Bei heterogenen Gruppen kommen Studierende mit dem gleichen Wissensniveau in ein Team.

*Beispiel:* Rechenaufgaben

*Material:* vorbereitete Arbeitsblätter

*Zeitaufwand:* Je nach Umfang der Übungsaufgaben

10) Kartenabfrage

Abb. 19: Kartenabfrage

*Ablauf:* Die Tafel wird mit einem Thema oder einer Fragestellung versehen. Die Lernenden erhalten einen kleinen Stapel Kärtchen. Dann überlegen sie sich möglichst viele Ideen zu der Fragestellung und notieren einen Aspekt pro Karte. Danach werden die Karten an die Tafel geheftet. Anschließend erfolgt eine Aussprache unklarer Formulierungen. Die Karten können dann im Gruppenprozess sortiert werden und eventuell per Punktabfrage (Lehr-/Lernmethode 13) bewertet werden.

**Tipps & Tricks**

Das Sortieren von Karten kann sehr zeitaufwendig werden, wenn Studierende sich selbst Oberbegriffe überlegen müssen. Sie können den Prozess beschleunigen, indem Sie Kategorien vorgeben und die Studierenden die Karten diesen Kategorien zuordnen lassen.

*Effekte:* Es gehen keine Ideen verloren und aufgrund von Mehrfachnennungen wird sichtbar, was besonders wichtig erscheint.

*Beispiel:* „Notiert bitte alle Aspekte, die für das Wissenschaftliche Arbeiten wichtig sind."

*Material:* Kärtchen, Pinnwand mit Nadeln, Whiteboard mit Magneten oder Tafel mit Klebestreifen

*Zeitaufwand:* Ca. 10 Minuten für die Kartenabfrage. Das Sortieren der Karten kann sehr zeitaufwendig werden.

11) Murmelgruppe

*Ablauf:* Die Tutorin, der Tutor stellt eine Frage an die Studierenden. Diese Frage wird in Zweiergruppen mit der direkten Nachbarin oder dem direkten Nachbarn kurz diskutiert. Danach werden Antworten im Plenum besprochen. Wenn die Gruppe sehr groß ist und die Zeit knapp, genügt es, wenn drei bis vier Paare ihre Ergebnisse dem Plenum mitteilen. Bei kleineren Gruppen (bis zu zwölf Studierende) sollten alle Murmelpaare gehört werden.

*Effekte:* Durch die Aufforderung zum Zweier-Austausch werden die Studierenden aktiviert, sie werden offener und kommunikationsbereiter. Die Bereitschaft vor dem versammelten Plenum eine Frage zu beantworten oder sich an einer Diskussion zu beteiligen, steigt.

*Beispiel:* „Welche grundsätzlichen Unterschiede findet ihr, wenn ihr die Argumentationslinien von Locke und Hobbes vergleicht? Tauscht euch dazu bitte kurz mit Eurem Sitznachbarn aus."

*Material:* Kein Material erforderlich

*Zeitaufwand:* Das „Murmeln" kann etwa eine Minute dauern, das Besprechen der Antworten je nach Komplexität der Fragestellung drei bis zehn Minuten.

## 12) Netzwerkübung

*Ablauf:* Die Netzwerkübung ist eine Kennenlern-Übung. Auf einer Tafel notiert jeder Studierende seinen Namen. Dann folgt die Aufgabe, dass jeder Teilnehmende mit jedem anderen sprechen muss und möglichst schnell eine Gemeinsamkeit finden soll. Diese Gemeinsamkeit wird an der Tafel in Form einer Verbindung zwischen beiden Namen und eines aussagekräftigen Symbols visualisiert. Ergebnis ist ein kunterbuntes wirres Netzwerk und jeder Studierende kann eine Verbindung zu jedem Kommilitonen aufweisen. Im Anschluss an die Netzwerkrunde können Sie eine Vorstellungsrunde durchführen, in der jeder Studierende eine besondere Verbindung zu einem Kommilitonen nennt.

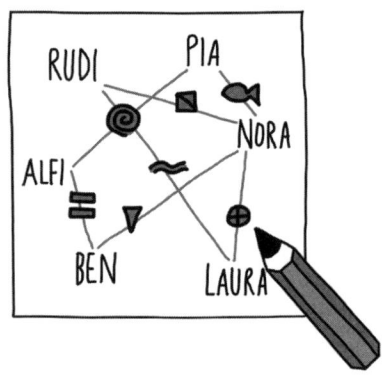

Abb. 20: Netzwerkübung

*Effekte:* Die Studierenden lernen sich untereinander in kürzester Zeit kennen. Außerdem trägt die Übung zu einer guten Seminaratmosphäre bei.

*Material:* Tafel mit Stiften

*Zeitaufwand:* Bei einer Gruppe von bis zu 10 Studierenden werden für die Übung ungefähr 10 bis 15 Minuten benötigt. Bei einer größeren Gruppe kann man entweder zwei Netzwerke parallel laufen lassen oder ankündigen, dass jeder innerhalb von zehn Minuten mit so vielen Kommilitonen wie möglich sprechen muss und nach zehn Minuten die Übung beendet ist. Lassen Sie zum Abschluss noch fünf bis sechs Personen ihre interessantesten Verbindungen nennen.

13) One-Minute-Paper

*Ablauf:* Die Studierenden beantworten auf einem Blatt Papier zwei Fragen zur Veranstaltung. Die Zettel werden anschließend eingesammelt.

*Effekte:* Auf der einen Seite reflektieren die Studierenden den Lernprozess. Auf der anderen Seite erhält die Tutorin, der Tutor eine Rückmeldung und kann zu Beginn der nächsten Veranstaltung ggf. Wissenslücken auffüllen.

*Beispiel:* „Bitte beantwortet auf einem Blatt Papier die folgenden zwei Fragen:

1. Was nehme ich aus der heutigen Sitzung als wichtigste Erkenntnis mit?
2. Was habe ich heute nicht verstanden?"

Abb. 21: One-Minute-Paper

*Material:* Papier und Stift
*Zeitaufwand:* Eine Minute zur Beantwortung des One-Minute-Papers. Je nach Gruppengröße etwas mehr Zeit für die Tutorin, den Tutor zur Auswertung nach der Sitzung.

## 14) Punktabfrage

*Ablauf:* Auf einem vorgegebenen Raster dürfen alle Teilnehmenden eine festgesetzte Anzahl von Punkten für die persönlichen Favoriten kleben. Wichtig ist, die Studierenden gleichzeitig punkten zu lassen, um eine gegenseitige Meinungsbeeinflussung zu verringern.

Abb. 22: Punktabfrage

*Effekte:* Eine thematische Gewichtung wird sichtbar und damit eine Entscheidung im Sinne der Gruppe möglich.
*Beispiel:* „Wie hat euch das Tutorium heute gefallen? Bitte gebt einen Punkt ab auf den zwei Dimensionen: interessant vs. langweilig sowie hilfreich vs. überflüssig."

*Material:* Flipchart und Klebepunkte oder eine Tafel, auf die mit Kreide Punkte gezeichnet werden

15) Sandwich-Methode

*Ablauf:* Diese Methode läuft nach dem Sandwich-Prinzip – Boden, Belag, Deckel – ab.
   Zunächst stellt die Tutorin, der Tutor kurz ein Problem vor. Die Studierenden suchen dazu erste Lösungsansätze (Boden). Anschließend erklärt die Tutorin, der Tutor theoretische Inhalte, die zur Lösung des Problems helfen (Belag). Zum Schluss beschäftigen sich die Studierenden wieder mit dem Problem, wenden das soeben erworbene Wissen an und lösen die Aufgabe mit dem neu erworbenen Wissen als Hintergrund (Deckel).

Abb. 23: Sandwich-Methode

*Effekte:* Die Aufmerksamkeit der Studierenden wird durch die Problemorientierung verstärkt, der theoretische Input kann von den Teilnehmenden direkt an das Vorwissen angeknüpft werden und neu erlernter Stoff wird sofort angewendet.

*Beispielfrage:* „Was glaubt ihr sind die Gründe, warum die Bauten des Münchner Königsplatzes genau in der Form angeordnet sind?"

*Material:* Kein Material erforderlich

*Zeitaufwand:* Je nach Länge der Input-Einheit ca. 10 bis 20 Minuten

**Tipps & Tricks**

Viele Methoden sind auch miteinander kombinierbar. So kann beispielsweise bei der Durchführung der Sandwich-Methode eine Murmelgruppe eingebaut werden, damit die Studierenden erste Lösungsansätze miteinander diskutieren können.

## 16) Snowballing

*Ablauf:* Eine Problemstellung wird zunächst in Zweiergruppen bearbeitet. Anschließend gehen die Zweiergruppen zu Vierergruppen zusammen. Dort tauschen sie sich gegenseitig zu ihren Ergebnissen aus, strukturieren diese und erstellen eine gemeinsame Visualisierung. Dann erfolgt die Präsentation der Ergebnisse im Plenum. Zu einem Oberthema können auch verschiedene Teilaspekte von unterschiedlichen Gruppen erarbeitet werden.

*Effekte:* In dieser Methode wird das bereits bestehende Wissen der Studierenden hervorragend genutzt. Durch die Abwechslung in der Sozialform ist die Methode besonders flexibel.

*Beispiel:* „Bitte überlegt euch mit Eurem Sitznachbarn Umweltschutz-Maßnahmen. Die Paare auf der rechten Seite überlegen sich, wie jeder Einzelne zum Umweltschutz beitragen kann, die Gruppen in der Mitte nehmen die Perspektive der Industrie ein und die Tandems auf der linken Seite überlegen sich, welche Maßnahmen die Politik zum Umweltschutz ergreifen kann. Ihr habt in der Zweiergruppe fünf Minuten Zeit. Danach bildet ihr mit einem Team, das das gleiche Thema bearbeitet hat, eine Vierergruppe. Strukturiert dann bitte Eure Ergebnisse und notiert sie auf einem Flipchart."

*Material:* Flipchart-Papier bzw. Blätter, auf die visualisiert werden soll

*Zeitaufwand:* Je nach Ausführlichkeit der Präsentationen 30 bis 60 Minuten

17) Think- Pair-Share

Abb. 24: Think-Pair-Share

*Ablauf:* Diese Methode läuft in den drei Phasen „Think", „Pair" und „Share" ab.

In der Think-Phase denken die Studierenden im Stillen über eine bestimmte Fragestellung nach. Anschließend diskutieren die Studierenden paarweise über ihre Antworten (Pair). In der dritten Phase, dem Share, tauschen sich immer zwei Paare miteinander aus.

*Effekte:* Think-Pair-Share ist die klassische Methode kooperativen Lernens, die mehrere positive Lerneffekte vereinbart. Durch die Einzelarbeit hat jeder die Möglichkeit seine eigenen Ansichten einzubringen. Der anschließende Austausch führt zum Bilden von Hypothesen, Argumentieren und der Konstruktion neuen Wissens. In der Vierergruppe werden schließlich die Ergebnisse nochmal reflektiert. Besonders hilfreich ist der Austausch in der Vierergruppe, wenn die Studierenden dabei den Ansatz des jeweils anderen Paarmitgliedes vorstellen. Dabei merken sie, ob sie sich richtig verstanden haben.

*Beispiel:* „Bitte entwerft zu folgender Forschungsfrage zunächst jeder für sich ein Forschungsdesign. Anschließend besprecht Eure Lösungen mit Eurem Sitznachbarn und korrigiert mögliche Fehler. In einem dritten Schritt stellt bitte Eure Lösung einem anderen Team vor."

*Material:* Papier und Stift

*Zeitaufwand:* Je nach Komplexität der Fragestellung 15 bis 45 Minuten


18) Übungsmaschine

Abb. 25: Übungsmaschine


*Ablauf:* Die Tutorin, der Tutor bereitet fünf Fragen vor. Die Studierenden sitzen sich paarweise gegenüber. Auf der einen

Seite sitzen die Fragesteller, gegenüber sitzen die Antwortge-
ber. Der Tutor gibt jedem Fragesteller eine vorbereitete Frage
und stellt sicher, dass die Fragesteller die richtige Antwort
wissen. Dann startet die Übungsmaschine.

Die Fragesteller stellen ihre Fragen und sobald die Antwort-
geber die Frage beantwortet haben, rücken sie einen Stuhl
weiter und bekommen die nächste Frage gestellt. Nach fünf
Fragen werden die Seiten gewechselt.

*Effekte:* Die Übungsmaschine geht schnell und bietet auf
eine lockere Weise effektive Übungsmöglichkeit. Anstatt mit
Fragen kann die Übungsmaschine auch als Ideensammlungs-
Maschine angewandt werden.

*Beispiel:* (Das Thema ist Weiners Attributionstheorie)

Frage 1: „Formuliert ein Beispiel zu einer Verhaltensinter-
pretation, in der die interne Attribution niedrig ist."

Frage 2: „Formuliert ein Beispiel zu einer Verhaltensinter-
pretation, in der die interne Attribution hoch ist."

Frage 3: „Formuliert ein Beispiel zu einer Verhaltensinter-
pretation, in der die externe Attribution niedrig ist."

Frage 4: „Formuliert ein Beispiel zu einer Verhaltensinter-
pretation, in der die externe Attribution niedrig ist."

Frage 5: „Was ist der Unterschied zwischen Konsensus,
Distinktheit und Konsistenz?"

*Material:* Vorbereitete Fragen

*Zeitaufwand:* 10 Minuten


19) Vernissage

*Ablauf:* Im Raum werden vier bis fünf Poster verteilt, die mit
Unterüberschriften zu einem Thema versehen sind. Die Studierenden dürfen frei im Raum umherlaufen und ihre Gedanken und Ideen auf die Poster schreiben. Anschließend fasst
die Tutorin, der Tutor die wichtigsten Punkte zusammen und
ergänzt fehlende Aspekte. Die Poster bleiben im Laufe der

Stunde hängen, so dass immer wieder auf die Inhalte zurückgegriffen werden kann.

*Effekte:* Die Studierenden können in ihrem eigenen Tempo vorgehen und die für sie wichtigen Punkte festhalten. Die Tutorin, der Tutor sieht, welche Aspekte den Studierenden klar sind und welche Inhalte ihnen noch fehlen.

*Beispiel:* Zu dem Über-Thema „Lerntheorien" werden vier Flipcharts mit den Überschriften „Behaviorismus", „Kognitivismus" und „Konstruktivismus" aufgehangen. Die Studierenden gehen herum und notieren die Merkmale der jeweiligen Lerntheorie auf die Poster.

*Material:* (Flipchart-)Poster, dicke Stifte für die Studierenden
*Zeitaufwand:* 20 bis 30 Minuten

20) Zirkeltraining

Abb. 26: Zirkeltraining

*Ablauf:* An verschiedenen Lernstationen erarbeiten sich die Studierenden selbständig Inhalte oder lösen Aufgaben. Nach einer gewissen Zeit rotieren die Gruppen zur nächsten Station.

*Effekte:* Die Studierenden können sich mit mehreren Teilinhalten intensiv in der Kleingruppe beschäftigen bzw. unterschiedliche Arten von Aufgaben üben.

*Beispiel:* „Ihr bekommt nun an jeder Station einen juristischen Fall präsentiert, zu dem ihr bitte in der Dreiergruppe eine Argumentationskette skizziert. Ihr habt pro Fall 15 Minuten Zeit und rotiert dann bitte weiter zur nächsten Station."

Material: Inhalts- oder Aufgabenblätter für die Lernstationen, evtl. zur besseren Orientierung eine Übersichtsgrafik, die den Ablauf des Zirkeltrainings erklärt

*Zeitaufwand:* Je nach Inhalt der Lernstationen 30 bis 60 Minuten

21) Zuruf-Liste

*Ablauf:* Die Studierenden antworten per Zuruf auf eine Fragestellung. Alle Ideen werden von der Tutorin, dem Tutor auf dem Flipchart notiert.

*Effekte:* Mit der Zurufliste kann spontan auf eine Fragestellung der Lernenden eingegangen werden. Die Methode wirkt prozessorientiert und die Studierenden fühlen sich wertgeschätzt.

*Beispielfrage:* „Welche Auswirkungen hat der Versailler Vertrag auf die Verfassung der Weimarer Republik?"

*Material:* Flipchart, Tafel oder Whiteboard

*Zeitaufwand:* 5 bis 10 Minuten

Sie haben nun eine Vielzahl an interaktiven Lehr-/Lernmethoden kennengelernt, die für unterschiedlichste Themenbereiche flexibel einsetzbar sind. Seien Sie mutig die Gruppenbildung, die Zeit und die Ergebnissicherung auch mal abzuwandeln, so dass die Methode genau zu Ihren Inhalten und Ihrer Teilnehmerzahl passt. Konkrete Hinweise, was Sie bei der Vorbereitung und Durchführung beachten sollten, damit interaktive Lehr-/Lernmethoden erfolgreich sind, finden Sie im folgenden Kapitel.

## 7.3 Gruppenarbeiten durchführen

Nun kennen Sie als Tutorin, als Tutor bereits eine Vielzahl an interaktiven Lehr-/Lernmethoden. Es gibt allerdings hin und wieder Vorbehalte, dass interaktive Lehr-/Lernmethoden nicht immer den gewünschten Erfolg erzielen und von manchen Studierenden nicht nur positiv wahrgenommen werden. Die häufigste Ursache dafür ist, dass den Studierenden oft nicht klar ist, warum eine Methode eingesetzt wird (vgl. Kapitel 13.3). Zudem kann durch unzureichende Orientierung die Methode auch mal aus dem Ruder laufen. In diesem Kapitel erfahren Sie wichtige Aspekte, die zum Erfolg einer Lehr-/Lernmethode beitragen, damit sowohl Sie als auch Ihre Studierenden die Methode als zielorientierte lernreiche Einheiten erleben. Im folgenden Abschnitt wird beschrieben, welche Kriterien Sie bei der Auswahl einer interaktiven Lehr-/Lernmethode hinterfragen sollten, wie Sie Ihre Studierenden dazu bringen bei einer Übung gut mitzuarbeiten, wie Sie Übungen Schritt für Schritt anleiten und Sie die Lehr-/Lernmethoden in Ihren Ablaufplan integrieren.

Die richtige Lehr-/Lernmethode auswählen

Um die Lehr-/ Lernmethode auszuwählen, die am besten in Ihr Konzept passt, reflektieren Sie vorab:

- Welches *Ziel* wollen Sie mit dem Einsatz jeder einzelnen Lehr-/Lernmethode erreichen, die Sie in Ihrem Tutorium einsetzen wollen? Stimmen Ihre Lernziele mit den Zielen, die die Methode erreichen soll, überein? (Kapitel 6.1)
- In welcher *Phase* des +AVIVA+-Schemas wollen Sie eine Lehr-/Lernmethode einbauen? (vgl. Kapitel 6.2)
- In welcher *Sozialform* soll die Methode ablaufen? Führen Sie Lehr-/Lernmethoden durch, in denen die Sozialformen variiert werden. Ungünstig ist es beispielsweise, wenn ein

Tutorium nur aus Lehr-/Lernmethoden in Einzelarbeit besteht (vgl. Kapitel 7.1).

Nun wählen Sie eine konkrete Methode aus. Überdenken Sie, welche Voraussetzungen für den Einsatz der Methode erfüllt sein müssen, also welches Vorwissen die Studierenden haben sollten, wie viel Zeit Ihnen zur Verfügung steht und wie viel Zeit die Lehr-/Lernmethode benötigt. Wenn die Lehr-/Lernmethode komplex ist, dann visualisieren Sie den Ablauf der Methode, um Orientierung zu schaffen.

## Lehr-/Lernmethoden an Ihre Gegebenheiten anpassen

Haben Sie den Mut Lehr-/Lernmethoden abzuwandeln und zu variieren, so dass sie zu Ihrem Lehrkonzept passen. Lehr-/Lernmethodenkompetenz bedeutet, eine Methode so an Rahmenbedingungen, Inhalt und Studierende anzupassen, dass sie ihr Ziel optimal erfüllt. Wenn Sie z.B. für eine Murmelgruppe Zweiergruppen bilden wollen, Sie aber eine ungerade Anzahl an Studierenden haben, so bilden Sie eben eine Dreiergruppe. Wenn Sie bei einem One-Minute-Paper drei Fragen statt einer stellen wollen, so tun sie dies. Dauert es dann drei Minuten anstatt einer Minute, dann ist das eben in Ihrem Fall so. Oder wenn Sie beim Think-Pair-Share die Partnerergebnisse an die ganze Gruppe geben möchten, formen Sie die Share-Phase um in eine Plenumsphase und lassen alle Kleingruppen präsentieren. Die Methode muss *Ihren* Zweck erfüllen!

## Möglichkeiten der Gruppenbildung

Es lohnt sich, die Art der Gruppenbildung im Vorhinein zu überlegen. Eine klare und deutliche Einteilung der Gruppen schafft Orientierung. Überlegen Sie sich also immer vorher wie viele Gruppen à wie viele Personen gebildet werden sollen und auf welche Weise Sie die Gruppen einteilen. Im Folgenden haben wir einige Möglichkeiten der Gruppenzusammenführung aufgelistet:

Zweiergruppen:
- Austausch mit dem Sitznachbarn
- Ungerade Sitzreihen drehen sich nach hinten um

Dreier- bis Fünfergruppen:
- Beim Hereinkommen Gruppennummern verteilen
- Sitzreihen mit Farben markieren
- Zusammenführung nach Geburtsmonaten
- Kleine Gummibärchentüten definieren Gruppenzugehörigkeit

Zwei große Gruppen:
- Linke Hörsaalseite vs. rechte Hörsaalseite
- Sitzplatznummerierungen nutzen: gerade vs. ungerade Sitzplätze
- Geschlecht: männlich vs. weiblich
- Augenfarbe: braun vs. grün/blau

Lehr-/Lernmethoden anleiten

In einer unserer Seminare erzählte uns einmal eine Tutorin, dass bei der Anwendung der Think-Pair-Share-Methode ein kleines Chaos bei der Gruppenbildung entstand. Nach der Phase der Zweiergruppen sollten Studierenden in Vierergruppen zusammenkommen. Leider war den Zweiergruppen unklar, zu welcher Vierergruppe sie sich zusammenschließen mussten. Als die Gruppen dann endlich alle eingeteilt waren, hatten einige Gruppen die Aufgaben schon fertig bearbeitet und wollten weitermachen, während andere noch gar nicht angefangen hatten. Die Tutorin fragte uns, welche Maßnahmen sie im Vornherein ergreifen hätte können, um dieses Chaos zu vermeiden.

Interaktive Lehr-/Lernmethoden müssen klar verständlich angeleitet werden. Gehen Sie dabei Schritt für Schritt vor und überfrachten Sie die Studierenden nicht mit zu viel Information auf einmal. Damit die Studierenden die Instruktionen gut verstehen, empfiehlt sich folgendes Vorgehen:

| Schritt | Ziele | Beispiel |
|---|---|---|
| 1. Aufmerksamkeit sichern | Übung ankündigen. Die Studierenden bitten, so lange aufmerksam zuzuhören, bis ein Zeichen zum Beginn der Übung gegeben wird. | „Wir starten nun eine Gruppenarbeit zur Wiederholung der Inhalte zum Aufbau des menschlichen Muskelapparats. Ich werde die Übung zuerst erklären und euch dann in Gruppen einteilen, bevor wir starten." |
| 2. Ziel nennen | Ziele und Hintergrund der Übung nennen, Relevanz herausarbeiten, warum die Übung durchgeführt wird. | „Diese Übung soll euch dafür sensibilisieren, dass die Muskeln in einem komplexen System zusammenarbeiten und bei jeder Bewegung eine Reihe von Muskeln aktiv wird." |
| 3. Ablauf erklären & eventuell visualisieren | In der zeitlichen Reihenfolge die einzelnen Schritte der Übung erklären. Je nach Komplexität den Ablauf visualisieren. Dabei das Material zeigen und erklären, wie damit gearbeitet werden soll. Vergessen Sie nicht zu erklären, wie die Studierenden ihre Ergebnisse festhalten sollen. | „Auf den Folien, die ihr erhaltet, seht ihr eine Bewegung, die ihr bitte nachahmen sollt. Arbeitet in der Gruppe heraus, welche Muskeln bei dieser Bewegung aktiv werden. Insgesamt werdet ihr fünf Bewegungen analysieren, wir werten am Ende jeder Folie aus, was ihr herausbekommen habt." |
| 4. Zeitrahmen abstecken | Genaue Anweisungen hinsichtlich der zur Verfügung stehenden Zeit geben. | „Ihr habt pro Folie fünf Minuten Zeit." |

| Schritt | Ziele | Beispiel |
|---|---|---|
| 5. Fragen klären | Sicherstellen, dass alle die Übung verstanden haben. | „Welche Fragen habt ihr zu dieser Übung?" |
| 6. Gruppen bilden | Bei Gruppenarbeiten die Zusammensetzung der einzelnen Gruppen klären; Gruppen zusammenführen, festlegen, wer beginnt, falls die Übung das vorsieht. | „Ihr arbeitet in Zweiergruppen. Die Studierenden, die in den ungeraden Reihen sitzen, drehen sich nun bitte nach hinten um." |
| 7. Startsignal geben | Orientierung geben. | „Bitte beginnt nun mit der ersten Folie." |
| 8. Methode durchführen | In diesem Beispiel: Wissen generieren. | Ein Gefühl für die Bewegungsabläufe im Muskelapparat bekommen. |
| 9. Ergebnisse auswerten | Ergebnisse der einzelnen Gruppen in das Plenum bringen und gegebenenfalls korrigieren. | Jeweils eine Zweiergruppe stellt eine Folie mit ihren Ergebnissen vor. Die anderen Studierenden dürfen ergänzen. |

Tabelle 14: Lehr-Lernmethoden anleiten

## Studierenden die Mitarbeit erleichtern

Damit der Einsatz von Lehr-/Lernmethoden erfolgreich ist, müssen die Studierenden natürlich gut mitarbeiten. Ein häufig genannter Einwand gegen den Einsatz von Lehr-/Lernmethoden und Gruppenarbeiten ist die Befürchtung, dass Studierende nicht mitarbeiten und qualitativ minderwertige Ergebnisse in der Gruppenarbeit produziert werden. Eine gute Mitarbeit liegt jedoch nicht nur in der Verantwortung der Studierenden. Sie als Tutorin, als Tutor können einiges dazu beitragen, die Mitarbeit der Studierenden zu fördern. Folgende Prinzipien müssen erfüllt sein, damit Arbeiten in Gruppen auch wirklich erfolgreich verlaufen und qualitativ gute Ergebnisse erzielt werden: Präzision, gegenseitige Abhängigkeit, Verpflichtung zum Bericht, Hilfestellung durch die Tutorin, den Tutor und eine bunte Mischung.

Die Aufgabenstellung muss **präzise** formuliert werden. Hilfreich ist es, wenn die Aufgabenstellung zudem visualisiert wird, so dass sich die Studierenden rückversichern können, ob sie das richtige Ziel verfolgen.

Sind die Gruppenmitglieder **gegenseitig abhängig**, so fördert das die Partizipation jedes einzelnen Studierenden. Erreicht werden kann dies beispielsweise durch das Verteilen verschiedener Rollen (z.B. Fragensteller, Protokollant, Beobachter, Kritiker etc.). Bei mehr als fünf Personen in einer Gruppe empfiehlt es sich zudem, einen Gruppensprecher zu ernennen, der verantwortlich für den Gruppenprozess ist und damit sicherstellt, dass die Aufgabe bearbeitet wird.

Die Mitarbeit wird gefördert, wenn sie die Gruppenmitglieder zu einem **Bericht verpflichten**, d.h. die Studierenden einer Gruppe müssen im Anschluss an die Arbeitsphase im Plenum ihre Ergebnisse vorstellen. Wenn viele Kleingruppen parallel arbeiten, genügt es, sich von jeder Gruppe nur ein bis zwei wichtige Aspekte berichten zu lassen. Stellen Sie bereits zu Beginn klar, wie Sie sich die Visualisierung der Ergebnisse vorstellen (z.B. als Flipchart-Poster, Stichpunkte auf einer Overhead-Folie, drei Ideen auf je einem Kärtchen etc.)

Sie als Tutorin, Tutor müssen nicht ständig neben der Gruppe sitzen und die Arbeitsphase überwachen, Sie sollten jedoch jederzeit für Fragen erreichbar sein um gegebenenfalls **Hilfestellung** leisten zu können. Gehen Sie von Kleingruppe zu Kleingruppe und prüfen Sie, ob die Übung wie gewünscht umgesetzt wird. Bei Bedarf können Sie nachsteuern. Das selbständige Arbeiten der Kleingruppen steht allerdings im Vordergrund, d.h. Sie bleiben verfügbar, halten sich jedoch im Hintergrund.

Achten Sie darauf, dass sich nicht bei jeder Methode die Gruppen auf gleiche Weise zusammensetzen, sondern immer

wieder eine bunte **Mischung** entsteht. Wechselnde Gruppen-
zusammensetzungen bzw. Sozialformen (vgl. Kapitel 7.1) fördern den Austausch von heterogenen Gruppen und fördern
eine positive Lernatmosphäre, da sich die Studierenden untereinander besser kennenlernen können und Cliquenbildun-
gen vermieden werden. Außerdem ist so gewährleistet, dass
die Leistungsstärke der Gruppen immer wieder unterschiedlich ist und sich keine „guten" oder „schwachen" Gruppen
etablieren.

Sollten Sie bei Ihren Studierenden dennoch einmal Widerstand gegen eine Lehr-/Lernmethode erleben, finden Sie im
Kapitel 13.3 Ideen, wie Sie diesen Problemen begegnen können.

Lehr-/Lernmethoden auswerten

Ist die Übung abgeschlossen, stellt die Tutorin, der Tutor in
einer Auswertungsphase sicher, dass das jeweilige Ziel der
Übung erreicht wurde. Die Tutorin, der Tutor führt das Ge-
spräch. Für den Einstieg bieten sich folgende Fragen an:
- „Was ist euch während der Übung aufgefallen?"
- „Welche Fragen sind während der Übung aufgekommen?"
- „Wie ist es euch mit der Aufgabe ergangen?"
- „Wie sicher fühlt ihr euch nach dieser Übung nun in diesem
  Themengebiet?"

Auswertungsphasen zeitlich zu planen ist gar nicht so einfach.
Je nach Gruppe und Methode besteht mal mehr, mal weniger
Gesprächsbedarf. Behalten Sie gerade in der Auswertungsphase die Zeit im Blick. Liefern Sie falls notwendig inhaltliche
Ergänzungen. Dazu ist es empfehlenswert, zu Übungen wenn
möglich eine Musterlösung anzufertigen, welche Ergebnisse
am Ende erreicht werden sollen. So lässt sich in der Auswertungsphase schnell feststellen, welche Aspekte bei den Ergeb-

nissen durch die Tutorin, den Tutor noch ergänzt werden müssen. Geben Sie Feedback auf die Ergebnisse (vgl. Kapitel 12.2). Schließen Sie die Methode ab und leiten Sie in die nächste Aktivität über (z.B. Transferüberlegungen oder nächstes Thema).

Wichtige Ergebnisse können Sie auch abfotografieren und den Studierenden später zukommen lassen.

## 7.4 Lehr-/Lernmethoden in den Ablaufplan integrieren

Als Letztes müssen Sie nun noch die Lehr-/Lernmethoden in Ihren Ablaufplan integrieren. Fügen Sie pro Methode die Fragestellung, die Art der Gruppenbildung, benötigte Materialien und Medien ein. Denken Sie daran, dass es häufig schwierig abzuschätzen ist, wie viel Zeit die Durchführung der Methode tatsächlich benötigt. Planen Sie deshalb genügend Puffer ein.

Hier sehen Sie ein Beispiel für einen Ablaufplan mit der Methode „Übungsmaschine" und „Snowballing":

| Tutorium zu empirischen Forschungsmethoden | | | | | | |
|---|---|---|---|---|---|---|
| Uhr-zeit | Dauer | Phase + Inhalt | Lehr-/ Lern-methode | Details | Ziele | Materia-lien |
| 12:15 | 5 | A – Begrü-ßung | | Begrüßung, Ablauf des heutigen Tages, Ziele | Einstimmen | |
| 12:20 | 10 | V – Wieder-holung | Übungs-maschine | Mit sechs Fragen zur letzten Sitzung | Inhalte der letzten Stunde wiederholen | Frage-zettel |
| 12:30 | 15 | I – Bet-ween-Design | Videofilm | Inputeinheit per Video mündlich ergänzen | Between-design kennen-lernen | Video, Laptop |

| Uhr-zeit | Dauer | Phase + Inhalt | Lehr-/Lern-methode | Details | Ziele | Materia-lien |
|---|---|---|---|---|---|---|
| Tutorium zu empirischen Forschungsmethoden | | | | | | |
| 12:45 | 40 | V – Eigenes Design erstellen | Snowbal-ling | 1) Erklärung Methode und Bildung von 12 Zweiergruppen (5 Minuten) 2) Between-Design in Partnerarbeit erstellen (10 Minuten) 3) in sechs Vierergruppen verbessern (10 Minuten) 4) drei Exemplare im Plenum vorstellen lassen (15 Minuten) Ergebnisse abfotografieren! | Between-Design erstellen | For-schungs-frage auf Tafel; Flip-chart-papier für Gruppen |
| 13:25 | 5 | Pause / Puffer | | | | |
| 13:30 | 5 | I – Within-Design | Interakti-ver Dialog | Unterschiede zu Between-Design erarbeiten | Unterschie-de Between-Within-Design kennen | |
| 13:35 | 15 | V – Within-Design | Fragerun-de | Frage an Studis: „Welche Forschungsfra-gen erfordern Erstellung eines Within-Designs?" | Within-Design festigen | Antwor-ten auf Flipchart notieren |
| 13:40 | 5 | A – Ab-schluss | | Zusammenfas-sung, Ausblick auf nächste Woche | | |
| 13:45 | ENDE | | | | | |

Tabelle 15: Ablaufplan mit interaktiven Lehr-/Lernmethoden

Sie sollten nun ein fertiges Tutoriums-Konzept in der Hand halten. Bitte nehmen Sie sich die Zeit und blicken noch einmal zurück auf die Checkliste von Kapitel 5. Wenn Sie die dort dargestellte Aufgabe bearbeitet haben, haben Sie Schlagworte markiert, zum Thema „Lernen fördern". Betrachten Sie diese Schlagworte nun erneut und sehen Sie sich Ihr Konzept an: Unterstützt Ihr Konzept das Lernen? Haben Sie sämtliche Aspekte berücksichtigt, die Ihnen wichtig sind?

Herzlichen Glückwunsch, wenn Sie mit dem Kopf nicken: Sie haben ein lernförderliches Tutorium konzipiert, was die optimale Ausgangslage für einen guten Verlauf bietet!

## 7.5 E-Learning-Methoden kennen

In der heutigen Zeit erhalten Online-Lernangebote einen immer größeren Stellenwert. Es gibt gute Gründe zusätzlich zu Präsenzveranstaltungen auch Online-Module bereitzustellen. Der sinnvolle Einsatz kann die Vermittlung von Wissen verbessern und zum Lernen motivieren. Dabei sollte jedoch darauf geachtet werden, dass die Lernmethoden, die online angeboten werden, die Präsenzphasen gut unterstützen und nicht überflüssig machen. Weiterhin besteht die Gefahr, dass eine Online-Plattform als Datenfriedhof endet, der nicht genutzt wird. Folgende Leitfragen sollten laut Waldherr & Walter (2009) bei der Konzeption von Online-Lernergänzungen beantwortet werden:

- Welche Lerninhalte sollte ich in Präsenzphasen behandeln, welche lassen sich gut in ein E-Learning-Modul auslagern?
- Wie sollen die virtuellen Einheiten gestaltet sein?
- Inwiefern muss die virtuelle Plattform von mir als Tutorin, als Tutor betreut werden? Wie hoch ist hierbei der Aufwand?

Die Präsentation neuer Lerninhalte und die klare Anweisung, wie das Online-Portal zu benutzen ist, sollte auf jeden Fall in der Präsenzphase erfolgen. Besonders Lerntätigkeiten zur tieferen Verarbeitung des Lernstoffes, wie beispielsweise die Bearbeitung von Arbeitsaufträgen, Wiederholungen, Zusammenfassungen und Diskussionen sind dazu geeignet auf ein Online-Portal verlegt zu werden. Eine große Herausforderung ist es sicherlich, Präsenz- und Onlinephasen optimal aufeinander abzustimmen.

Im Folgenden werden relevante Tools aufgelistet, die in Online-Tutorien eingesetzt werden können:

- Anwendungen: Lernprogramme anbieten, Apps mithilfe derer Fertigkeiten geübt werden können
- Application Sharing: gemeinsames Erstellen von Dokumenten
- Audio/Video-Konferenzen: Online-Diskussion zu einem bestimmten Zeitpunkt durchführen
- Blog: organisatorische Informationen, Tipps und Tricks an die Gruppe liefern
- Chat: schriftliche Diskussion, schriftlicher Austausch
- Dateien hochladen: Bereitstellen von Arbeitsunterlagen, gegenseitiges Peer-Feedback ermöglichen, Gruppenarbeitsergebnisse sammeln
- FAQ: Klausurfragen sammeln lassen
- Forum: Online-Diskussion ohne zeitliche Begrenzung durchführen
- Pinnwand/Whiteboard: Themenspeicher und Gedanken parken
- Web-Videos, WebTV, WebRadio: Vorlesungsausschnitte ansehen lassen, Onlinehilfen suchen lassen (z.B. zur Thematik, wie ein bestimmter statistischer Test durchzuführen ist)
- Wiki: Wiki-Einträge zu inhaltlichen Themenbereichen erstellen lassen

Eine Herausforderung bleibt bei der Einbindung von E-Lear-
ning-Modulen, wie die Studierenden dazu verpflichtet werden
können, die Online-Angebote aktiv mitzugestalten. Förderlich
ist hierbei, die Angebote im Detail mit den Studierenden vorher
zu besprechen und klare Abmachungen zu treffen. Präsenz-
und Onlinephasen sollten in Tutorien aufeinander abgestimmt
werden. Bei der Konzeption von Online-Lernergänzungen
muss vorher überlegt werden, welche Lerninhalte in Präsenzphasen behandelt werden müssen und welche Lerninhalte
online ausgelagert werden können. Klare Abmachungen mit
Studierenden, welche Aufgaben von ihnen erwartet werden,
sind dringend notwendig.

---

**Übung 12: E-Learning**

Haben Sie vor, E-Learning-Module in Ihr Tutorium einzubauen?
Überlegen Sie sich dazu folgende Fragen:
Welche Lerninhalte lassen sich in ein E-Learning-Modul ausla-
gern?
Wie sollen die virtuellen Einheiten gestaltet sein, also welches
Tool möchten Sie dafür einsetzen?
Inwiefern muss die virtuelle Plattform von Ihnen als Tutorin, als
Tutor betreut werden? Wie hoch ist hierbei der Aufwand?
Welche Aufgaben sollen die Studierenden zu Hause bearbeiten?
Inwiefern sollen sie konkret in der virtuellen Lernplattform aktiv
werden?

---

*Unsere Literaturempfehlungen zum Weiterlesen:*

Macke, Gerd; Hanke, Ulrike; Viehmann, Pauline (2008): Hochschul-
    didaktik. Lehren, vortragen, prüfen; [CD-ROM: mit Methoden-
    sammlung „Besser lehren"]. Weinheim, Basel: Beltz.
Waldherr, Franz; Walter, Claudia (2009): didaktisch und praktisch.
    Ideen und Methoden für die Hochschullehre. Stuttgart: Schäffer-
    Poeschel.

**Checkliste für das Kapitel 7**

→ Füllen Sie die folgende Checkliste aus. Mit jeder ausgefüllten Checkliste vervollständigt sich Ihr Tutoriums-Konzept.

Betrachten Sie zunächst Ihren Ablaufplan. In welchen Phasen des +AVIVA+-Schemas möchten Sie interaktive Lehr-/Lernmethoden einsetzen? Welche Lehr-/Lernmethoden haben Ihnen zugesagt und könnten das Ziel der jeweiligen Phase erfüllen? Füllen Sie die Tabelle:

| Phase | Ziel | Inhalt | Bevorzugte Sozialform |
|---|---|---|---|
|  |  |  |  |
|  |  |  |  |
|  |  |  |  |
|  |  |  |  |
|  |  |  |  |

Füllen Sie zu jeder Lehr-/Lernmethode, die Sie einsetzen wollen, die folgende Tabelle aus:

| Lehr-/Lernmethode: |  |
|---|---|
| Präzise formulierte Aufgabenstellung: |  |
| Visualisierung von Aufgabenstellung und Ablauf der Methode (vgl. auch Kapitel 8 zu Visualisierung und Medieneinsatz): |  |
| Rollenverteilung der Gruppenmitglieder: |  |
| So sollen die Studierenden ihre Ergebnisse festhalten: |  |
| So werden die Ergebnisse ins Plenum gebracht: |  |
| Vorzubereitende Unterlagen (Infotexte, Kärtchen, Ablauf etc.): |  |

Integrieren Sie anschließend jede Methode in Ihren Ablaufplan. Beschreiben Sie den Namen der Methode, die konkrete Aufgabenstellung, die Art der Gruppenbildung und benötigte Materialien und Medien. Vergessen Sie dabei nicht, einen Zeitpuffer einzukalkulieren.

# 8. Medieneinsatz vorbereiten

**In diesem Kapitel erfahren Sie ...**

... welche unterschiedlichen Medien Sie nutzen können und welche Vor- und Nachteile das jeweilige Medium mit sich bringt.

... welches Medium Sie in welcher +AVIVA+-Phase unterstützen kann.

... was Sie bei der Gestaltung von Visualisierungen für Power-Point-Präsentationen oder alternativen Medien beachten sollten.

... was Sie vor dem Tutorium im Hinblick auf die Mediennutzung prüfen müssen.

Die Inhaltsvermittlung in Ihrem Tutorium, können Sie durch die Wahl eines passenden Mediums, wie beispielsweise Tafel, Flipchart, Pinnwand oder Power Point, und einer ansprechenden Visualisierung gezielt unterstützen.

Unabhängig davon, ob Präsentationen gehalten, Gruppenarbeiten durchgeführt oder Ergebnisse dargestellt werden: Es gibt viele verschiedene Situationen, in denen der Einsatz von Medien die Inhaltsvermittlung unterstützt und die Visualisierung auch als Hilfestellung für Sie als Tutorin, als Tutor dient. Von Visualisierung wird immer dann gesprochen, wenn Inhalte auf Papier, auf einer Leinwand oder auch plastisch im Raum sichtbar gemacht werden. Damit die Visualisierung den gewünschten Effekt erzielt, sollten Sie vor der Erstellung die allgemeingültigen Ziele von Visualisierungen vor Augen haben, die in Abbildung 27 veranschaulicht werden.

Medien sollten nur dann eingesetzt werden, wenn die Visualisierung eines der oben beschriebenen Ziele erreicht. Prüfen Sie, welche Phasen Ihres Tutoriums Sie sinnvoll mit einer Visualisierung bereichern können.

| Komplexe Inhalte verständlicher machen: | Behaltensprozesse erleichtern: | Ergebnisse sichern: |
| --- | --- | --- |
| Bilder, Grafiken oder kurz gefasste visuelle Textinformationen helfen, komplexe und schwierige Inhalte zu vermitteln und begreifbar zu machen. | Durch die visuelle Darstellung werden mehr Sinne angesprochen und Inhalte können besser behalten werden. | Häufig müssen nach Gruppenarbeiten Ergebnisse weiter bearbeitet werden. Eine rein mündliche Sammlung würde dies erschweren. |
| **Wichtige Aussagen hervorheben:** | **Zusammenhänge verdeutlichen:** | **Erklärungsaufwand verkürzen:** |
| Das Herausarbeiten von wesentlichen Punkten erleichtert das Lernen. Eine Visualisierung macht den Lernenden die Priorisierung deutlich. | Gerade bei komplexen Inhalten fällt es den Lernenden schwer, die Zusammenhänge zu erkennen und zu verstehen. Hilfestellung bietet eine klare Visualiserung. | Anhand einer Visualisierung können komplexe Inhalte in kürzerer Zeit vermittelt werden. |

Abb. 27: Ziele von Visualisierungen

## Übung 13: Medieneinsatz

Welche Inhalte sind besonders komplex und können durch eine Visualisierung verständlicher vermittelt werden?
An welchen Stellen möchten Sie den Behaltensprozess erleichtern?
Welche Ergebnisse müssen gesichert werden?
Was sind die wichtigsten Aussagen, die Sie hervorheben möchten?
Welche Zusammenhänge sollten verdeutlicht werden?
An welcher Stelle können Sie gezielt den Erklärungsaufwand verkürzen?

Die folgenden Unterkapitel geben Ihnen Hilfestellung für die richtige Mediennutzung und die zielführende Gestaltung von Visualisierungen. Außerdem erhalten Sie einige grundsätzliche Richtlinien zur Erstellung von Handouts. Beginnen wir nun mit dem Medienüberblick, der Ihnen bei der Medienauswahl für Ihr Tutorium helfen soll.

## 8.1 Passende Medien auswählen

Es gibt eine Vielzahl an Medien, die in Seminarsituationen eingesetzt werden. Am beliebtesten ist sicher der Einsatz von Power Point, aber in der Hochschullandschaft werden immer häufiger auch weitere Medien, wie Flipchart, Pinnwand, Tafel, Whiteboard oder das Präsentationsprogramm PREZI angewendet. Um das passende Medium auszuwählen, sollten Sie Ihr Visualisierungsziel, die +AVIVA+-Phase, in der das Medium eigesetzt werden soll, die Gruppengröße und die Raumbeschaffenheit bei der Medienauswahl berücksichtigen. Tabelle 16 hilft Ihnen bei der Auswahl.

Mit dieser Tabelle haben Sie einen Überblick über alle gängigen Medien, die Sie in Ihrem Tutorium einsetzen können. Achten Sie darauf, dass die Visualisierung immer den oben gesteckten Zielen dient, damit sie eine Hilfestellung für die Studierenden darstellt. Ein Wechsel zwischen den Medien bietet den Studierenden eine angenehme Abwechslung und fördert die Aufmerksamkeit. So können Sie beispielsweise das Vorwissen der Studierenden mit einer Zurufliste auf dem Flipchart aktivieren. Anschließend stellen Sie neue Informationen mithilfe einer Power-Point-Präsentation dar. Daraufhin diskutieren Sie in der Verarbeitungsphase mit den Studierenden und notieren die Ergebnisse der Diskussion auf der Tafel oder einem Whiteboard.

Was Sie hinsichtlich der Gestaltung von Visualisierungen beachten können, fassen wir für Sie im nächsten Kapitel zusammen.

## Die wichtigsten Medien im Überblick

| Medium | +AVIVA+ Phase | Konkrete Einsatzmöglichkeiten | + Vorteile | - Nachteile | ! Tipps | Gruppen-größe |
|---|---|---|---|---|---|---|
| **Flip-chart** | Ausrichten<br>Vorwissen aktivieren<br>Informieren<br>Verarbeiten<br>Auswerten | • Ablauf vorstellen<br>• Erwartungen notieren<br>• Sammeln von Ideen im Rahmen einer Zurufliste<br>• Poster für eine Vernissage erstellen<br>• Flipcharts in Gruppenarbeiten als Ergebnisposter anfertigen lassen<br>• Für eine Punktabfrage Koordinatensystem visualisieren | • Spontane Visualisierung ist möglich<br>• Mitarbeit der Studierenden ist möglich<br>• Mit dem Flipchart kann jederzeit auf Visualisiertes Bezug genommen werden (z. B. Zurufliste)<br>• Flipcharts sind gut vorzubereiten<br>• Sie sind als Poster verwendbar | • Nur für begrenzte Gruppengröße einsetzbar<br>• Nicht in allen Räumen vorhanden und Transport des Flipchart-Ständers schwierig | • Neuer Inhalt = neues Blatt<br>• Anspruchsvolle Zeichnungen oder Grafiken mit Bleistift vorzeichnen<br>• Für die Orientierung jedes Papier mit Überschrift versehen<br>• Auf Schriftbild und Schriftgröße achten<br>• Flipchart in einer nächsten Sitzung z. B. als Wiederholung nutzen | Max. 30 Studie-rende |
| **Pinn-wand** | (Lern-) Atmosphäre gestalten<br>Vorwissen aktivieren | • Bei der Netzwerk-übung Gemeinsamkei-ten aufschreiben lassen<br>• MindMap mit Karten anheften lassen | • Große Fläche verfügbar, die flexibel gestaltet werden kann | • Nur für begrenzte Gruppengröße einsetzbar | • Bei Gruppenar-beiten kann die Pinnwand auch als „Raumteiler" verwendet werden<br>• Auf Schriftbild & Schriftgröße achten | Max. 40 Studie-rende |

| Medium | +AVIVA+ Phase | Konkrete Einsatzmöglichkeiten | + Vorteile | - Nachteile | ! Tipps | Gruppen- größe |
|---|---|---|---|---|---|---|
| | Informieren<br><br>Verarbeiten | • Komplexe Darstellung entwickeln<br>• Nach einer Kartenab- frage Karten an Pinnwand sortieren | • Umstrukturieren/Ordnen von Inhalte ist möglich<br>• Gut vorzubereiten | • Nicht an jedem Institut verfügbar | • Die Anordnung der Inhalte im Vorfeld überlegen (kann sonst leicht unübersichtlich werden) | |
| **Tafel/ White- board** | Vorwissen aktivieren<br><br>Informieren<br><br>Verarbeiten | • Für Gestaltung einer interaktiven Mindmap nutzen<br>• Modell miteinander entwickeln<br>• Diskussionsergebnisse notieren | • Leichte Handhabung<br>• Großflächige Darstellung<br>• Leicht korrigierbar<br>• Magnetisch | • Vorbereitung nur im Raum möglich<br>• Ergebnisse nicht permanent verfügbar<br>• Blickkontakt zu den Studierenden geht leicht verloren<br>• Nicht trans- portierbar | • Ausreichend Zeit für Visualisie- rung einplanen<br>• Tafel vorher gut säubern<br>• Alle nicht zum Thema passenden Inhalte entfernen<br>• Auf Schriftbild & Schriftgröße achten | Für jede Gruppen- größe |
| **Power Point bzw. Präsen- tations- pro- gramm PREZI** | Ausrichten<br><br>Informieren<br><br>Verarbeiten | • Beispiele mit Bildmaterial oder Grafiken visualisieren<br>• Gesamt-Überblick darstellen<br>• Zum Vortrag passende Inhalte visualisieren<br>• Videos oder Bildmaterial einbauen | • Wiederverwendung von Folien<br>• Einfache Bedienung während des Vortrags<br>• Bild, Ton, Grafiken können eingebunden werden<br>• Für große Personenanzahl geeignet | • Folien wirken schnell überladen<br>• Projektion verleitet zum „Runterlesen"<br>• Begrenzt interaktiv | • Folienfreie Abschnitte einbauen: schafft Ab- wechslung & Zeit zur Ver- arbeitung der Inhalte<br>• Pausen bei Folienwechsel machen | Eher für größere Gruppen (ab ca. 10) geeignet |

| Medium | +AVIVA+ Phase | Konkrete Einsatzmöglichkeiten | + Vorteile | - Nachteile | ! Tipps | Gruppen-größe |
|---|---|---|---|---|---|---|
| | Auswerten | • Arbeitsaufträge darstellen<br>• Übersichtliche Darstellung des Wesentlichen<br>• Tutorin, Tutor präsentiert die eigene Musterlösung | • Folien können für die Studierenden zum Mitschreiben ausgedruckt werden | • Aufmerksam-keit fällt vom Redner ab<br>• Fehleranfällige Technik | • Siehe auch Kapitel 8.2<br>• Gestaltung von Visualisierungen<br>• PREZI ist besonders sinnvoll, wenn Inhalte erst überblikartig und dann im Detail erklärt werden sollen z.B. ein Zeitstrahl mit Ereignisdetails | |

Tabelle 16: Medienüberblick

## 8.2 Visualisierungen gestalten

Die Gestaltung einer Visualisierung entscheidet maßgeblich über den „Erfolg" bzw. „Misserfolg" des Medieneinsatzes. Erfolgreich ist ein Medieneinsatz dann, wenn die Visualisierung die Tutorin, den Tutor unterstützt, den Studierenden eine gute Orientierung gibt und die oben dargestellten Ziele erfüllt. Von „Misserfolg" kann dann gesprochen werden, wenn die Visualisierung überfrachtet ist, von den eigentlichen Inhalten ablenkt und die Inhalte komplexer wirken lässt, als sie sind. Daher müssen folgende Aspekte bei der Gestaltung von Visualisierungen beachtet werden:

- Weniger ist mehr!
  Vermeiden Sie es, zu viele Informationen auf einmal zu präsentieren.
- Alles, was visualisiert wird, muss auch besprochen werden!
  Führen Sie zusätzliche Informationen in einem Handout auf, anstatt sie zu visualisieren, damit die Studierenden nicht von der Fülle an Informationen abgelenkt werden.
- Bild „schlägt" Wort!
  Bilder bleiben besser im Gedächtnis als Worte. Versuchen Sie, passende Bilder und Grafiken zu verwenden, anstatt geschriebene Texte zu präsentieren.

Diese grundsätzlichen Gestaltungsregeln treffen auf alle Medien zu. Was Sie konkret bei der Gestaltung von Power-Point-Präsentationen beachten sollten und wie Sie Visualisierungen für alternative Medien erstellen, wird auf den folgenden Seiten erläutert.

Gestaltung von Power-Point-Präsentationen

Power-Point-Präsentationen bieten einen großen gestalterischen Freiraum. So können Bilder, Grafiken aber auch Videos und Audiomaterial in die Präsentation eingebunden werden, die

Hintergründe können bunt leuchten, Folienübergänge können hineinfliegen, Folieninhalte können Schritt für Schritt aufgebaut werden. Bitte bedenken Sie jedoch den ersten Gestaltungsgrundsatz: Weniger ist mehr! Viele technische Möglichkeiten führen nicht unbedingt zu besseren Visualisierungen. Power-Point-Folien können schnell überfrachtet und unübersichtlich wirken. Im Folgenden finden Sie konkrete Gestaltungsrichtlinien für Layout, Textgestaltung, Farbeinsatz, Bilder sowie Sound und Animation, an denen Sie sich bei der Erstellung Ihrer Power Point Präsentationen orientieren können.

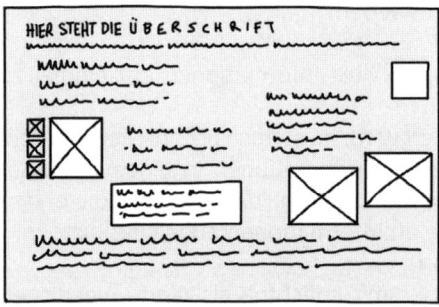

Abb. 28: Layout unstrukturiert

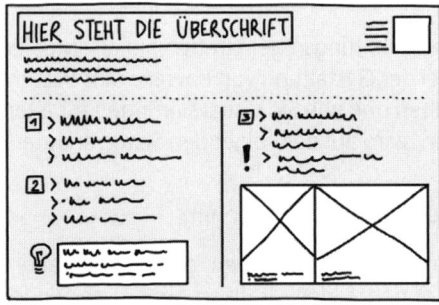

Abb. 29: Layout strukturiert

Das **Layout** Ihrer Folien entscheidet über die Gesamtwirkung. Es bildet die Basis der Visualisierung, um Informationen für das Auge strukturiert und einheitlich darzustellen. Ein Layout sollte einmal erstellt und dann durchgängig verwendet werden. Ziel eines durchgängig verwendeten Layouts ist es einerseits, einen Wiedererkennungseffekt zu erreichen und andererseits, dass die Zuhörenden sich auf das Layout einstellen und somit schneller Informationen erfassen können. Universitäten, so wie jedes Unternehmen, gestalten passende Corporate Designs, um den Wiedererkennungseffekt zu fördern. Kommunikationsmittel, wie der Internetauftritt, das Logo und auch das Layout von Präsentationen, werden entsprechend des Corporate Designs gestaltet. Erkundigen Sie sich an Ihrer Hochschule, ob Sie auf eine Vorlage zugreifen können, die bereits das gewünschte Layout hat.

Die Tabelle 17 zeigt Ihnen, wie Sie ein Layout erstellen, das einheitlich wirkt.

| Was? | Wie? |
| --- | --- |
| Durchgängig einheitliches Design aller Folien | • Erstellung einer gut designten Masterfolie<br>• Einsatz von dezenten Farben und inhaltsunterstützenden Bildern<br>• Hintergründe der Folien ebenfalls mit einer dezenten Farbe versehen<br>• Nur relevante Informationen in das Foliendesign aufnehmen<br>• Folienübergänge gleichartig gestalten |
| Fußzeile der Folien | • Muss bei allen Folien (außer der Titelfolie) gleich sein<br>• Aufführung von organisatorischen Informationen, wie z.B. Datum, Autor, Titel der Veranstaltung und eventuell Copyright-Vermerke<br>• Foliennummerierung einfügen: schafft Orientierung und vermeidet Suchzeiten<br>• Schriftgröße: 8 bis 9 pt für die Fußzeile sind ausreichend |

| Was? | Wie? |
|---|---|
| Ausrichtung der Informationen und grafischen Darstellungsformen | • Folien immer mit Überschriften versehen<br>• Aufzählungspunkte immer an die gleiche Stelle setzen<br>• Verwendung von Führungslinien oder Gitter als Hilfswerkzeug, um Grafiken an eine stimmige Stelle zu setzen (benutzerdefiniert einstellen)<br>• Klare Abgrenzung von Überschrift, Inhaltspunkten und Fußzeile (z.B. mit dünnem Balken, Linien oder farblich) |
| Positionierung der Logos | • Darstellung aller notwendigen Logos auf der Titelseite<br>• Auf den Inhaltsseiten das wichtigste Logo klein rechts oben oder unten in die Ecke setzen |

Tabelle 17: Layout

Im Tutorium ist es wichtig, dass die Tutorin, der Tutor bei der Gestaltung von Power Point Folien die relevanten Inhalte so darstellt, dass die Studierenden diesen Punkten folgen können. Achten Sie deshalb bei der **Textgestaltung** auf Leserlichkeit und Strukturierung, was erreicht werden kann, wenn Sie sich an die Anhaltspunkte aus Tabelle 18 halten.

| Was? | Wie? |
|---|---|
| Schriftgröße | • Überschriften: mind. 24 pt<br>• Text: mind. 18 pt<br>• Schriftgröße der Raumgröße und Leinwandgröße anpassen |
| Schriftart | • Schriftwechsel müssen eine Bedeutung haben.<br>• Verwenden Sie nicht mehr als zwei unterschiedliche Schriftarten. |
| Schriftstil | • Groß- und Kleinbuchstaben sind für die Zuschauer leichter lesbar als reine GROSSBUCHSTABEN.<br>• *Kursive* Schrift ist ebenfalls schwieriger zu lesen; Außerdem kann diese bei manchen Beamer-Projektoren flackern. |

| Was? | Wie? |
|---|---|
|  | • Serifenlose „Druckschrift" ist auf Projektionsflächen leichter zu lesen als „Serifenschrift" (wie z.b. Times New Roman).<br>• Druckschrift verwenden; Schreibschrift ist nicht für eine Präsentation mit Beamerprojektion geeignet. |
| Textform | • Formulieren Sie Stichwörter und Phrasen. Ganze Sätze auf Folien können von Studierenden nicht erfasst werden, wenn sie gleichzeitig der Tutorin, dem Tutor zuhören möchten.<br>• Abkürzungen vermeiden und Wörter ausschreiben |
| Hervorhebung | • Mit **Fett** oder Farbe Inhalte hervorheben<br>• Maximal drei unterschiedliche Farben einsetzen<br>• Hervorhebungen systematisch einsetzen |
| Aufzählungszeichen | • Aufzählungszeichen bzw. Gliederungspunkte verwenden<br>• Max. sieben Aufzählungspunkte pro Folie nennen |

Tabelle 18: Textgestaltung

**Farben** vermitteln Stimmungen und bereichern die visuelle Wirkung. Deswegen sind die richtige Verwendung von Farben und der behutsame Einsatz von Farbeffekten bei Präsentationen wichtig. Eine systematische Farbwahl verbessert zudem die Übersicht und trägt dazu bei, die Studierenden gut durch den Vortrag zu führen. Zu viele Farbwechsel oder eine unsystematische Farbwahl kann die Wirkung umkehren und die Studierenden verwirren bzw. ablenken. Grundsätzlich ist beim Einsatz von Farben wichtig:

• Gut lesbare Farben einsetzen: Kräftige Farben anstatt Neonfarben
• Kontraste verwenden
• Nicht zu bunt
• Hintergrund hell, Text dunkel
• Farben sollten auch schwarz-weiß gut wirken, damit die Studierenden die Folien auch ausgedruckt gut lesen können

Wenn Power-Point-Folien zu viel Text enthalten, verlieren Studierende häufig die Aufmerksamkeit. Wörter sind für das Gehirn schwieriger zu verarbeiten als **Bilder**. Arbeiten Sie daher im Tutorium mit thematisch passenden Bildern, um Inhalte optisch zu unterstützen. „Bild schlägt Wort", heißt die dritte Gestaltungsregel (siehe oben), was bedeutet, dass Bilder stärker im Gedächtnis haften bleiben als Worte.

Es gibt unterschiedliche Möglichkeiten, etwas bildhaft darzustellen. Sie können Bilder, Zeichnungen, Grafiken, Diagramme oder Illustrationen einsetzen. Dies hilft den Studierenden eine bessere Vorstellung vom Inhalt zu bekommen.

Statistiken und Zahlen können am besten in einem Diagramm visualisiert werden. Ein Diagramm zieht den Blick der Studierenden auf sich und wird im Vergleich zu einer Tabelle schneller erfasst. Informationen können in einem Diagramm in Kreis-, Säulen- oder Balkenform anschaulich aufbereitet werden.

Abb. 30: Diagramm Abwesenheit Vorlesung

Um den Studierenden kurze Anleitungen oder Orientierungshilfen zu geben, können Sie geeignete Piktogramme verwenden. Piktogramme sind kleine Icons, die Aussagen als kleines

Symbol darstellen, wie beispielsweise eine Uhr, welche für eine Zeitangabe steht, ein Buch für die Hausaufgabe oder eine Kaffeetasse für eine kurze Pause. Piktogramme wirken viel eindrücklicher als Texte, können schneller erfasst werden und „Textwüsten" auflockern.

In der Abbildung 31 sehen Sie, was im Hinblick auf die Bildverwendung allgemein zu beachten ist, was Sie bezüglich der Bildrechte wissen sollten und wie Bilder bearbeitet werden können.

Positionieren Sie die Bilder sinnvoll, so dass Text-Informationen sichtbar bleiben. Zudem sollten alle verwendeten Bilder eine einheitliche Größe haben. Damit unterstreichen Sie die Wichtigkeit eines jeden Bildes und erzeugen für den Betrachter ein einheitliches Erscheinungsbild. Knallige Hintergrundbilder oder bunte Muster sollten vermieden werden, da sie die Aufmerksamkeit der Studierenden ablenken und störend wirken können.

Bei Bildern aus öffentlichen Quellen wie dem Internet muss sich jeder Nutzer bei der Auswahl und der Verwendung an die Lizenzvorgaben halten. Nicht für alle Bilder aus Bilddatenbanken gilt dasselbe Nutzungsrecht. Es gibt unterschiedliche Genehmigungen, von „alle Rechte vorbehalten" bis hin zu „kommerzielle Verwendung und Bearbeitung erlaubt". Daher sollte vor der Verwendung eines Bildes auf die jeweiligen Bestimmungen geachtet werden. Für Fotos von Personen gelten spezielle Regelungen.

Bilder müssen für Präsentationen entsprechend angepasst und bearbeitet werden. So sollten Bilder, um ein gleiches Erscheinungsbild herzustellen, entsprechend verkleinert oder vergrößert werden. Um Power-Point-Präsentationen mit vielen Bildern leicht speichern, verschicken oder auch auf eine Online-Plattform stellen zu können, sollte darauf geachtet werden, dass die Bildgröße auf 200 bis 500 KB reduziert wird. Das gängigste Speicherformat für Bilder ist jpg, das in allen Präsentationsprogrammen verwendet werden kann.

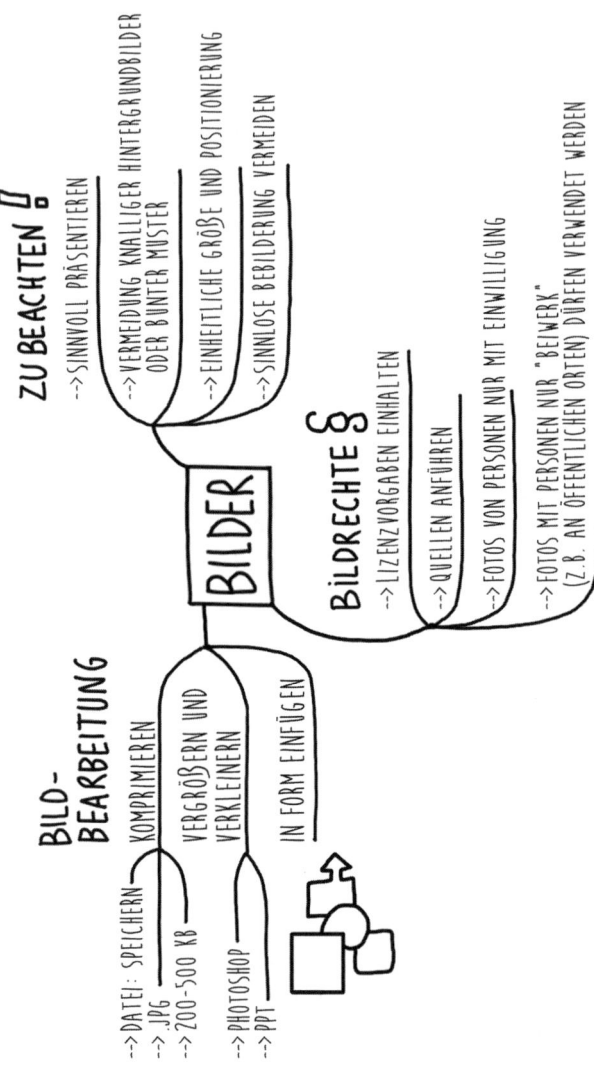

Abb. 31: Verwendung von Bildern

**Übung 14: Gestaltungsrichtlinien**

Überprüfen Sie eine von Ihnen bereits gestaltete Power-Point-Visualisierung hinsichtlich Layout, Text, Farbwahl und Bildereinsatz.

Ist das Layout einheitlich und übersichtlich? Was können Sie optimieren?

Ist der Text leserlich und strukturiert aufgebaut? Was können Sie optimieren?

Sind die Farben systematisch gewählt und gut sichtbar? Wo wären Veränderungen sinnvoll?

Wo wäre ein Bild sinnvoller statt Textinformationen, um Sachverhalte zu erklären?

**Animationen** in Power-Point-Präsentationen können die Aufmerksamkeit wecken, sprechen unterschiedliche Wahrnehmungskanäle an und können zur Hörerführung genutzt werden, indem Inhalte Schritt für Schritt dargestellt werden. Diese Ziele werden jedoch nur dann erreicht, wenn die Animationen sinnvoll, maßvoll und systematisch eingesetzt sind. Folienübergänge von Präsentationen sollten einfach und schlicht gehalten werden, da animierte, „aufgepeppte" Übergänge irritieren, aufdringlich wirken und vom Inhalt ablenken. Für die Betrachter ist es eher unangenehm, wenn der Übergang von Folie zu Folie ruckelt, weshalb Sie darauf verzichten sollten.

Manchmal kann die Animation von Text aber natürlich sinnvoll sein. Möchten Sie als Tutorin, als Tutor einen Aspekt einer Folie ausführlicher erklären, ohne dass die Studierenden den Rest der Folie bereits lesen, können Sie eine Textanimation verwenden. Die Animation sollte jedoch schlicht gehalten und nicht aufdringlich gestaltet werden. Sie können das zu Animierende einfach einblenden oder erscheinen lassen, anstatt es beispielsweise in die Folie „einfliegen" oder mit Soundeffekten hineinwirbeln zu lassen.

Mit Power-Point-Präsentationen haben Sie viele verschiedene Möglichkeiten Texte und Bilder darzustellen. Der große Vorteil von Power-Point-Präsentationen ist, dass Sie Bild- und Tonmaterial einbinden, die Folien in Ruhe vorbereiten und später wiederverwenden können. Ein Nachteil ist die mangelnde Interaktionsmöglichkeit und Flexibilität. Daher empfehlen wir, dass Sie in Ihrem Tutorium auch alternative Medien einsetzen.

Gestaltung von alternativen Medien:
Flipchart, Pinnwand, Tafel und Whiteboard

Alternative Medien bieten Ihnen die Möglichkeit direkt mit den Studierenden zu interagieren, Ideen und Ergebnisse zu sammeln oder neu zu ordnen. Möglicherweise ist es für Sie ungewohnt, mit Ihrer eigenen Handschrift Tafel und Flipchart zu beschriften oder Zeichnungen anzufertigen, da Sie viel größer schreiben bzw. zeichnen müssen. Handschriftlichkeit hat durchaus Vorzüge: Es verleiht der Visualisierung eine persönliche Note und wirkt auflockernd. Daher möchten wir Sie motivieren: Haben Sie Mut zur Nutzung alternativer Medien! Der Einsatz alternativer Medien erleichtert Ihnen im Tutorium die Interaktion mit den Studierenden und bereichert es mit individuelleren Visualisierungen.

Bei der Gestaltung von alternativen Medien sind besonders zwei Aspekte hervorzuheben: Leserlichkeit bei der Textgestaltung und die Struktur der gesamten Visualisierung.

| Was? | Wie? |
|------|------|
| Leserlichkeit | • Die Buchstaben groß und eng aneinander schreiben, damit sie gut lesbar sind<br>• Druckschrift statt Schreibschrift verwenden<br>• Klein- und Großbuchstaben verwenden anstatt ausschließlich Großbuchstaben |
| Struktur | • Poster immer mit einer Überschrift versehen<br>• Aufzählungszeichen verwenden<br>• Wichtige Informationen (z.B. die Überschrift) hervorheben: farblich, unterstreichen, einrahmen<br>• Symbole geben bildliche Unterstützung und können auch mit Bleistift vorgezeichnet werden<br>• Im Vorfeld die Anordnung planen, sonst kann es leicht unübersichtlich werden |

Tabelle 19: Beschriftung alternativer Medien

In Abbildung 32 sehen Sie einige Beispiele wie Flipchart- und Pinnwandposter strukturiert werden können.

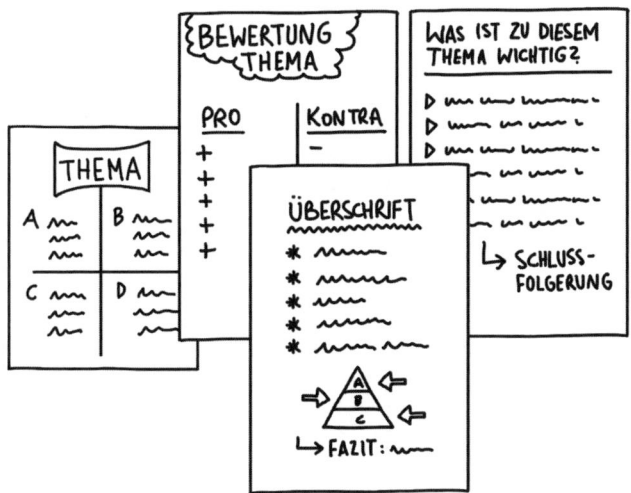

Abb. 32: Gestaltung Flipchart

Die Gestaltung von alternativen Medien ist nicht schwer. Sie können einfach an einer Tafel oder einem Whiteboard üben. Nehmen Sie sich dazu einen konkreten Inhalt vor und überlegen Sie, wie Sie diesen visualisieren können. Auf einem Flipchart oder einer Pinnwand können Sie die Visualisierung mit einem dünnen Bleistift vorzeichnen. Der Effekt vor den Studierenden etwas zu zeichnen ist groß, die Studierenden werden beeindruckt von Ihnen und Ihrer Zeichenkunst sein. Eine Tafel und ein Whiteboard können Sie visuell wie in Abbildung 33 gestalten.

Abb. 33: Gestaltung Tafel/Whiteboard

Die Tafel und das Whiteboard bieten im Vergleich zum Flipchart bzw. zur Pinnwand mehr Fläche. Sie sollten auch hier im Vorfeld überlegen, wie genau die Fläche visuell unterteilt werden kann, damit die Visualisierung nicht unübersichtlich wird. Es ist für einen Zuhörer einfacher die Informationen zu lesen, wenn nicht die ganze Länge der Tafel oder Whiteboard für einen Satz verwendet wird, sondern Inhalte in Spalten aufgeteilt werden. Wenn die Tafel aus zwei Teilen, Vorderwand und Hinterwand, besteht, können Sie einen Spannungseffekt erzeugen, indem Sie die hintere Fläche vorbereiten und den Studierenden erst im Laufe Ihres Tutoriums zeigen. Die Studierenden werden überrascht sein, was Sie schon visualisiert haben.

Um das Thema Gestaltung von Visualisierung abzuschließen, gehen wir nun noch auf die Gestaltung von Dokumentationsmitteln am Beispiel eines Handouts ein.

## Gestaltung von Dokumentationsmitteln: Handout

Handouts dienen als Lernvorlage für die Studierenden, da sie eine gut strukturierte Übersicht und Zusammenfassung über das Thema bieten. Entweder stellt die Tutorin, der Tutor ein Handout über das Thema des jeweiligen Tutoriums zusammen oder es ist die Aufgabe der Studierenden. In beiden Fällen sollte klar sein, was wichtige Aspekte eines Handouts sind:

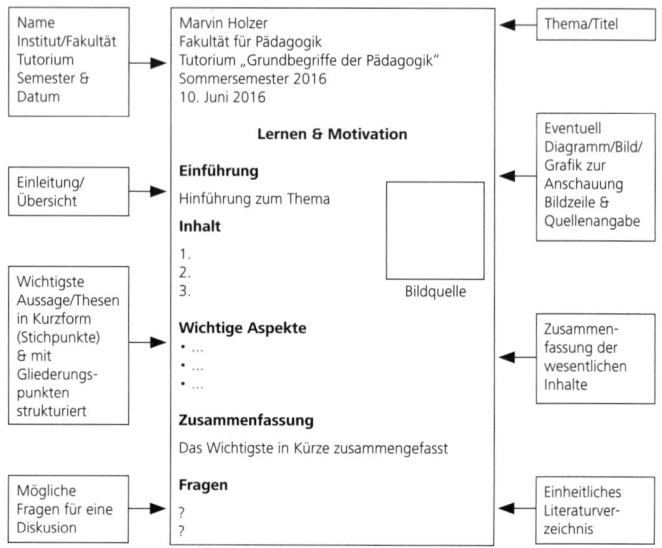

Abb. 34: Aufbau eines Handouts

Ein Handout muss die wesentlichen Inhaltspunkte darstellen und den Studierenden eine gute Orientierung über das Thema geben. Dabei ist entscheidend, dass es gut gegliedert ist, kurz und knapp formuliert (Stichwörter bzw. kurze Textabschnitte) und übersichtlich dargestellt. Damit bietet es eine gute Grundlage für den Einstieg in ein Thema, kann von den Studierenden mit eigenen Gedanken ergänzt werden und ist eine hilfreiche Lernvorlage.

Offene Fragestellungen können als Ausgangspunkt für eine Diskussion im Tutorium oder als Anregung für die Studierenden dienen, sich weiter mit dem Thema zu beschäftigen.

Die passenden Medien für Ihr Tutorium sind ausgewählt und die Visualisierung ist strukturiert und übersichtlich gestaltet. Schauen wir uns nun an, was Sie beachten sollten, um die Medien beim Einsatz in Ihrem Tutorium souverän zu nutzen.

## 8.3 Medien im Tutorium verwenden

Die Planung und Vorbereitung von Visualisierungen geht häufig leicht von der Hand, die Nutzung verschiedener Medien im Tutorium braucht einen bewussten Umgang und ein wenig Übung. Auf den folgenden Seiten finden Sie Hinweise zum Material- und Technik-Check sowie zum souveränen Umgang mit den vorgestellten Medien.

Letzter Check: Material & Technik

Um für die Tutorienarbeit mit Medieneinsatz gut vorbereitet zu sein, sollten sie vorab immer die Materialien und die technische Ausstattung kontrollieren. Tun Sie dies nicht, sind folgende Szenarien denkbar: Der Beamer lässt sich mit dem Laptop nicht verbinden, das Flipchart im Raum hat kein Papier, die Whiteboardmarker schreiben nicht und der Sound kann nicht abgespielt werden.

**Kontrollieren Sie Ihre Materialien!** Wenn Sie in ihrem Tutorium interaktiv mit den Studierenden etwas erarbeiten und dies an Tafel, Flipchart oder Pinnwand mitschreiben möchten, organisieren sie rechtzeitig die notwendigen Materialien. Überprüfen Sie, ob Ihre Materialien vollständig sind, denn es ist einfach ärgerlich und kann bei Ihnen Nervosität verursachen, wenn Sie mitten im Tutorium feststellen, dass etwas Wichtiges fehlt oder nicht funktioniert. Im schlimmsten Fall müssen Sie wegen solcher Kleinigkeiten den Ablauf Ihres Konzeptes ändern. Überprüfen Sie also Ihre Materialien vor jedem Tutorium auf Vollständigkeit und Funktionstüchtigkeit.

**Führen Sie einen Technik-Check durch!** Bei der Benutzung von Videobeamern und Präsentationslaptops treten hin und wieder technische Probleme auf. Diese können im Vorfeld vermieden werden. In der folgenden Tabelle sind die wich-

tigsten Punkte aufgeführt, anhand der Sie die technische Ausstattung kontrollieren können.

| Problem | Ursache | Problembehebung |
|---|---|---|
| Videobeamer | | |
| Geringe Auflösung | Es gibt Beamer die nur 800 x 600 Pixel darstellen können. | → Beamer im Vorfeld testen und eventuell Bilder verkleinern |
| Geringe Lichtstärke | Wenn lichtschwache Beamer in hellen Räumen eingesetzt werden, verblasst das Bild. | → Beamer im Vorfeld testen<br>→ Dunklere Farben in der Präsentation verwenden |
| Falscher Kontrast | Beamer können nur einen kleinen Farbraum darstellen, Bilder können nur schwer erkennbar sein. | → Kontrast/Farbeinstellung direkt am Beamer ändern<br>→ Auf hohen Kontrast achten (siehe Farbeinsatz) |
| Geringe Tonstärke | Meistens sind die integrierten Lautsprecher im Beamer nicht ausreichend. | → Bei Audiomaterial extra Lautsprecher mitbringen<br>→ Bei Videos mit Untertiteln arbeiten |
| Spezielle Adapter | Einige Computer (z.B. Mac) benötigen unterschiedliche Adapter, um mit dem Beamer verbunden werden zu können. | → Richtigen Adapter mitbringen |
| Präsentationslaptops | | |
| Keine Anzeige auf dem Beamer | Manche Computer reagieren nicht sofort auf den Beamer. | → Monitoreinstellungen kontrollieren (evtl. Monitore synchronisieren)<br>→ Computer zum Neustart bringen<br>→ fn-Taste und eine F-Kombination (mit Bildschirmzeichen) drücken |

| Problem | Ursache | Problembehebung |
|---------|---------|-----------------|
| Veränderte Schriften | Wenn in einer Präsentation Schriften verwendet werden, die nicht am Präsentationslaptop installiert sind, werden diese durch andere Schriften ersetzt. Häufig wird dadurch das Layout zerstört. | → Nur Schriften verwenden, die auf allen Computern installiert sind (Web-Schriften) wie z. B. Arial oder Tahoma |
| Langsame Grafik | Animierte Übergänge zwischen den Folien benötigen eine leistungsstarke Grafikkarte. Häufig ruckeln animierte Übergänge und Videos werden nur mit Verzögerung abgespielt. | → Aufwendig animierte Folienübergänge vermeiden<br>→ Eventuell Videos mit einem anderem Programm abspielen |

Tabelle 20: Mögliche Probleme mit der Technik

Ihre Visualisierungen sind vorbereitet, Materialien und technische Ausstattung sind kontrolliert und Sie sind bereit, mit Ihrem Tutorium zu starten. Die folgenden Hinweise zur richtigen Anwendung sollen Sie bei einem souveränen Umgang mit den Medien unterstützen.

Umgang mit Medien: Grundregeln für die Anwendung

Wenn Sie zwei Grundregeln verinnerlichen, sind Sie für ihr Tutorium mit Medieneinsatz gut vorbereitet:

*1. Grundregel: Die Tutorin, der Tutor ist das Medium Nummer 1.*

Sie als Tutorin, als Tutor stehen im Zentrum und nicht das Medium. Medien sind nur Hilfsmittel und so sollten sie auch behandelt werden. Verstecken Sie sich daher nicht neben bzw. hinter dem Medium oder kehren Sie den Studierenden den

Rücken zu. Achten Sie auf einen guten Blickkontakt mit ihren Studierenden. Beim Einsatz von Medien müssen Sie bedenken, dass Sie entweder schreiben oder sprechen, da die Studierenden Sie sonst nicht verstehen können. Das gilt auch beim Umblättern von Flipchart-Postern: Blättern Sie erst, dann sprechen Sie.

Formulieren Sie Inhalte beim Sprechen mit Ihren eigenen Worten, anstatt die Folien eins zu eins abzulesen. Ein abgelesener Vortrag kann für die Zuhörenden sehr ermüdend sein. Halten Sie den Text auf den Folien kurz und ergänzen Sie wichtige Erklärungen verbal.

---

**Infotafel: Wirkung von Schwarzfolien**

In einer Studie zum Medieneinsatz konnte festgestellt werden, dass eine Folie ohne Inhalt (z.B. schwarze Folie) den Behaltensprozess der Studierenden erhöht. Das, was während der sogenannten kurzen visualisierungsfreien Zeit gesagt wurde, konnte besser behalten werden. Die Konzentration auf den gesprochenen Inhalt wird gesteigert.
(Wecker, 2012)

---

Nutzen Sie den Raum und arbeiten Sie z.B. mit einem Presenter, damit Sie nicht nur an einer Stelle im Raum stehen bleiben müssen und Sie alle Studierenden gleich gut sehen können (vgl. Kapitel 10). Probieren Sie am Anfang aus, an welchen Positionen Sie guten Blickkontakt mit den Studierenden aufbauen können, an welchen Stellen „tote" Sichtpunkte im Raum sind bzw. wohin das Projektionslicht des Beamers strahlt und Sie nicht stehen sollten.

Bauen Sie Phasen ein, in denen Sie keine Visualisierung verwenden und sich die Studierenden nur auf Sie konzentrieren. Bei der Verwendung von Power Point müssen Sie den Laptop nicht herunterfahren, sondern können im Präsentationsmodus durch Drücken der Taste B (=Black) oder W (=White) den Screen auf schwarz oder weiß schalten.

## 2. Grundregel: Nutzen Sie den Viererschritt für den Einsatz von Medien.

Die zweite Grundregel, die Sie beim Einsatz von Medien befolgen sollten, ist die des Viererschrittes. Im Vergleich zu den Studierenden, kennen die Tutorinnen und Tutoren die Inhalte, die sie präsentieren natürlich schon. Oft erhöht sich deswegen beim Halten von Vorträgen mit Medieneinsatz das Sprechtempo einer Rednerin, eines Redners. Die Studierenden müssen sich jedoch erst einmal auf der Visualisierung orientieren und benötigen mehr Pausen. Die Folge ist, dass sie nicht mehr gut mitkommen. Der Viererschritt zur Erklärung von Folien, Tafelbildern, Flipchart-Postern oder Pinnwandplakaten wird für Ihren Medieneinsatz hilfreich sein:

1. **Ankündigen**: Kündigen Sie an, was die Studierenden als nächstes zu sehen bekommen: z.B. „Auf dem nächsten Flipchart-Poster sehen Sie einen Überblick über die Themen des gesamten Semesters."
2. **Zeigen**: Zeigen Sie das Plakat oder die Folie.
3. **Zeit lassen**: Geben sie den Studierenden drei Sekunden Zeit sich die Folie oder das Tafelbild anzusehen und sich zu orientieren. Nutzen Sie diese Zeit, um sich kurz zu sortieren und zu strukturieren. Sie können auch die Position im Raum dabei wechseln.
4. **Erklären**: Nun können sie beginnen, die Inhalte zu erklären.

---

**Übung 15: Umgang mit Medien**

Schreiben Sie auf, was Sie sich für Ihr nächstes Tutorium im Umgang mit Visualisierungen konkret vornehmen.

---

Die Vorbereitung des Medieneinsatzes und Ihrer Visualisierungen ist abgeschlossen und Sie sind gut für Ihr Tutorium gewappnet. Jetzt können Sie sich auf Ihr sicheres Auftreten in Ihrem Tutorium konzentrieren.

*Unsere Literaturempfehlungen zum Weiterlesen:*

Hütter, H.; Degener, M. (2003): *Praxishandbuch PowerPoint-Präsentationen: Inhalte sinnvoll strukturieren – Charts professionell gestalten – Zuschauer überzeugen und begeistern*. Gabler Verlag.

Rachow, A.; Sauer, J. (2015): Der Flipchart-Coach. Profi-tipps zum Visualisieren und Präsentieren am Flipchart. (3. Auflage). managerSeminare Verlags GmbH.

Schröder, M. (2014): *Präsentationen entwickeln und gestalten mit PowerPoint 2013*. Rinteln: Merkur Verlag.

Weidenmann, B. (2015): 100 Tipps & Tricks für Pinnwand und Flipchart. (5. Auflage). Beltz.

**Checkliste für das Kapitel 8**

→ Füllen Sie die folgende Checkliste aus. Mit jeder ausgefüllten
   Checkliste vervollständigt sich Ihr Tutoriums-Konzept.

Ziele der Visualisierung
Denken Sie an Ihre erste Sitzung. In welchen Phasen ist der Einsatz von Medien sinnvoll? Welches Visualisierungsziel soll erreicht werden? Füllen Sie dazu die Tabelle aus:

| Phase | Visualisierungsziel | Medium |
|-------|--------------------|--------|
|       |                    |        |
|       |                    |        |
|       |                    |        |
|       |                    |        |

Bereiten Sie nun Ihre Visualisierung vor. Beantworten Sie dazu folgende Fragen:
- Welche Informationen sind wesentlich?
- Welche Inhalte müssen nicht visualisiert, sondern nur besprochen werden?
- An welchen Stellen ist ein Bild sinnvoller als Textinformationen, um Sachverhalte zu erklären?

Kontrollieren Sie Ihre Visualisierung in Bezug auf die Gestaltung:

Check Power Point:
   Ich habe ein einheitliches, schlichtes Layout mit einer
   guten Struktur.                                                    ❏
   Mein Text ist leserlich und strukturiert gestaltet.               ❏
   Ich habe maximal sieben Stichpunkte pro Folie.                    ❏
   Meine Bilder sind systematisch eingesetzt und sinnvoll
   positioniert.                                                      ❏
   Ich habe die Farben kontrastreich, lesbar und einheitlich
   verwendet.                                                         ❏
   Ich setze maximal drei Farben ein.                                ❏

Ich verwende ruhige und angenehme Animationen und
wenn ich Sound/Videos verwende, sind diese maßvoll. ❏

Check alternative Medien:
 Ich habe mir eine gute Struktur für meine Visualisierung
 überlegt. ❏
 Mein Textinformationen sind übersichtlich und lesbar. ❏
 Grafiken habe ich leicht mit Bleistift oder komplett
 vorgezeichnet. ❏
 Ich habe meine Visualisierung mit einer Überschrift
 versehen. ❏

Prüfen Sie schließlich, was Sie bei der Anwendung Ihrer Medien
beachten müssen:
Ich habe mir einen zentralen Platz im Raum eingerichtet. ❏
An meiner Position kann ich einen guten Blickkontakt
zu den Studierenden aufbauen. ❏
Eine medienfreie Zeit habe ich eingeplant. ❏

Überlegung Handout:
Ist es sinnvoll in ihrem Tutorium ein Handout zu erstellen? Können
Sie diese Aufgabe Studierenden übergeben?

Checkliste Material

| Was? | Kontrolle ✓ |
|---|---|
| **Steht ausreichend Papier zur Verfügung:** <br> Flipchart? <br> Pinnwand? <br> Karteikarten? <br> DIN-A4-Papier oder Flipchart-Papier für Gruppen- oder Einzelarbeiten? | |
| **Stifte:** <br> Whiteboardmarker? <br> Tafelkreide? <br> Verschiedenfarbige Marker für die Visualisierung? | |

| | | |
|---|---|---|
| Verschiedenfarbige Marker/Stifte für die Gruppenarbeit der Studierenden? | | |
| **Sonstiges:** | | |

## Checkliste Technik

| Was | Problembehebung | Kontrolle ✓ |
|---|---|---|
| Geringe Auflösung | → Beamer im Vorfeld testen und eventuell Bilder verkleinern | |
| Geringe Lichtstärke | → Beamer im Vorfeld testen<br>→ Dunklere Farben in der Präsentation verwenden | |
| Falscher Kontrast | → Kontrast/Farbeinstellung direkt am Beamer ändern<br>→ Auf hohen Kontrast achten (siehe Farbeinsatz) | |
| Geringe Tonstärke | → Bei Audiomaterial extra Lautsprecher mitbringen<br>→ Bei Videos mit Untertitel arbeiten | |
| Spezielle Adapter | → Richtigen Adapter mitbringen | |
| Keine Anzeige auf dem Beamer | → Monitoreinstellungen kontrollieren (evtl. Monitore synchronisieren)<br>→ Computer zum Neustart bringen<br>→ fn-Taste und eine F-Kombination (mit Bildschirmzeichen) drücken | |
| Veränderte Schriften | → Nur Schriften verwenden, die auf allen Computern installiert sind (Web-Schriften) | |
| Langsame Grafik | → Aufwendig animierte Folienübergänge vermeiden<br>→ Videos separat abspielbereit halten | |

# Durchführung des Tutoriums

Ihr Tutorium ist nun lernförderlich konzipiert und vorbereitet. Sie haben interaktive Lehr-/Lernmethoden ausgewählt, Ihre Visualisierungen vorbereitet und der Medieneinsatz ist geplant. Jetzt kommt es auf Ihr persönliches Auftreten an und darauf, die Inhalte und die Übungen sicher und verständlich zu vermitteln. Oft ist das einfacher gesagt als getan, vor allem, wenn Ihnen noch die Routine fehlt oder die Aufregung dazu kommt. Deswegen geht es in den folgenden Kapiteln um das persönliche Auftreten im Tutorium (Kapitel 9-11), darum, die Gruppe im Tutorium zu leiten (Kapitel 12) und darum, wie Sie schwierige Situationen im Tutorium meistern können (Kapitel 13).

Bei dem persönlichen Auftreten im Tutorium geht es konkret um ihre Ausdrucksmöglichkeiten mithilfe der Stimme (Kapitel 9), der Körpersprache (Kapitel 10) und der verständlichen Sprache (Kapitel 11).

## 9. Stimmlich präsent sein

In diesem Kapitel erfahren Sie ...

… welche Faktoren zur Stimme gehören.
… wie Sie auf Probleme mit der Stimme reagieren können.
… welche Übungen helfen, um stimmlich fit zu werden.
… was Sie tun können, um Ihre Stimme zu pflegen und zu kräftigen.

Unsere Stimme ist bei der Vermittlung von Inhalten der „Träger" unserer Worte und signalisiert sehr viele Zwischentöne und Stimmungen. Eine kräftige und gut verständliche Stimme ist nicht selbstverständlich. Die Weise wie die Stimme eingesetzt wird, kann entscheidend zum Verstehen und zur Aufmerksamkeit der Studierenden beitragen.

Die Stimme bzw. der individuelle Stimmklang hängt eng mit der Persönlichkeit zusammen und verrät zugleich einiges über die momentane körperliche und seelische Verfassung einer Person. Fühlen Sie sich beispielsweise für Ihr Tutorium inhaltlich gut vorbereitet und sind selbstbewusst, so ist ein sicherer stimmlicher Ausdruck wahrscheinlich. Sind Sie jedoch unsicher, nervös oder von dem Inhalt nicht überzeugt, dann können das Studierende in der Regel an Ihrer Stimme hören.

Doch nicht nur Ihre Stimmung nimmt Einfluss auf die Stimme, sondern auch die Stimme auf Ihre Stimmung. Ist Ihre Stimme beispielsweise erkältungsbedingt angeschlagen, so können sie vielleicht nicht Ihre Inhalte kraftvoll, klar und verständlich vorstellen. Dies kann Sie stören oder irritieren, was ihre momentane Stimmung verändert. Gerade wenn Sie Unruhe oder Unsicherheit verspüren, müssen Sie besonders auf Ihre Stimme und somit auf Ihre Verständlichkeit achten. Seien Sie sich also über den Zusammenhang von Stimme und Stimmung bewusst wie in Abbildung 35 dargestellt.

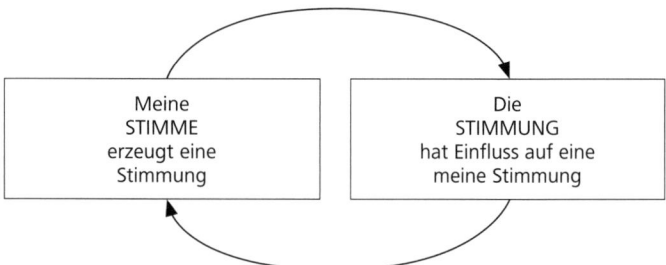

Abb. 35: Der Zusammenhang von Stimme und Stimmung

**Übung 16: Reflexion zur Stimme**

Wann hat Ihre Stimmung schon einmal Ihre Stimme beeinflusst, wann wurde Ihre Stimmung von Ihrer Stimme beeinflusst?
Was an Ihrer Stimme gefällt Ihnen? Notieren Sie sich zwei bis drei Aspekte.
Was hat Sie schon einmal an Ihrer Stimme irritiert oder gestört? Was soll verbessert werden? Notieren Sie sich zwei bis drei Aspekte.
Wann und in welcher Situation sind Sie unzufrieden mit Ihrer Stimme?

Um gezielt an einer ausdrucksstarken Stimme zu arbeiten, hilft es, sich des komplexen Systems Stimme und ihrer Physiologie bewusst zu werden. Um die Stimme zu stärken werden im Folgenden Übungen beschrieben, wie die Stimme trainiert und gepflegt werden kann.

## 9.1 Kräftige Stimme einsetzen

Der individuelle Stimmklang setzt sich aus einem komplexen System von Einzelfaktoren zusammen. Um eine kräftige Stimme einsetzen zu können, hilft es, den Stimmfunktionskreis zu kennen, der dieses komplexe System in vereinfachter Form verdeutlicht (In Anlehnung an „Integrative Stimmtherapie nach Haupt" in Schwarz, 2001; Hammer 2012):

Der Stimmfunktionskreis beinhaltet die Körperhaltung (1), also welche Position Kopf, Ober-, und Unterkörper, Arme und Beine einnehmen und die Körperspannung (2), also inwieweit die Muskeln der jeweiligen Partien angespannt oder entspannt sind. Des Weiteren zählt die Atmung (3) zur Stimme. Durch den Ausatemstrom werden die Stimmlippen (Kehlkopf) in Schwingungen versetzt, was der Stimmgebung (4) entspricht. Schließlich wird der Stimmklang durch Artikulations-

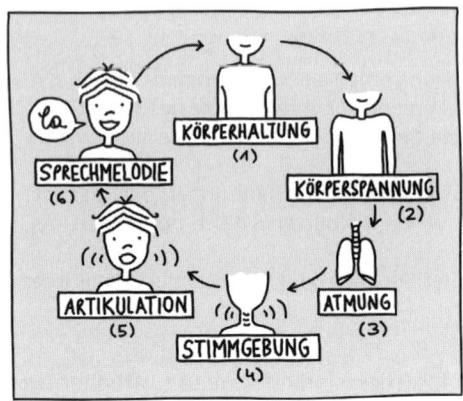

Abb. 36: Stimmfunktionskreis

bewegungen (5) in Sprachlaute geformt, der mithilfe der Sprechmelodie (6) variiert werden kann.

Wenn Sie das Gefühl haben, dass Sie Ihren sprecherischen bzw. stimmlichen Ausdruck optimieren könnten, ist der erste Schritt die unterschiedlichen Bereiche des Stimmfunktionskreises zu prüfen. Folgendes Beispiel eines Tutors verdeutlicht, welche Probleme mit der Stimme auftauchen können:

*„Daniel ist im zweiten Semester Tutor im Fachbereich Mathematik und muss den Studierenden im Tutorium Übungsaufgaben vorrechnen. Es gibt immer viel zu erklären und wenn er länger vor den Studierenden redet, merkt er, dass er am Ende eines Satzes fast keine Luft mehr hat, um diesen zu beenden. Er hat auch schon das Feedback bekommen, dass er langsamer reden soll, da ihm die Studierenden nicht gut folgen können. Ihm fällt es nicht leicht, sein Redetempo zu verändern. Was kann er denn tun, damit seine Stimme nicht versagt und ihn alle gut verstehen?"*

Um die Stimme zu stärken oder den Stimmklang zu verbessern, hilft es wenig, einen Faktor isoliert zu betrachten. Wie der Stimmfunktionskreis veranschaulicht, wirken unterschiedliche Bereiche auf die Stimme ein, so dass es notwendig ist, auch all diese Bereiche abzuprüfen, um ein vollständiges Ergebnis zu erhalten. Bleiben wir beim Tutor Daniel aus dem obigen Beispiel und gehen den Stimmfunktionskreis durch, um Hinweise zu bekommen, wie er gezielt an seiner Stimme arbeiten kann. Dazu stellen wir Ihnen nun die sechs unterschiedlichen Funktionen genauer vor.

Die Grundvoraussetzung einer tragfähigen Stimme ist eine aufrechte **Körperhaltung,** sowohl im Sitzen als auch im Stehen (vgl. Kapitel 10.2). Eine gute Körperhaltung ermöglicht eine freie, tiefe Atmung. Außerdem hat unsere Körperhaltung mit der Körperspannung zu tun, denken Sie beispielswiese daran, dass Sie leicht Nackenschmerzen bekommen können, wenn Sie lange am Computer sitzen. Auch der Kehlkopfbereich kann durch eine ungünstige Körperhaltung eingeengt werden, was sich wiederum auf das Schwingungsverhalten der Stimmlippen negativ auswirken kann (siehe dazu Stimmgebung).

Abb. 37: Haltung

Eine gute Körperhaltung zeichnet sich dadurch aus, dass wir den Körper gerade halten. Das heißt:

- eine aufrechte Kopfhaltung einnehmen
- das Kinn leicht nach unten (Marionetten-Vorstellung, Zug am Hinterkopf nach oben)
- die Brust raus, den Bauch rein
- ein gerader Rücken
- die Knie parallel und locker zueinander
- die Füße hüftbreit auseinander stellen
- das Gewicht auf beiden Füßen gleich verteilt sorgt für einen festen Stand

**Tipps & Tricks**

Wenn Sie eine gerade, imaginäre Linie von Ihren Ohrläppchen durch Ihre Schultern, Ihrer Hüfte und Ihrer Knie und Ihre Fersen ziehen können, dann haben Sie eine gute aufrechte Körperhaltung.

Folgende Fehlstellungen sollten Sie bei Ihrer Körperhaltung vermeiden:

- überkreuzte Beinstellung, Belastung nur auf einem Bein, Beine zu eng aneinander oder zu weit auseinander.
- durchgedrückte Knie
- wackelige Beckenhaltung oder das Becken zu weit nach vorn oder hinten gekippt
- Rücken im Hohlkreuz oder als „Katzenbuckel"
- Schultern nach hinten überdehnt, nach vorne gekauert oder nach oben gezogen
- Kopf zu weit nach vorne gebeugt, Kinn zu nah an der Brust oder Kopf nach hinten gedehnt

Nehmen Sie stattdessen einen festen und geraden Stand ein mit lockeren Knien um Körperkippeln zu verringern.

Neben der Körperhaltung sollte für eine tragfähige Stimme auch die **Körperspannung** beachtet werden. Für viele stellt das Reden vor Publikum eine stressbesetzte Situation dar. Der Körper reagiert darauf häufig mit Überspannung, die Nervosität wird für die Zuhörerschaft sichtbar oder die überspannte Sprecherin, der überspannte Sprecher wirkt verkrampft. Anspannung bedeutet meistens flachere Atmung bis hin zur Schnappatmung, die Stimme wird nicht mehr ausreichend von der Atmung gestützt, die Tongebung erfolgt mit Kraft und der Stimmklang kann gepresst und angespannt klingen.

Ist im Gegensatz dazu kaum Spannung vorhanden, kann der Vortragende leicht zu schlaff oder zu locker wirken. Der angespannte Zustand zeigt sich beispielsweise an angezogenen Schultern oder an einem verkrampften Gesicht. Kennzeichen für einen zu lockeren Körper wären hingegen hängende Schultern, zu lockere Hüft,- oder Beinstellung.

Die Körperspannung sollte in der jeweiligen Situation reguliert werden, um weder zu viel noch zu wenig Spannung herzustellen. Deshalb ist eine gute Wahrnehmungs- und Regulationsfähigkeit der Körperspannung wichtig, um ein Tutorium stimmlich zu meistern.

Abb. 38: Körperspannung

Eine optimale Körperspannung bedeutet, die Muskeln so weit anzuspannen, dass eine gute Körperhaltung eingenommen werden kann.

Um kurzfristig Spannung abzubauen, eignet sich jegliche Form der Bewegung, wie beispielsweise Treppensteigen, Spazierengehen, Schulterkreisen und Arme locker ausschütteln. Langfristig sehr effektive spannungsregulierende Techniken und Methoden sind unter anderem die Progressive Muskelentspannung nach Jacobson (PME), Autogenes Training, Massagen sowie Yoga.

**Tipps & Tricks**

Möchten Sie sich zu Autogenem Training oder zur Progressiven Muskelentspannung (Jacobson) informieren, schauen Sie sich zunächst entsprechende Videos an. Gute Anbieter sind beispielsweise Internetseiten von Apotheken „Apotheken Rundschau", die ein ausgewähltes Programm anbieten. Möchten Sie einen entsprechenden Kurs besuchen, bietet die jeweilige Volkshochschule ein umfangreiches Kursprogramm an.

**Übung 17: Körperhaltung und Körperspannung**

Wenn Sie sich vor einer Redesituation sehr verspannt fühlen, dann kann Ihnen diese Übung helfen sich zu entspannen. Die Übung dauert ca. zehn Minuten.

Dehnen & Lockern:
Stellen Sie sich vor, Sie stehen vor einem Obstbaum und wollen die obersten Früchte pflücken. Strecken Sie Ihren ganzen Körper, ziehen Sie die Arme weit nach oben. Schütteln Sie im Anschluss Beine und Arme locker aus.

Schulterkreisen:
Lassen Sie langsam und in großen Kreisen erst eine und dann die andere Schulter nach vorne und nach hinten kreisen. Stellen Sie sich nun vor an Ihrer Schulter sei ein Pinsel festgesteckt und schreiben Sie Ihren Namen in die Luft.

Abklopf-Übung:
Klopfen Sie leicht mit der Faust von der linken zur rechten Schulter (im Brustbereich) und wieder zurück, da dies die Spannung im Brustbereich abbaut.

Körperhaltung & Königsnicken:
Stellen Sie sich vor, dass an Ihrem Kopf eine Schnur nach oben befestigt wurde, die Sie leicht nach oben zieht. Versuchen Sie eine gerade, aufrechte Körperhaltung einzunehmen. Nicken Sie nun freundlich und würdevoll wie ein König zu seinen Untertanen von links nach rechts und zurück, ohne die Haltung aufzugeben

Ohne Atmung keine Stimme! Die **Atmung** transportiert die Stimme. Bei der Ausatmung wird Luft durch unsere Luftröhre in den Kehlkopf gedrückt. Sie ist somit entscheidend dafür, wie lange wir sprechen können.

Es wird zwischen Bauch-, und Brustatmung unterschieden. Bei der Bauchatmung, auch Zwerchfellatmung genannt, zieht sich beim Einatmen das Zwerchfell zusammen. Der folgende Unterdruck sorgt dafür, dass sich die Lunge ausdehnt und Luft angesaugt wird – der Bauch wölbt sich nach außen. Beim Ausatmen entspannt und hebt sich das Zwerchfell wieder, die Luft wird durch die Luftröhre nach außen gedrückt. Das Zwerchfell ist eine Muskelpalette, die aus vielen Muskeln besteht, die 80 Prozent der Arbeit stemmt. Wenn der Körper entspannt ist, zum Beispiel beim Schlafen oder beim Sprechen, wenn der Körper in der optimalen Spannung ist, wird die Bauchatmung unbewusst eingesetzt.

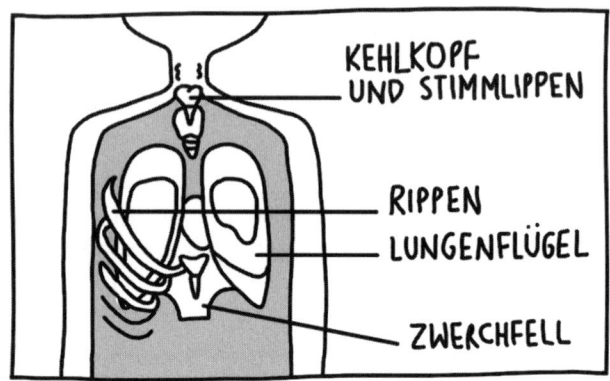

Abb. 39: Atmung

Anders als bei der Bauchatmung erfolgt die Brustatmung durch die Erweiterung des Brustkorbs, die Rippen werden angehoben. Durch die Volumenvergrößerung entsteht ein Unterdruck, welcher das Einströmen von Atemluft in die Lunge zur Folge hat – der Bauch zieht sich ein. In Stresssituationen, d.h. mit erhöhter Körperspannung, tritt vermehrt Brustatmung auf. Beim Sprechen steht bei der Brustatmung wesentlich weniger Volumen zur Verfügung als bei der Bauchatmung. Dies hat zur Folge, dass die Stimme weniger tragfähig ist bzw. manchmal Sätze nicht zu Ende gesprochen werden können, da die Luft weg zu bleiben scheint.

In der Regel funktioniert unsere Atmung so, wie wir sie brauchen. Stimmungen wie Nervosität oder Angst können – aufgrund der erhöhten Muskelspannung – dabei jedoch zu Atemlosigkeit, Schnappatmung oder hörbarem Einatmen führen. Als Folge davon kann sich der Stimmklang verschlechtern. Ein ungünstiger Sauerstoffhaushalt kann zudem Erröten, Schwindel oder sogar Blackouts verursachen. Daher ist es wichtig, bei Anspannung oder Nervosität auf eine freie, tiefe, ausgeglichene Atmung zu achten (im besten Fall Bauch-, bzw.

Zwerchfellatmung). Das Zwerchfell bewusst einzusetzen, also eine Zwerchfellaktivierung, kann geübt werden, um in einer Stresssituation ausreichend Luft zur Verfügung zu haben. Zudem liefern natürliche Pausen im Sprechfluss zusätzliche Luft, um die Sätze bis zum Ende sprechen zu können.

## Übung 18: Atmung I

Wenn Sie in Stresssituationen nicht wissen, wie Sie zur Ruhe kommen können, kann Ihnen diese Übung helfen, zu einer ruhigen Atmung zu kommen, um die Nervosität abzubauen. Sie können im Sitzen beginnen und jeden Punkt fünfmal wiederholen und dann zum nächsten übergehen.

- Atmen Sie tief durch die Nase ein, die Schultern bleiben dabei entspannt unten
- Stellen Sie sich ein imaginären Bändchen vor, mit dem Sie bei der Einatmung die Zehen nach oben ziehen
- Lassen Sie zum Ausatmen die Zehen fallen – somit auch den Atem
- Verbinden Sie ab und an die Ausatmung mit einem „Seufzer"
- Als nächstes „atmen Sie das Knie nach oben" und lassen es beim Ausatmen wieder fallen

- Gehen Sie auf diese Weise durch den ganzen Körper
- Variation (intensiviert die Atmung): Einatmung und Armbewegung, während des Hochziehens kurz anhalten, dann weiter einatmen und komplett hochziehen
- Als nächstes Arme seitlich gestreckt mit Halbkreisbewegung nach oben atmen
- Nach der Einatmung treffen sich die Hände oberhalb des Kopfes und werden beim Ausatmen, mitsamt dem Oberkörper, zwischen die Beine fallen gelassen
- Arme auspendeln lassen
- Beim Einatmen wieder aufrichten, Ausatmen fallen lassen

Sie können die Übung im Stehen wiederholen

**Übung 19: Atmung II**

Wenn Sie in Stresssituationen häufig zu „Atemnot" neigen bzw. Ihnen am Ende eines Satzes bzw. eines Sinnabschnittes die Luft weg bleibt, dann kann Ihnen diese Übung helfen, trotz einer Stresssituation eine tragfähige Stimme zu haben. Sie können im Sitzen beginnen und jeden Punkt fünfmal wiederholen und dann zum nächsten übergehen.

- Nehmen Sie eine aufrechte Sitzhaltung ein
- Legen Sie eine Hand auf den Bauch, lassen Sie die andere Hand locker neben dem Körper hängen
- Atmen Sie bewusst ein – spüren Sie dabei den Bauch
- Halten Sie die Atempause kurz bewusst ein
- Atmen Sie aus und halten eine kurze Pause vor dem neuen Einatmen

Zum Einatmen kann nun die „lockere Hand" mit nach oben genommen werden und zum Ausatmen kann sie den Atem bewusst mit nach „unten" drücken

Die Phasen Einatmen – Pause – Ausatmen – Pause können bewusst mit 1, 2, 3, 4 mitgezählt werden

- Zwerchfellaktivierung: beim Ausatmen fffff- , ssss-, oder schsch- Laute machen

Sie können die Übung im Stehen wiederholen.

Neben der Körperhaltung, Körperspannung und der Atmung kommen wir jetzt zu den drei weiteren Faktoren des Stimmfunktionskreises (vgl. Abb. 36): der Stimmgebung, der Artikulation und der Sprechmelodie.

Die **Stimmgebung** bezeichnet die Tonerzeugung im Kehlkopf. Wird beim Ausatmen Luft durch unsere Luftröhren nach oben gepresst, gelangt diese durch unseren Kehlkopf. Im Kehlkopf liegen die Stimmlippen, die den „Ton" bilden. Stimmlippen sind zwei parallel zueinander liegende Bänder, die in Schwingung versetzt werden, wenn Luft durchströmt und damit den Klang erzeugen. Dieser Klang wird daraufhin durch die Resonanzräume im Mund-, Nasen- und Rachenbereich moduliert. Mithilfe der Artikulationsorgane Zunge, Lippen und Kiefer, wird der Ton zu der konkreten Aussage geformt.

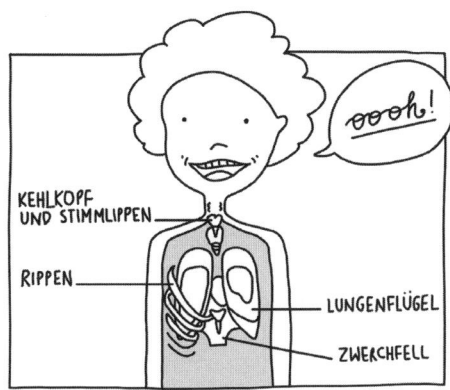

Abb. 40: Stimmgebung

---

**Infotafel: Schädigung der Stimme**

Wird die Stimme zu sehr belastet oder „falsch" gebraucht, kann es sein, dass sich das Gewebe der Stimmlippen im Kehlkopf so verändert, dass die Stimme geschädigt wird bzw. im schlimmsten Fall komplett wegbleibt. Mehr als 25 Prozent der Menschen, die besonders auf ihre Stimme angewiesen sind (z.B. Sänger, Lehrer), erkranken an Stimmstörungen. Neben dem falschen Gebrauch können auch Fehlhaltungen (Fixierung des Kehlkopfs oder Einengung der Resonanzräume) und zu viel Anspannung, zu den Ursachen gehören, die den Stimmklang negativ verändern.

---

Der Kehlkopf sowie die Stimmlippen sind sehr empfindlich und sollten daher „gepflegt" bzw. gut behandelt werden (siehe dazu 9.2). Unter zu hoher Anspannung, zum Beispiel Muskelanspannung der Schultern, kann dies Auswirkungen auf die Stimmlippen und letztendlich auf den Ton haben, der Stimmklang verändert sich und das Sprechen kann auf Dauer anstrengend werden. Außerdem kann zu hoher Druck auf die Stimmlippen, d.h. zu hohes oder zu tiefes Sprechen sowie Flüstern oder Schreien, die Stimmlippen langfristig beschädigen. Auch bei Krankheiten, zum Beispiel einer Erkältung, werden die Stimmlippen beeinträchtigt. Hustenschleim legt sich auf die Stimmlippen und reizt sie. Daher sollte beim Training der Stimme beachtet werden, dass Muskeln im Bereich des Kehlkopfes entspannt sind und nicht zu viel Druck auf die Stimmlippen ausgeübt wird.

Da das isoliert kaum zu steuern ist, sollte der gesamtkörperliche Tonus in einem möglichst optimalen Gleichgewicht sein – so haben z. B. stark verspannte Schultern auch immer Auswirkungen auf den Kehlkopfbereich – die Muskelgruppen wirken aufeinander und hängen miteinander zusammen. Bei Krankheiten sollte besonders auf die Stimme geachtet und Stimmübungen vermieden werden.

**Übung 20: Resonanz**

Wenn Sie das Gefühl haben, dass Sie unter Stress höher sprechen, was sie im Nachhinein als anstrengend bzw. unangenehm empfinden, kann Ihnen diese Übung helfen. Sie soll Sie unterstützen, alle Resonanzräume zu nutzen und bei Nervosität die Stimme nicht zu hoch werden zu lassen. Sie können im Sitzen beginnen und jeden Punkt fünfmal wiederholen und dann zum nächsten übergehen.
- Nehmen Sie eine aufrechte Sitz- oder Stehhaltung ein
- Dehnen Sie die Schultern und den Kieferbereich
- Summ-Übung: Brummen Sie „mmhh" und gehen Sie dabei mit der Stimme nach unten. Dabei kommt die Stimme runter und wird weich – das ist gut bei Nervosität, da man oft zu hoch spricht.

- Legen Sie Ihre Hand auf die Brust sodass die Resonanz spürbar ist und brummeln Sie „MAM", „MEM", „MIM", „MOM", MUM"
- Brummeln Sie „MNANG": Der Nasenraum wird dabei aktiviert

Der Ton ist erzeugt. Nun geht es darum, den Ton bzw. Sprachlaute zu formen. Dieser Vorgang wird **Artikulation** genannt. Zu den Artikulatoren gehören die Zunge, die Zähne und die Lippen. Eine präzise Bewegung der Artikulatoren bei relativ weiter Mundöffnung wird als gute Artikulation wahrgenommen, welche auch die Verständlichkeit fördert. Gleichzeitig gilt: Je besser artikuliert wird, umso weniger Kraft muss für die Stimmgebung aufgewendet werden, was folglich zu einer Stimmschonung beiträgt. Dafür müssen die Artikulatoren aufgewärmt und gelockert sein.

**Übung 21: Lockerung der Artikulatoren**

Wenn Sie das Gefühl haben, dass ihr Gesicht bzw. ihr Kiefer in einer Stresssituation sehr verkrampft ist bzw. sie sehr angespannt sind, kann Ihnen diese Übung zur Lockerung der Artikulatoren helfen und zudem Ihre Artikulation verbessern. Sie können im Sitzen beginnen und jeden Punkt fünfmal wiederholen und dann zum nächsten übergehen.
- Aufrechte Sitz-, Stehhaltung einnehmen
- Mit warmer Hand Gesicht massieren/ausstreichen – Mund dabei locker geöffnet
- Stummes „JAJA", „LALA"
- Wie ein Pferd „schnauben"/Baby brabbeln (Beweglichkeit der Lippen „schmieren")

**Übung 22: Kräftigung der Artikulatoren**

Wenn Sie das Gefühl haben, dass Sie tendenziell undeutlich, „nuschelig", aber auch zu schnell sprechen, kann diese Übung hilfreich sein. Sie können im Sitzen beginnen und jeden Punkt fünfmal wiederholen und dann zum nächsten übergehen.

- Lippen abwechselnd extrem breit ziehen („Grinsemund") oder spitzen („Kussmund")
- Stift zwischen Nase und Oberlippe legen und zehn Sekunden ohne Hände dort halten
- Zungenbrecher sprechen, dabei den Daumen (ca. 1 cm weit) in den Mund nehmen, um den Kiefer zu weiten
- Sie können die Übung im Stehen wiederholen.

**Beispiele Zungenbrecher:**
*„Acht alte Ameisen aßen am Abend Ananas."*
*„Bierbrauer Bauer braut braunes Bier, braunes Bier braut Bierbrauer Bauer."*
*„Der Leutnant von Leuten befahl seinen Leuten, nicht eher zu läuten, bis der Leutnant von Leuten seinen Leuten das Läuten befahl."*
*„Echte Dichter dichten leichter bei Licht. Auch freche Fechter fechten mitternachts nicht."*
*„Herr von Hagen darf ich's wagen, Sie zu fragen, welchen Kragen Sie getragen, als Sie lagen krank am Magen in der Hauptstadt Kopenhagen?"*
*„Sie war die teichigste Teichmuschel unter allen teichigen Teichmuscheln im Teichmuschelteich."*

Der letzte Faktor, der den Stimmfunktionskreis vervollständigt, ist die Variation des Tons. Eine Variation des Tons entsteht durch die **Sprechmelodie**. Der Sprechmelodie wird eine besondere Bedeutung beigemessen, da eine gute Sprecherin, ein guter Sprecher mit der Sprechmelodie den Inhalt besonders lebhaft präsentieren kann. Betonung verleiht dem Inhalt mehr Persönlichkeit und macht die individuelle Interpretation deutlich. Außerdem bewirkt sie eine Unterstützung der Informationsvermittlung, die gezielte Aufmerksamkeitsförderung, eine Erhöhung der Verständlichkeit und vermittelt eine größere Überzeugungskraft.

Wichtig ist der variable und zugleich wohl dosierte Einsatz der Sprechmelodie. Beispielsweise kann eine monotone Stimme oder eine sehr extrem variierende Sprechmelodie, die einem „Singsang" gleicht, die Studierenden langweilen oder sogar stören. Es gibt verschiedene Möglichkeiten mit einer guten Sprechmelodie Akzente zu setzen, nämlich durch die Variation von Tonhöhe, Lautstärke, Sprechgeschwindigkeit und der Pausensetzung.

Mit der Variation der Tonhöhe können Sinneinheiten für die Zuhörer deutlich markiert werden. So wird durch das Absenken der Stimme am Satzende hörbar, wenn eine Sinneinheit abgeschlossen ist. Unter Aufregung bleibt die Stimme am Satzende häufig oben und es entstehen für die Zuhörerschaft nichtendenwollende Satzkonstruktionen. Achten Sie darauf, dass Sie am Satzende Ihre Stimme absenken, damit Sie ein inhaltliches Ende auch stimmlich unterstreichen.

Die Lautstärkenvariation bewirkt bei gezieltem Einsatz eine Aufmerksamkeitssteigerung der Zuhörenden. Wichtige Sinnesabschnitte sollten durch die Tutorin, den Tutor entsprechend leiser oder lauter ausgesprochen werden. Achten Sie zudem darauf, die Sprechlautstärke den räumlichen Bedingungen anzupassen.

---

**Übung 23: Sprechmelodie**

Lesen Sie den folgenden Satz laut vor. Tun Sie dies fünfmal und betonen Sie dabei jedes Mal ein anderes Wort.
Beispielsatz: „Paula pflückt rote Äpfel ab."
Reflexion: Wie ändert sich die Bedeutung des Satzes bei der unterschiedlichen Betonung?

---

**Infotafel: Sprechpausen**

Eine normale Sprechpause, die zur Sprachplanung dient, liegt zwischen 100 bis 250 ms (Treichel, 1996), also zwischen einer bis vier Sekunden. Was einer Sprecherin, einem Sprecher sehr lang vorkommt, ist für die Zuhörer ganz normal und trägt wesentlich zur besseren Verständlichkeit bei, daher Mut zu Pausen!

---

Die Sprechgeschwindigkeit ist sehr eng mit der Sprecherpersönlichkeit verbunden und daher nur schwer zu beeinflussen. Ob eine Äußerung als schnell oder langsam empfunden wird, hängt allerdings mehr von der Pausensetzung ab. Daher sollten vor allem Schnellsprecher versuchen, das Tempo mit dem Setzen von Pausen zu regulieren. Sprechpausen haben folgende hilfreiche Funktionen:

Für die Sprecherin, den Sprecher:
• Zeit, die Gedanken zu sortieren
• Zeit zum Atmen

Für die Zuhörenden:
• Zeit, die Gedanken aufzunehmen und einzuordnen
• Sinneinheiten werden deutlicher

---

**Übung 24: Pausensetzung**

Wenn Sie häufig zu schnell sprechen, kann diese Übung hilfreich sein.
• Suchen Sie ein Thema aus dem Tutorium, indem Sie sich sehr sicher fühlen.
• Halten Sie einen kurzen Vortrag zu diesem Thema und versuchen Sie nach Sinnabschnitten bewusst eine Pause zu setzen.
• Versuchen Sie, die Länge der Pausen zu übertreiben indem Sie innerlich bis 5 zählen.

Im Tutorium werden Sie nach dieser Übung ebenfalls bewusster auf Pausen achten und die Studierenden können Ihnen besser folgen.

Für eine passende Sprechmelodie müssen Sie zunächst überlegen, welche Intention Sie haben, was an Ihren Inhalten besonders wichtig ist und somit stimmlich unterstrichen werden soll. Fragen wie „Welche inhaltlichen Aspekte sollen jede Studentin, jeder Student auf jeden Fall verstehen und mitnehmen?" oder „Welches sind die wichtigsten Punkte, die ich vermitteln möchte?" sind dabei hilfreich für die Vorbereitung. Auf diese Weise folgt eine natürliche Sprechmelodie meist automatisch.

### Übung 25: Lebendige Sprechmelodie

Wenn Sie tendenziell zu monoton sprechen, kann Ihnen diese Übung helfen, Möglichkeiten zu sehen, wie Sie Betonungen setzen können.
- Nehmen Sie sich eine Kindergeschichte, einen Nachrichtentext und eine Gruselgeschichte.
- Lesen Sie nacheinander diese Texte vor und versuchen Sie Ihre Stimme zu variieren.
- Übertreiben Sie, denn oft klingt es für die Zuhörenden gar nicht übertrieben, sondern natürlich und lebendig.

Variation: Tragen Sie jetzt die Kindergeschichte beispielsweise als Nachrichtensprecher vor, die Gruselgeschichte als Märchenonkel, die Nachrichten als Gruselgeschichte etc.
Entwickeln Sie ein Gefühl, wozu Ihre Stimme in der Lage ist!
Überlegung: Wo gibt es in Ihrem Tutorium die Möglichkeit, die Stimme bewusst zu variieren (Zitat, Geschichte, Anekdote)?

Beispieltexte:
**(1) Kindergeschichte**: **Otto, der Oktopus**
*Otto, der kleine Oktopus, lebte glücklich unter seinem Felsen im atlantischen Ozean. Er spielte mit seinen Freunden, den kleinen Fischen fangen, ärgerte gern die große Moräne, kitzelte die Seeigel und freute sich, wenn die große Quallen-Familie vorbeizog.*

*Sein Leben war einfach nur herrlich. Doch eines Tages, das Meer war schön warm, hörte er aus weiter Ferne ein großes unheimliches Blubbern. Was war das? Otto verließ selten sein Versteck unter dem Felsen, aber jetzt war er sehr neugierig. Er nahm seinen ganzen Mut zusammen und schwamm dem Blubbern entgegen. Das Blubbern wurde immer lauter. Plötzlich sah er zwei schwarze große Fische mit einer komischen Brille auf den Augen. Die zwei Fische hatten vorne und hinten riesengroße Flossen. In der einen Flosse hielten sie ein Netz und in der anderen einen spitzen Stab, so spitz wie der Stachel eines Seeigels. Als sie Otto sahen, schauten sie sich an und paddelten auf Otto zu. Otto freute sich zunächst und dachte, sie wollten mit ihm spielen. Aber als die zwei schwarzen Fische mit dem Netz fuchtelten und den spitzen Stab auf Otto richteten, bekam er große Angst. „Ich muss mich verstecken", dachte Otto. Er sortierte seine langen Arme und schwamm so schnell er konnte zurück zu seinem Felsen. Die zwei schwarzen Fische verfolgten ihn und kamen immer näher. Kurz bevor sie ihn erwischen konnten, erreichte Otto seinen Felsen, versteckte sich tief unter ihm und die zwei schwarzen Fische konnten ihn nicht mehr erwischen. „Was für ein Glück!" Otto spitzelte aus seinem Felsen heraus und freute sich diebisch über das, was er dann sah: Ein schwarzer Fisch hat einen Seeigel übersehen und seine ganze Flosse war mit Stacheln übersät – das wäre Otto nie passiert!*

**(2) Nachrichtentext**
*Bayerischer Wald. Das Baumsterben hat rapide zugenommen. Der Baumbestand im bayerischen Wald hat stark abgenommen, 57 % des bayerischen Waldes sind bereits betroffen. Förster und Naturschützer warnen davor, den Tourismus in der Region weiter auszubauen, um den Bestand nicht weiter zu gefährden. Besonders gravierende Schäden zeigen sich in den Gebieten, in denen Cross-Biker ihre Fahrstrecken haben. Das Wurzelwerk der Bäume wird durch die Nutzung stark beschädigt und dies hat langfristige Folgen. Die Initiative „Baumrettung" möchte einen Bürgerentscheid hervorbringen, der das Befahren des Waldes auf wenige Gebiete einschränkt, um den Baumbestand zu schützen.*

**(3) Gruselgeschichte: Der Poltergeist am Campingplatz**
*Bis zu unserem letzten Campingausflug im August mit meiner Freundin Sabine wusste ich noch nicht, wie sehr wir uns fürchten konnten. Wir wollten ein paar schöne Tage mit wandern und baden verbringen und fuhren an einen idyllischen Campingplatz, der an einem kleinen See in der Nähe der Berge gelegen war. Seit längerer Zeit waren wir beide große Fans von Gruselgeschichten und erzählten uns gegenseitig neue Geschichten von Geistern, Hexen, Vampiren und Dämonen. Als wir nach einer langen Wanderung schon früh in unserem Zelt lagen, erzählte Sabine mir eine kurze Geschichte über einen ängstlichen Poltergeist, der durch die Wälder stöberte und sein Unwesen trieb. Wir beide lachten noch über den komischen Handlungsverlauf, als es plötzlich donnerte. Zunächst dachten wir, es sei ein kleines Gewitter. Aber als wir kurz nach draußen schauten, sahen wir einen sternenklaren Himmel. Wir legten uns wieder in das Zelt und versuchten uns zu beruhigen, aber das Donnern hörte nicht auf, sondern wurde immer lauter. Sabine und mir war es mulmig zumute. Keiner von uns traute sich, aus dem Zelt zu gehen und nachzusehen, woher das Donnern kam. Über unserem Zelt erschienen viele dunkle Schatten und die Menschen liefen laut „Uh" und „Ah" rufend auf dem Campingplatz umher. Oje, was sollten wir tun? Sabine und ich gaben keinen Mucks von uns, wir zitterten und waren starr vor Schreck. Auf einmal kam langsam ein großer schwarzer Schatten an unser Zelt und es schabte am Zelteingang: Sabine und ich schrien laut los und konnten uns kaum noch beruhigen. Da hörten wir einen Mann sprechen: „Oh, entschuldigen Sie, ich wollte Sie nicht erschrecken! Ich wollte Ihnen nur mitteilen, dass draußen das Sommerfeuerwerk begonnen hat und es eine herrliche Sicht am Seeufer gibt! Tut mir leid, wenn ich Sie geweckt habe."*
*Sabine und ich hielten inne, schauten uns verdattert an und lachten laut los. Erst haben wir noch über den Poltergeist gelacht, und dann erschreckt uns ein Feuerwerk. Was sind wir doch für Angsthasen!*

## 9.2 Die Stimme pflegen

Um in einem Tutorium eine kräftige und sichere Stimme zu behalten, ist es wichtig, Ihre Stimme zu pflegen und gut zu behandeln. Pflegen Sie Ihre Stimme, wärmen Sie sie vor dem Tutorium auf und beachten Sie ein paar wichtige Punkte, wenn Sie an einer Erkältung leiden:

| Was? | Wie? |
|---|---|
| Aufwärmen und Lockerung | Nehmen Sie sich vor dem Tutorium fünf Minuten Zeit, um Ihren Körper und Ihren Stimmapparat zu lockern: <br>• Strecken Sie den Körper und dehnen Sie sich, um eine eventuelle Spannung zu reduzieren. <br>• Kreisen Sie ihre Schultern langsam und in großen Bewegungen, um die Schultermuskulatur zu entspannen. <br>• Wärmen Sie durch leises Summen die Stimmbänder auf. |
| Pflege der Stimmlippen | Der Kehlkopf ist mit Schleimhaut ausgekleidet, die sehr leicht gereizt werden kann, daher ist die Konsumierung folgender Dinge nicht (oder nur in Maßen) zu empfehlen: <br>• Stark gewürzte Speisen <br>• Sehr kalte oder sehr heiße Getränke <br>• Tabak (sowie der Aufenthalt in stark verrauchten Räumen) und Alkohol <br>• Menthol- und minzhaltige Getränke oder Hustenbonbons <br>Gut für die Schleimhaut ist: <br>• Viel Trinken (ca. zwei bis drei Liter täglich) <br>• Salbei- oder Emser Sole-Bonbons <br>• Aufenthalt in Räumen mit hoher Luftfeuchtigkeit, die nicht zu sehr geheizt sind |
| Stimme bei Krankheit/ angeschlagene Stimme | • Bei einer Erkältung: Nicht räuspern, sondern leicht husten oder Brustkorb abklopfen, während Sie auf „m" einen Ton bilden <br>• Möglichst wenig bzw. nicht zu lange ohne Unterbrechung reden <br>• Nicht zu laut singen, hohe Töne weglassen <br>• Angestrengtes Flüstern vermeiden – entspanntes Flüstern ist kein Problem |

Tabelle 21: Stimmpflege

Die Stimme ist in Lehrsituationen das Vermittlungsinstrument Nummer eins und sollte daher besonders gepflegt werden. Hören Sie bewusst in einer Übungssituation auf Ihre Stimme oder lassen Sie sich Feedback auf Ihren stimmlichen Ausdruck geben. Wenn man etwas an seiner Stimme verändern möchte, zum Beispiel den Stimmklang kräftigen oder eine ausdrucksstärkere Sprechmelodie einsetzen, ist es wichtig, die unterschiedlichen Stimmübungen kontinuierlich zu wiederholen. Bei Stimmproblemen sollten Sie sich an eine Fachperson, zum Beispiel einen Logopäden, wenden.

*Unsere Literaturempfehlungen zum Weiterlesen:*

Eberhart, S.; Hinderer, M. (2014): *Stimm- und Sprechtraining für den Unterricht: Ein Übungsbuch*. Schöningh UTB.
Gutzeit, S. F., Neubauer, A. (2013): *Auf ihre Stimme kommt es an!: Das Praxisbuch für Lehrer und Trainer*. Weinheim, Basel: Beltz.

**Checkliste für das Kapitel 9**

→ Gehen Sie die Checkliste durch, um stimmlich gut auf das Tutorium vorbereitet zu sein

Körperhaltung:
Nehmen Sie eine aufrechte Körperhaltung ein.

Körperspannung:
Finden Sie eine angemessene Körperspannung zwischen Über- und Unterspannung.
Lockern Sie ihren Körper vor einer Stresssituation (ausschütteln).

Atmung:
Konzentrieren Sie sich auf eine ruhige Atmung (Bauch- bzw. Zwerchfellatmung).

Stimmgebung:
Lockern Sie den Schulterbereich. Kräftigen Sie Ihre Stimme durch Zwerchfellübungen und lockern Sie Ihren Resonanzraum.

Artikulation:
Lockern Sie Ihre Gesichtsmuskeln, zum Beispiel indem Sie schnauben wie ein Pferd oder Ihre Lippen flattern lassen.

Sprechmelodie:
Überlegen Sie: Was kann im Tutorium besonders betont werden? Versuchen Sie dies durch Vorsprechen zu üben.

# 10. Körpersprachlich wirken

In diesem Kapitel erfahren Sie ...

... welche Rolle die Körpersprache in der Kommunikation spielt.

... wie Sie zu Ihren Studierenden Blickkontakt aufbauen und halten.

... welche Wirkung Gestik hat und wie die Hände einzusetzen sind.

... wie Sie eine präsente, sichere Körperhaltung einnehmen.

... wie Sie den Raum für sich nutzen.

Der Begriff „Sprache" beinhaltet im konkreten Gebrauch drei Dimensionen: das Stimmliche, das wir im Kapitel 9 vorgestellt haben, das rein Verbale (Wort), was im nächsten Kapitel folgt und den körperlichen Ausdruck. Mit unserer Körpersprache transportieren wir neben der Stimme und dem Wort weitere Informationen an unsere Zuhörenden. Dieser Kommunikationskanal wird meist unbewusst aktiv, aber es lohnt sich diesen Bereich genauer zu betrachten, um die Möglichkeiten der Körpersprache bewusst zu nutzen.

Wie bedeutsam unsere Körpersprache ist, wird uns erst dann klar, wenn wir sie nicht sehen können. Denken Sie an ein einfaches Telefonat, in dem es viel häufiger zu Missverständnissen oder Unklarheiten zwischen den Gesprächspartnern kommt, als in einem persönlichen Gespräch, bei dem sich die Gesprächsteilnehmenden sehen können. Bei einem Telefonat müssen häufiger Rückfragen gestellt werden, da Äußerungen ohne Körpersprache schwieriger interpretiert werden können. Noch komplizierter wird es in der Kommunikation via E-Mail oder SMS. Hier fehlt zusätzlich zur Körpersprache auch der stimmliche Ausdruck, was zu noch mehr Fehlinterpretationen führen kann. Würde Ihnen derselbe Gesprächspartner gegenübersitzen und Ihnen sein Anliegen mündlich mitteilen, würden weniger Missverständnisse auftreten.

Körpersprache vermittelt zusammen mit dem Stimmklang Emotionen, Gefühle, Motivation, aber auch die aktuelle Befindlichkeit einer Sprecherin, eines Sprechers. In Ihrem Tutorium trägt Ihre Körpersprache dazu bei, den Kontakt und die Verbindlichkeit zu Ihren Studierenden aufzubauen. Das geschieht beispielsweise, indem Sie Blickkontakt zu den Studierenden suchen, mit Ihrer Hand auf Visualisierungen deuten oder in einer Fragerunde auf die Studierenden zugehen.

In den folgenden Unterkapiteln werden die einzelnen Facetten der Körpersprache erklärt und wir zeigen auf, wie Sie Ihre Körpersprache im Tutorium optimal einsetzen. Vorweg gehen wir auf einige Mythen rund um das Thema Körpersprache ein.

## 10.1 Mythen aufklären

Mythos 1: „93% der Kommunikation sind nicht verbal"

In vielen Büchern zum Thema „Nonverbale Kommunikation" wird die Behauptung aufgestellt, dass der größte Teil der Informationen nonverbal übermittelt wird. Es gibt zur nonverbalen Kommunikation viele Studien, doch die wohl einflussreichste stammt von Albert Mehrabian. Er führte einige psychologische Experimente durch, die folgendermaßen interpretiert wurden (Mehrabian & Wiender, 1967; Mehrabian & Ferris, 1967):

Abb. 41: Die Mehrabian-Regel

- 55% der Information werden durch Körpersprache vermittelt (nonverbal)
- 38% der Informationen werden durch Stimme vermittelt (paraverbal)
- 7% der Informationen werden durch den sprachlichen Ausdruck vermittelt

Diese Ergebnisinterpretation führte zu der Behauptung, dass 93% der Informationen nicht verbal vermittelt werden. Darf diese Interpretation generalisiert werden? Dazu sehen wir uns die Mehrabian-Experimente genauer an:

Die Studie bestand aus drei Experimenten. Im ersten Experiment ließ Mehrabian die Studienteilnehmer Worte nach ihrer emotionalen Wertigkeit zuordnen: Positiv (z.B. „Dank"), negativ (z.B. „schrecklich") oder neutral (z.B. „wirklich"). Hier wurde also als Maßstab der Bewertung der verbale Ausdruck genommen. Im zweiten Experiment wurden die gleichen Worte in einem bestimmten Tonfall vorgelesen, entweder positiv, negativ oder neutral. Der stimmliche Ausdruck wurde in diesem Experiment also als Bedingung hinzugefügt. Im dritten Experiment ließ Mehrabian die Worte einblenden, während die Teilnehmer ein Bild mit einer positiv gestimmten, negativ gestimmten oder neutral aussehenden Person ansahen. Anschließend wurde gemessen, wie sympathisch die Studienteilnehmer die Personen auf den Fotos fanden. Die Wirkung von Körpersprache wurde also unter der Einschätzung der Sympathie untersucht.

Als wissenschaftlich haltbar lassen sich folgende Ergebnisse aus den Studien ziehen:

- Mehrabians Studien zeigen, von welchen Faktoren unsere Sympathie für unbekannte Menschen abhängt. Die Sympathie für eine andere Person (mag ich – mag ich nicht – neutral) wird sehr stark durch die Körpersprache (in diesem speziellen Fall ist es die Mimik) bestimmt.

- Unsere Sympathie für eine unbekannte Person wird nach den Ergebnissen dieser Studie nach 7 % sprachlichen Informationen, 38 % stimmlichen Anteilen und nach 55 % Mimik getroffen.

Jedoch: Es kann kein Rückschluss auf die Wirkung von Körpersprache in sämtlichen Kommunikationssituationen gezogen werden. Körpersprache vermittelt viele Zusatzinformationen, aber diese prozentuale Dreiteilung lässt sich nicht verallgemeinern.

Mythos 2: „Körpersprache spricht eindeutig"

Es gibt viele Bücher, in denen Körpersprache gedeutet wird, und dementsprechend Ratschläge für den Alltag oder wichtige Gesprächssituationen gegeben werden. Es werden Bilder mit Personen und ihren Hand- und Körperhaltungen gezeigt, denen die Autorinnen und Autoren eindeutige, unausgesprochene Botschaften zuweisen. Beispielsweise werden verschränkte Arme, eine runzelige Stirn, geballte Fäuste oder ein abschweifender Blick dargestellt und Interpretationen wie ablehnendes Verhalten, kritische Gedanken, Aggressivität oder Lüge geschlussfolgert.

Jedoch: Körpersprache lässt viele Interpretationsmöglichkeiten zu. Zum Beispiel bedeuten verschränkte Arme nicht unbedingt Ablehnung. Der Person könnte auch kalt sein, sie könnte nachdenken oder staunen. Eine runzelige Stirn kann neben kritischen Gedanken auch auf konzentriertes Nachdenken oder auf das Prüfen einer Idee hindeuten. Geballte Fäuste dürfen nicht immer mit aggressivem Verhalten gleichgesetzt werden, sondern können auch zur Unterstreichung von Inhalten helfen. Ein abschweifender Blick ist nicht der Beweis für eine Lüge, sondern kann ebenso ein Hinweis für weiteres Nachdenken sein oder für den Versuch, sich an eine Situation in der Vergangenheit zu erinnern.

Körpersprache eindeutig zu deuten, ist eindeutig nicht möglich. Wir können nur versuchen, Körpersprache in der Situation mit der Bewegung im Gesamtkontext zu interpretieren.

## 10.2 Sich der eigenen Körpersprache bewusst sein

Im Tutorium wollen Sie nun Ihre Körpersprache wirkungsvoll einsetzen. Die einzelnen Elemente der Körpersprache sind Mimik, Gestik, Körperhaltung und die Bewegung im Raum. Neben der Erläuterung der einzelnen Elemente, stellen wir Ihnen im folgenden Abschnitt Übungen vor, durch die Sie sich Ihrer eigenen Körpersprache bewusst werden und die Wirkung optimieren können.

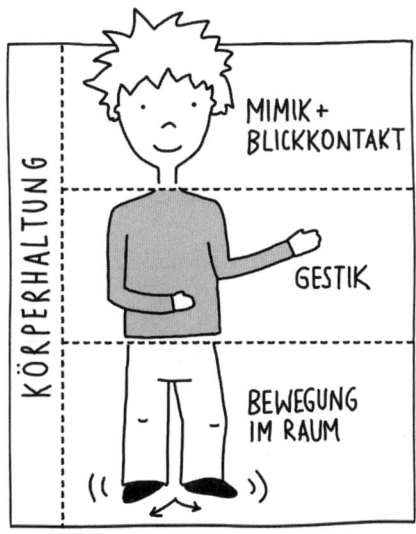

Abb. 42: Körpersprache

**Mimik** entsteht durch die Bewegung der Gesichtsmuskulatur von Augen, Stirn, Nase und Wangen, Mund und Kinn. Ob Stirnrunzeln, Naserümpfen, Lächeln, Grinsen, weit geöffnete Augen und hoch gezogene Augenbrauen – durch die Mimik erhalten wir Hinweise auf den emotionalen Zustand einer Person.

Der Gesichtsausdruck kann von allen körpersprachlichen Elementen am wenigsten absichtlich beeinflusst werden. Versucht eine schlechtgelaunte Person beispielsweise zu Lächeln, kann das schnell unnatürlich oder aufgesetzt wirken.

Es geht für Sie als Tutorin, Tutor also weniger darum, die passende Mimik zu trainieren, sondern vielmehr darum, Ihre Einstellung zum Tutorium zu reflektieren, damit Sie automatisch die passende Mimik zeigen. Hierbei können Ihnen auch die Leitsätze helfen, die Sie in Kapitel 3 entwickelt haben.

---

**Infotafel: Emotionen**

Die Gesichtsbewegungen zeigen viel über die Emotionen einer Person. Emotionen können als spontane oder automatische Reaktionen auftreten, die der Gesichtsausdruck verrät. Es gibt **sieben Grund-Emotionen** (Ekman 1975), die weltweit übereinstimmend zutreffend interpretiert werden:

Abb. 43: Emotionen

Trotz identischen genetischen Erbguts bei allen Menschen haben verschiedene Kulturen unterschiedliche Standards im Umgang mit Emotionen entwickelt. Soziale Normen bestimmen, in welcher Situation bestimmte Emotionen gezeigt werden dürfen. Zum Beispiel ist es in Europa üblich zuzugeben, wenn etwas nicht verstanden wurde und es darf irritiert geguckt werden. Im asiatischen Kulturraum hingegen ist es üblich, ein Lächeln zu zeigen und zu nicken, obwohl möglicherweise eine Information nicht verstanden wurde.

Um im Tutorium eine Rückmeldung Ihrer Studierenden zu erhalten, können Sie versuchen, die emotionale Verfassung Ihrer Studierenden anhand deren Mimik zu lesen. Seien Sie hier bitte achtsam und weisen Sie Ihrer Interpretation nicht unumstößliche Wahrheit zu (vgl. Kapitel 10.1). Nehmen Sie die Mimik als Signal und fragen Sie gegebenenfalls nach, was sie zu bedeuten hat.

Ihrer Interpretation können Sie noch weniger trauen, wenn Sie vor interkulturellen Gruppen sprechen. Hier kann eine Gruppe, die keine sichtbare Gefühlsregung zeigt, am Ende einer Sitzung dennoch hochzufrieden sein.

Im Gegensatz zur Mimik, können Sie auf die Art und Weise, wie Sie **Blickkontakt** aufnehmen sehr wohl Einfluss nehmen.

*„Blickkontakt heißt Blickkontakt, weil dieser Kontakt schafft."*

So können Sie einen guten Blickkontakt im Tutorium zu Ihren Studierenden herstellen:

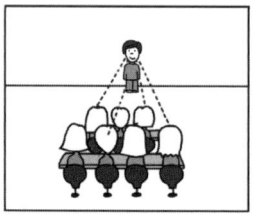

Gruppengröße: ca. fünf bis 10 Studierende

→ Schauen Sie alle Studierenden, ohne eine bestimmte Reihenfolge einzuhalten, an.

→ Alternativ können Sie sie auch der Reihe nach anschauen.

Gruppengröße: zehn bis 40 Studierende

→ Versuchen Sie jeden zweiten oder dritten Studierenden anzuschauen und die anderen zu „überfliegen". Picken Sie sich ruhig die Gesichter heraus, die Sie freundlich ansehen.

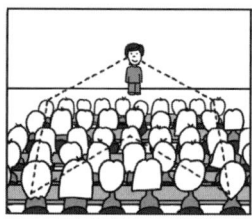

Abb. 44: Blickkontakt

Gruppengröße: 50 Studierende und mehr

→ Versuchen Sie mit „allen" Studierenden Blickkontakt zu halten. Fahren Sie mit Ihrem Blick ein imaginäres M oder W nach: auf diese Weise decken Sie einen Großteil des Saals ab und alle Studierenden fühlen sich angeschaut.

**Tipps & Tricks**

Wenn es Sie irritiert, Ihren Studierenden direkt in die Augen zu schauen, können Sie auch zwischen die Augen auf den oberen Nasenteil schauen. Die Studierenden werden es nicht merken.

Wenn Sie als Tutorin, als Tutor bewusst den Blickkontakt aufnehmen, können Sie damit die Aufmerksamkeit Ihrer Studierenden steuern. Gleichzeitig erhalten Sie wichtige Signale über die Verfassung Ihrer Gruppe, worauf wir im Kapitel 12.2 noch genauer eingehen werden.

Betrachten wir nun die **Gestik**, d.h. alle Bewegungen der Hände und Arme, die zur Kommunikation verwendet werden. Das Besondere an der Gestik ist ihre starke Verbindung zur Kognition, also unserer Gedanken im Kopf. Normalerweise denken wir gar nicht über den Einsatz unserer Hände nach. Gestik tritt automatisch auf, wenn gesprochen wird und hilft, den sprachlichen Ausdruck besser zu verstehen. Sie kann Sprache sogar ersetzen. In Kommunikationssituationen können wir oft beobachten, dass es beinahe schon ein Drang ist, Hände und Arme in Verbindung mit der Sprache einzusetzen.

Gesten sind aktive Partner beim Sprechen und Denken. McNeil (2005) redet sogar bei der Sprachplanung von einem gemeinsamen „growth point" und meint damit, dass gestischer und sprachlicher Ausdruck bereits in der Planung einer Äußerung untrennbar miteinander verbunden sind. So gibt es beispielsweise spontane, unbeabsichtigte Gesten, die jeden Tag vorkommen und normale Begleiterscheinungen der Sprache sind.

In Redesituationen, wie in einem Tutorium, haben Gesten unterschiedliche Funktionen. Die Tutorin, der Tutor vermittelt Inhalte, die Studierenden sollen das Gesagte verarbeiten und wiederum eine „Empfangsbestätigung" zurückgeben.

**Infotafel: Antike Rhetorikratgeber**

*Bei den Händen nun gar, ohne die der Vortrag verstümmelt wirkte und schwächlich, lässt sich kaum sagen, über welchen Reichtum an Bewegungen sie verfügen, da sie fast die ganze Fülle, die den Worten selbst eigen ist, erreichen.*

*(Quintilian „De Institutione Oratoriae", XI.III.85)*

Die Geschichte der Rhetorik und somit auch der Gestikforschung beginnt im antiken Griechenland und im römischen Reich. Hier entstanden Lehrbücher der Rhetorik, die die einzelnen Arbeitsschritte zur wirkungsvollen Ausgestaltung eines mündlichen Vortrags regelten. An der Wende vom zweiten zum ersten Jahrhundert vor Christus eröffnete in Rom die erste Rhetorikschule und es entstanden die ersten Rhetorikbücher. Mit der Schrift „Institutionis oratoriae" von Quintilian beispielsweise ist eine vollständige Schrift erhalten, die unter anderem eine systematische Darstellung der Gestik enthält. Es werden unterschiedliche Gesten und ihre Bedeutung bzw. der entsprechende Einsatz abgebildet.

**Übung 26: Einsatz von Gesten**

Setzen Sie sich auf einen Stuhl und legen Sie Ihre Hände unter Ihre Beine, so dass Sie Ihre Hände nicht mehr gestisch einsetzen können. Versuchen Sie nun eine kurze Geschichte zu erzählen, zum Beispiel ein Erlebnis aus Ihrem letzten Urlaub.

Wie fühlt es sich an, die Hände nicht mehr als Unterstützung zu haben?

→ Meistens gerät man ohne die gestische Unterstützung beim Sprechen schneller ins Stocken. Die Gesten unterstützen uns im Redefluss zu bleiben.

Der Einsatz von Gesten hilft einer Sprecherin und einem Sprecher beim Redefluss, also bei der Sprachplanung und Sprach-
produktion. Das liegt daran, dass die gestische Unterstützung
gedankliche Fäden nicht so schnell abreißen lässt und somit
eine Sprecherin, ein Sprecher weniger ins Stocken gerät.
Durch die gestische Hilfestellung wird die verbale Struktur
besser beibehalten und Füllwörter wie „ähm", die als unge-
wollte Pausenfüllung dienen, werden leichter vermieden. Gesten unterstützen kognitive Prozesse, können die kognitive
Last erleichtern und helfen der Sprecherin, dem Sprecher, sich
leichter etwas zu merken, was gerade in der Vorbereitung
eines Tutoriums wichtig ist. Auch in herausfordernden Redesituationen können Gesten hilfreich sein. Die unterstützende
Funktion durch eine höhere Frequenz der Geste zeigt sich,
wenn es beispielsweise aufgrund der Lautstärke schwieriger
wird zu sprechen, wenn in einer anderen Sprache gesprochen
wird oder es inhaltlich schwieriger für die Sprecherin, den
Sprecher wird.

Abb. 45: Gesten Sprecher/in

Intuitiv eingesetzte Gesten unterstützen eine Sprecherin, einen Sprecher bei der Formulierung von Ideen. Die Äußerungen gewinnen an Kreativität und Bildlichkeit.

---

**Infotafel: Unterschiede von Gesten**

Es gibt sehr viele unterschiedliche Dimensionen, die bei Gesten in Betracht gezogen werden können. Daher werden sie nach den Situationen, bei denen Gesten vorkommen, unterschieden. Adam Kendon (1998, 2004) unterteilte Gesten in Gestikulation, Embleme, Pantomime und Zeichensprache. Unter Gestikulation versteht er eine Bewegung, die eine Bedeutung verkörpert und die begleitend der Sprache zugeordnet wird. Embleme sind konventionalisierte Zeichen, wie zum Beispiel „Ok". Pantomime ist eine stumme Präsentation, in der eine Geste oder eine Sequenz eine narrative Linie transportieren, um eine Geschichte zu erzählen. Zeichensprache sind Zeichen lexikaler Wörter. Sie haben ihre eigene linguistische, grammatikalische und morphologische Struktur sowie eine Ausstattung an Wörtern.

---

Abb. 46: Gesten Zuhörer

Aber auch für die Zuhörer ist der Einsatz von Gesten hilfreich. Komplexe Informationen, die verbal schwierig zu formulieren sind, werden durch eine gestische Unterstützung von den Zuhörenden leichter verstanden. Zudem helfen Gesten dabei, sich

Inhalte besser zu merken bzw. Informationen abzurufen. Zuhörende nehmen unbewusst die Gesten einer Sprecherin, eines Sprechers bei der Verarbeitung der vorgestellten Inhalte mit auf. Bei der Wiedergabe der Inhalte konnte festgestellt werden, dass Testpersonen die Gesten imitieren bzw. ähnliche Gesten verwenden. Zuhörende übernehmen demnach unbewusst gestische Körperbewegungen, um auf die Äußerungen einer Sprecherin, eines Sprechers zu reagieren.

Abb. 47: Verwendung von Gesten

Was bedeutet das für Ihr Tutorium?
- Der Einsatz von Gesten verhilft Ihnen zu einem guten Redefluss und unterstützt Sie dabei, sich die Inhalte besser zu merken.
- Der Einsatz von Gesten hilft den Studierenden die Aufmerksamkeit zu erhalten, komplexe Inhalte zu verstehen und sie besser behalten zu können.

Gesten sollten jedoch deswegen nicht „einstudiert" und „wiedergegeben" werden. Gesten formen sich automatisch und wirken erst dann natürlich und authentisch.

Halten Sie Ihre Hände locker angewinkelt neben dem Oberkörper. Wenn sich die Hände in einer freien Ausgangsposition befinden, bilden sich die Gesten von selbst, sie passen damit zum individuellen Sprechtyp und wirken authentisch.

Halten Sie ihre Finger nicht fest. Solange Sie nicht damit herumspielen, können Sie auch als Erleichterung für die Handbewegung Karteikarten, einen dickeren Stift oder einen Presenter in eine Hand nehmen.

Vermeiden Sie Haltungen wie in Abbildung 48 dargestellt:

Abb. 48: Vorsicht beim Einsatz von Gesten

| Hände hinter dem Rücken, vor dem Körper festhalten oder „krampfhaftes" Verschränken. | Hände in die Hosentaschen stecken. | Hände neben dem Körper „baumeln" lassen. Ihre Studierenden können so Ihre Gesten nicht erkennen. | Festgeklammerte Finger oder eine betende Handhaltung. Spielen Sie nicht mit den Fingern, da Sie dadurch nervös wirken könnten. |

→ Lassen Sie Ihre Hände locker, so dass sich Ihre Gesten leichter automatisch bilden können.

→ Halten Sie Ihre Hände frei, damit sie sich bewegen können.

→ Halten Sie Ihre Arme angewinkelt.

→ Nehmen Sie eine Karteikarte zur Hand, wenn Sie Halt benötigen.

**Übung 27: Reflexion zum Einsatz von Gesten**

Stellen Sie sich vor einen Spiegel und proben Sie Ihre Handhaltung. Was ist eine angenehme Handhaltung für Sie? Was fühlt sich gut an?
Sie können auch eine spontane kurze Rede halten und sich auf Video aufzeichnen. Schauen Sie sich bewusst Ihre Gestik an und überlegen Sie, was Sie an Ihrer Gestik mögen bzw. verändern möchten.

Nachdem wir nun die Details Mimik, Blickkontakt und Gestik besprochen haben, betrachten wir als nächstes die **Körperhaltung** (vgl. Kapitel 9). Das „Schlüsselwort" der physiologisch richtigen Körperhaltung lautet Eutonus. „Eu" bedeutet gut, gesund und „tonus" heißt (Körper-)Spannung. Durch den Körper sollte sich also eine ökonomische Gesamtspannung ziehenund keine Über- oder Unterspannung. Anhand der folgenden Bildern sehen Sie, wie Sie eine gute und aufrechte Körperhaltung einnehmen können:

**Physiologische Haltung im Sitzen:**

| | |
|---|---|
| Kopf: | „vornehm", wie an einem Faden am Scheitelpunkt aufgehangen |
| Kiefermuskulatur: | locker |
| Schultergürtel: | gelöst |
| Brustbein: | aufgerichtet |
| Sitzhöcker: | guter Kontakt zur Unterlage, leichte Beckenvorlage |
| Beine: | angewinkelt |
| Füße: | hüftbreit auseinander, Bodenkontakt |

Abb. 49: Sitzhaltung          Abb. 50: Stehhaltung

**Physiologische Haltung im Stehen:**

| | |
|---|---|
| Kopf: | „vornehm", wie an einem Faden am Scheitelpunkt aufgehangen |
| Kiefermuskulatur: | locker |
| Schultergürtel: | gelöst; gedachter Zug nach hinten/unten |
| Brustbein: | aufgerichtet |
| Bauchraum/Becken: | entspannt |
| Knie/Beine: | gelockert |
| Füße: | hüftbreit auseinander, Bodenkontakt |

Merken Sie sich für Ihre Körperhaltung im Tutorium:
- Eine aufrechte, zugewandte Körperhaltung strahlt Sicherheit und Kompetenz aus.
- Gerade bei Nervosität ist es wichtig, einen festen Stand einzunehmen, der einen „erdet", Sicherheit verleiht und damit beruhigend wirken kann.
- Eine gute Körperhaltung unterstützt den stimmlichen Ausdruck (siehe Kapitel 9).

### Übung 28: Wahrnehmung der Körperhaltung

Stellen Sie Sich vor einen Spiegel und betrachten Sie Ihre Körperhaltung. Versuchen Sie eine gute Körperhaltung einzunehmen. Versuchen Sie nun, Ihre Haltung bewusst zu ändern:
- schiefe vs. gerade Haltung
- krumme, zusammengesunkene vs. gerade Haltung
- überspannte vs. angemessene Spannung
- zu lockere vs. angemessene Spannung
- wackeliger Stand vs. sicherer Stand

Wie fühlen sich die unterschiedlichen Haltungen an? Was nehmen Sie sich konkret für Ihr nächstes Tutorium vor, um Ihre Körperhaltung zu optimieren?

Um eine gute Präsenz, Interaktion oder auch die Aufmerksamkeit der Studierenden im Tutorium zu erreichen, kann die **Bewegung im Raum** wirkungsvoll genutzt werden. Die räumliche Konstellation der Kommunikationspartner in einer bestimmten Situation wird als Bewegung im Raum, Raumverhalten oder auch „Raumsprache" bezeichnet. Dazu zählt zum Beispiel die Körperausrichtung, ob also der Oberkörper den Studierenden zu- oder abgewandt ist und auch, wie Ihre räumliche Distanz zu den Studierenden ist. Im Tutorium kann beispielsweise ein Zugehen auf die Studierenden oder auch das Wechseln der Präsentationsseite, Aufmerksamkeitsreize setzen und den Kontakt zum Plenum verstärken. Bewegen Sie sich jedoch nicht zu viel (nicht wie ein „Tiger im Zoo"), da dies die Studierenden ablenken kann. Versuchen Sie nicht zu dicht an der Projektionsfläche oder zu nah bei den Studierenden zu stehen.

Finden Sie eine Position im Raum, an der Sie eine gute Präsenz haben und einen guten Blickkontakt zu Ihren Studierenden halten können.

Damit Sie sich in Ihrem Tutorium wohl fühlen, müssen Sie sich auch im Raum wohlfühlen. Machen Sie sich über die Raumgestaltung in Ihrem Tutorium im Vorfeld Gedanken und „personalisieren" Sie den Raum für sich. Die Personalisierung des Raums (vgl. Kapitel 12.2) muss kurz vor dem Tutorium geschehen und hat eine große Wirkung auf Ihr Wohlbefinden während des Tutoriums. Gehen Sie dazu die folgende Reflexionsübung durch:

---

**Übung 29: Bewegung im Raum und Raumgestaltung**

Stellen Sie sich den Raum Ihres Tutoriums vor und beantworten Sie folgende Fragen:
- Wo möchte ich gerne präsentieren?
- Wo lege ich meine Unterlagen hin?
- Habe ich dort genug Platz?
- Was steht mir noch im Weg, was ich vorher wegräumen muss?
- Wohin kann ich mich bewegen, sodass die Studierenden mich noch gut sehen?
- Wie kann ich mich bewegen, damit die Studierenden aufmerksamer werden?
- Wo im Raum können die Studierenden ihre Gruppenarbeit machen?
- Wo kann ich visualisieren, damit alle gut sehen können?

Sie sollten diese Fragen im Vorfeld beantworten und dann kurz vor dem Tutorium entsprechend den Raum gestalten.

Körpersprache transportiert viele unterschiedliche Informationen, wie beispielsweise unsere sozialen Beziehungen, Emotionen, und sie unterstützt den Inhalt. Dies können Sie im Tutorium nutzen. Erinnern Sie sich daran, dass die passende Körpersprache von selbst folgt, wenn Ihr innerer Zustand passt. Deswegen beschränken wir uns zum Abschluss des Kapitels auf wenige Empfehlungen:

- Halten Sie Blickkontakt zu Ihren Studierenden.
- Achten Sie darauf, dass Ihre Hände frei sind, um natürlich zu gestikulieren.
- Nehmen Sie eine aufrechte Haltung ein.
- Nutzen Sie den Raum, wechseln Sie nach inhaltlichen Abschnitten Ihre Position.

Die wichtigste Empfehlung ist, dass Sie auf sich achten! Wenn Sie sich wohlfühlen und von den Inhalten, die Sie präsentieren, überzeugt sind, vollführen Sie automatisch eine authentische und den Inhalt unterstreichende Körpersprache.

### Übung 30: Körpersprache – Sprechdenken

Um an der eigenen Wirkung etwas zu verändern, ist es hilfreich sich (kleine/spezifische) Ziele zu setzen und diese auszuprobieren. Ein entscheidender Punkt ist die Selbstbeobachtung. Je eher Sie in der Lage sind, sich während eines Vortrags zu beobachten und Ihre Beobachtungen zu reflektieren, umso einfacher ist es Nervosität abzubauen, sich wohler und sicherer zu fühlen, da Sie lernen, Fehler und störende Angewohnheiten zu vermeiden.

Die Aufgabe beginnt damit, über ein Thema, in dem Sie sich gut auskennen, zwei Minuten lang zu reden. Setzen Sie sich nun ein spezifisches kleines Ziel, z.B. Blickkontakt halten, Gestik einsetzen, eine aufrechte Haltung einnehmen, etc.
Üben Sie solange mit diesem konkreten Ziel, bis Sie sich damit wohlfühlen. Dann können Sie sich ein neues Ziel stecken.

Wichtig ist, dass Sie sich wirklich zunächst nur ein Ziel vornehmen. Nehmen Sie sich zu viel vor, können Sie sich nicht richtig auf eine Sache konzentrieren und kommen eventuell durcheinander.

Sie können auch zu einem der folgenden Begriffe eine kurze Stegreifrede halten:

Sommer – Urlaub – Advent – Fußball – Feier – Geburtstag – Cappuccino – Meer – Reisen

*Unsere Literaturempfehlungen zum Weiterlesen:*

McNeill, David (2005): *Gesture and Thought*. Chicago: The University of Chicago Press.

Meyer, Barbara E. (2014): *Rhetorik für Lehrerinnen und Lehrer*. Weinheim und Basel: Beltz Verlag.

**Checkliste für das Kapitel 10**

→ Gehen Sie die Checkliste durch, um körpersprachlich gut auf das Tutorium vorbereitet zu sein.

Kurz vor dem Tutorium – Vorbereitung

Blickkontakt:
Machen Sie eine Trockenübung für den Blickkontakt: Stellen Sie sich vor, Ihre Teilnehmenden sitzen bereits im Raum – wen schauen Sie an? Wie lassen Sie den Blick schweifen?

Gestik:
Machen Sie eine Gestik-Übung: Wiederholen Sie eine bekannte Passage aus Ihrem Tutorium. Versuchen Sie die Hände locker und frei, angewinkelt neben dem Oberkörper zu halten. Nehmen Sie sich unter Umständen einen kleinen Gegenstand in eine Hand, um der Hand einen „Auftrag" zu geben.

Körperhaltung:
Versuchen Sie regelmäßig eine aufrechte, gute Haltung einzunehmen.
Wenn Sie dazu neigen verspannt zu sein, lockern Sie Ihren Körper vor jeder Übung.

Raumcheck:
Prüfen Sie vor dem Beginn den Raum: Wo stellen Sie sich später hin? Legen Sie sich benötigte Utensilien so hin, dass Sie sich gut im Raum bewegen können.

Zu Beginn des Tutoriums

Gleich legen Sie los – bevor Sie mir Ihren Erklärungen starten:
• Nehmen Sie eine aufrechte Haltung ein.
• Konzentrieren Sie sich auf eine ruhige Atmung.
• Halten Sie die Hände locker, angewinkelt neben den Körper.
• Bauen Sie mit den Studierenden Blickkontakt auf.
• Atmen Sie noch einmal tief durch.

Los geht's!

# 11. Verständlich sprechen

In diesem Kapitel erfahren Sie ...

... wie Sie verständlich formulieren.

... was bei der Wortwahl und dem Satzbau zu beachten ist.

... welche Ursachen Füllwörtern und Floskeln zugrunde liegen und wie Sie damit umgehen können.

... wie Sie bildhafte Sprache nutzen, um Inhalte anschaulich darzustellen.

Das persönliche Ausdrucksverhalten wird neben der Stimme und Körpersprache von dem verbalen Ausdruck, also der Sprache bestimmt. Bei der Wissensvermittlung kommt es für Sie als Tutorin, Tutor darauf an, Formulierungen zu wählen, die für die Studierenden verständlich sind. Wie Verständlichkeit erreicht werden kann und wie Sie Ihre mündliche Sprache zuhörergerecht einsetzen, beschreibt dieses Kapitel.

Mündliche Sprache muss so verständlich sein, dass die Zuhörenden das Gesagte beim ersten Mal verstehen, im Gegensatz zur Schriftsprache, in der die Lesenden Passagen mehrmals und in ihrem eigenen Tempo lesen können. Mündliche Äußerungen sollten deshalb, weniger komplex sein und die Dichte der transportierten Information sollte ebenfalls geringer sein als in schriftlichen Texten. Um Ihre eigene Sprechweise verständlicher zu gestalten, können Sie sich an den so genannten Verständlichkeitskriterien orientieren.

In der Kommunikationspsychologie wurden sechs Kriterien etabliert, die eine verständliche, mündliche Sprache fördern:

| Kriterien | Beschreibung |
|---|---|
| Einfachheit | • Erklären Sie Fachwörter genauso wie fachspezifische Abkürzungen gegebenenfalls zweimal.<br>• Erläutern Sie Inhalte konkret an nachvollziehbaren Beispielen, anstatt abstrakte Formulierungen zu benutzen. Abstrakte Wörter sind zum Beispiel Hauptwörter mit den Endungen: -ität, -keit, -ismus, also wie Real**ität**, Fähig**keit**, Optim**ismus**<br><br>Beispiel:<br>*Komplex: „Eine Emission energiereicher Strahlungsquanten seitens des Zentralgestirns des Solarsystems manifestiert sich exterritorial."*<br>*Einfach: „Draußen scheint die Sonne."* |
| Kürze | • Verwenden Sie kurze Sätze.<br>• Achten Sie darauf, keine Nebensatzaneinanderreihung zu verwenden.<br><br>Beispiel:<br>*Lang: „Wenn man das Thema interaktive Lehr-/Lernmethoden genauer betrachtet und sich erst einmal die gängigen Vorteile anschaut, warum interaktive Lehr-Lernmethoden eingesetzt werden sollten oder könnten und dann zu den einzelnen Lehr-/Lernmethoden kommt und sie genauer analysiert, dann wird sofort deutlich, dass interaktive Lehr-/Lernmethoden die Studierenden aktivieren, wenn die Studierenden in der Methode arbeiten und eine gute Interaktion mit den Studierenden hervorrufen können. Darüber hinaus profitieren auch die Tutorin, der Tutor im Tutorium davon. Denn der Einsatz interaktiver Lehr-/Lernmethoden bietet Abwechslung und damit wird klar, dass interaktive Lehr-/Lernmethoden ein wichtiges Thema sind und im Hinblick auf die Vertiefung ..."*<br><br>*Kürzer: „Zunächst wollen wir uns die Vorteile von interaktiven Lehr-/Lernmethoden anschauen. Warum sind diese wichtig? Interaktive Lehr-/Lernmethoden aktivieren Studierende und fördern die Interaktion. Für die Tutoren bieten sie zudem eine schöne Abwechslung im Tutorium. Deswegen schauen wir uns unterschiedliche ..."* |

| Kriterien | Beschreibung |
|-----------|--------------|
| Orientierung | • Heben Sie wichtige Aussagen verbal hervor.<br>• Bringen Sie die Struktur, die Vorgehensweise sprachlich zum Ausdruck, machen Sie die Ziele des Tutoriums transparent, geben Sie zu Beginn des Tutoriums Orientierung (vgl. Kapitel 6.1).<br><br>Beispiel:<br>*Mit wenig Orientierung: „Was wir in der heutigen Stunde machen ist ganz klar, das wisst ihr ja schon, steht ja im Reader. Ist dann übrigens auch wichtig für die Klausur, die ihr dann nach der Vorlesung schreibt, aber das schauen wir uns später an. Da hab ich mir dann auch noch ein bisschen was dazu gedacht. Jetzt fangen wir einfach mal an mit der ersten Übung. ..."*<br><br>*Mit guter Orientierung: „Lasst uns loslegen. <u>Ziel der heutigen Stunde</u> ist es die Inhalte der Vorlesung zu wiederholen. Ich möchte mit euch erarbeiten, was <u>zentral für die Klausur ist</u>, die ihr im Anschluss an die Vorlesung schreibt. Dazu werde ich euch immer wieder Tipps geben, welche Erfahrungen ich mit dem <u>Thema und den Klausurfragen</u> gemacht habe. ..."* |
| Bildhafte Sprache | Schwierige Sachverhalte lassen sich anhand eines Beispiels oder einer Metapher leichter erklären und verstehen. |
| Ansprache | • Sprechen Sie die Studierenden direkt an.<br>• Verwenden Sie anstatt „man sollte" lieber „was für euch relevant ist"<br><br>Beispiel:<br>*Ohne persönliche Ansprache: „Also was schon wichtig wäre, wenn man die große Aufgabe in mehrere Teilaufgaben unterteilt und sie dann auch so auf das Blatt mit Unterpunkten schreibt. Dann weiß der Prüfer auch besser, wie man vorgegangen ist. Man müsste dann halt noch Aufzählungszeichen oder sowas hinzufügen, zur Orientierung ..."*<br><br>*Mit persönlicher Ansprache: „Es ist wichtig, dass ihr die Aufgaben in mehrere Teilaufgaben unterteilt. Schreibt alle Unterpunkte auf das Blatt, am besten mit Aufzählungszeichen. Ihr helft dem Prüfer sehr dabei, euren Gedankengang nachzuvollziehen."* |

| Kriterien | Beschreibung |
|---|---|
| Wieder-holungen | • Wiederholen Sie Fachbegriffe und Kernaussagen; dies erleichtert den Behaltensprozess.<br>• Setzen Sie Pausen.<br>• Geben Sie nach längeren Sinnabschnitten eine kurze Zusammenfassung.<br><br>Beispiel:<br>*Ohne Wiederholung: „So jetzt kommen wir zum zweiten Teil. Lernt die Fachbegriffe, die sind echt wichtig. Was wir jetzt besprechen,* hängt eng mit dem ersten Teil zusammen, also gut aufgepasst ..."<br><br>*Mit Wiederholungen: „Bevor wir zum zweiten Teil kommen, wiederholen wir noch einmal kurz die Fachbegriffe, denn die sind echt wichtig. Jeder nennt einen Begriff und wir schauen, was er bedeutet ..."* |

Tabelle 22: Verständlichkeitskriterien

In der Vorbereitung einer Präsentation legt sich die Vortragende, der Vortragende gerne „schöne Formulierungen", Fachwörter oder auch Satzkonstruktionen zurecht, die sie oder er verwenden möchte. Bitte notieren Sie sich bei der Vorbereitung eines Tutoriums nicht alles wortwörtlich so, wie Sie es präsentieren möchten. Die Gefahr besteht, dass Sie dann die geschriebenen Notizen ablesen. Notieren Sie Stichpunkte, ordnen Sie diese in eine sinnvolle Struktur, bedenken Sie Pausen und Wiederholungen, damit Sie gut und verständlich ihre Inhalte im Tutorium vortragen.

---

**Übung 31: Die Einfachheit des verbalen Ausdrucks**

Suchen Sie sich ein schwierigeres oder komplexeres Thema aus Ihrem Tutorium. Stellen Sie sich vor, Sie müssten dieses Thema einem zehnjährigen Kind erklären: Wie erklären Sie dieses Thema dem Kind? Welche Beispiele verwenden Sie? Wie können Sie das Thema einfach und konkret erläutern?
• Etwas abstrakt zu erklären ist oft leichter, als einfache und konkrete Sprache zu benutzen.
• Je konkreter Sie einen Sachverhalt erklären, umso leichter wird es für die Studierenden im Tutorium werden.

## 11.1 Sich klar ausdrücken

Zu einer verständlichen Sprache gehören, neben der Beachtung der Verständlichkeitskriterien, unterschiedliche Faktoren der mündlichen Sprache. Die Faktoren der Sprache lassen sich anhand des folgenden Beispiels darstellen:

| | |
|---|---|
| **Auszug eines Vortrags**<br>„Liebe Studierende,<br><br>es freut mich, dass Sie so zahlreich erschienen sind. Mein Name ist Andreas Schmidt und ich komm von der Universität München ... äh ... und das Thema meines Vortrags lautet „Wirksamkeit von Blended-Learning Lernumgebungen". ... ok ... mhhh ... was ich Ihnen heute erzählen möchte, ist, was hybrides Lernen bedeutet und inwieweit ..... äh ... die gegenseitige Anreicherung der Studierenden, die Ergänzung und Erweiterung von Präsenz- und Onlineangeboten im Rahmen von qualifizierenden Supportmaßnahmen ...äh ... in der Hochschule die Studierenden ... äh ... unterstützen. Ich kann ihnen das ja mal an einem Beispiel kurz erklären. ... [Sprechpause] ... Nach der Uni können sich Studierende in ihre virtuelle Vorlesung einloggen und sich die Erklärungen der Professoren noch einmal anschauen. Dann können sie nach dem Video einen kurzen Test schreiben und schauen, was sie verstanden haben. Die Professoren können sich das Testergebnis anschauen und daraufhin Fragen in ihrer Vorlesung nochmal klären. ... genau ..."<br><br>*– es folgen weitere Inhaltspunkte & Erläuterungen –*<br><br>„... So, dann komm ich mal zu meiner letzten Folie. ... äh ...was wichtig ist, dass ... äh ... hab ich ja schon erwähnt, also immer die Aufgaben zu machen, damit sie das Gelernte besser behalten können. ... genau ... Also vielen Dank für Ihre Aufmerksamkeit und jetzt hab ich Zeit für Ihre Fragen. Danke!" | <u>Wort-</u><br><u>wahl</u><br><br><u>Satzbau</u><br><br>Füllwör-<br>ter &<br>Floskeln<br><br>Bildhafte<br>Sprache |

An diesem Beispiel wird deutlich, was die Herausforderungen eines mündlichen Vortrags sind. Einige Inhalte in diesem Beispiel wurden sehr komplex erläutert, es wurden häufig Pausen mit ungewollten Äußerungen, so genannten Füllwörtern wie „äh", gefüllt und manche Sätze klingen kompliziert.

Auf vier verschiedene Faktoren können Sie konkret achten, wenn Sie selbst in Ihrem Tutorium sprechen. Achten Sie darauf, dass die Wortwahl angemessen und für alle Studierenden verständlich ist. Ihr Satzbau sollte einfach strukturiert sein. Der dritte Punkt betrifft Füllwörter und Floskeln: Zu viele „ähs" können ablenken und sollten daher möglichst reduziert werden. Für Floskeln, also allgemeine Worthülsen, sollten Sie individuelle Formulierungen finden. Der letzte Faktor adressiert die bildhafte Sprache, das heißt wie Inhalte möglichst anschaulich erklärt werden können. Alle vier Faktoren möchten wir Ihnen nun ausführlicher vorstellen.

Die passende **Wortwahl** zu treffen, ist nicht immer einfach. Auf der einen Seite ist es wichtig, kurz und knapp genau das zu sagen, was gesagt werden muss und auf der anderen Seite benötigt ein komplexer Sachverhalt Raum, um ihn ausführlicher erklären zu können. Oft neigen Vortragende dazu, sich eher „geschraubt" auszudrücken, also mit vielen Fach- und Fremdwörtern ihre Kompetenz zu zeigen. Das kann zur Folge haben, dass die Studierenden zwar beeindruckt von der Wortwahl und dem Wissen sind, jedoch inhaltlich wenig verstehen. Hinzu kommt, dass eine zu komplexe Wortwahl die Distanz erhöht und dies nicht gerade förderlich für die Beziehungsebene zwischen Lehrenden und Studierenden ist. Schon bei der Vorbereitung sollten Sie überlegen, welches Vorwissen die Zuhörenden haben (vgl. Kapitel 4.2), denn Studierende im ersten Semester benötigen mehr Erklärungen bei Fachthemen als Studierende in einem höheren Semester.

Wie soll im Tutorium mit Fremdwörtern und Fachwörtern umgegangen werden? Ein *Fachwort* ist ein Fachausdruck, der

in einem Fachbereich verwendet wird und von den Studierenden gelernt werden muss. Er ist relevant, um Fachkompetenz
zu erwerben bzw. sich „fachlich" richtig auszudrücken.
Manchmal kann die Intention bei der Verwendung von Fachwörtern jedoch auch sein, eine extravagante Ausdrucksweise
zu nutzen oder zu imponieren.

- Verwendung: Fachwörter sollten in einem Tutorium verwendet werden, damit die Studierenden damit vertraut werden.
- Erklärung: Fachwörter sollten erklärt und wiederholt werden, damit die Studierenden sie besser lernen können.
- Visualisierung: Schwierige Begriffe prägen sich besser ein,
  wenn man sie vor Augen hat, daher kann eine Visualisierung des Begriffs helfen.

*Fremdwörter* wurden meist aus anderen Sprachen übernommen und dienen dazu einen bestimmten Sachverhalt zu „ver-
sachlichen".

- Verwendung: Gängige, umgangssprachliche Fremdwörter
  können verwendet werden, wie zum Beispiel „Integration"
  oder „Déjà-vu".
- Erklärung: Fachspezifische Fremdwörter sollen verwendet
  werden, jedoch zur Sicherheit mehrmals erklärt werden.
- Vermeidung: Fachunspezifische Fremdwörter, sollten vermieden werden, da sie nicht verstanden werden bzw.
  leicht „geschraubt" wirken können. Zum Beispiel: *„In diesem Monat wurden im Vergleich zum Vorjahr mehr als
  doppelt so viele Lieferungen **fakturiert**."*

---

**Übung 32: Erklärung von Fachwörtern**

Suchen Sie sich ein Fachwort aus Ihrem Fach.
Stellen Sie sich vor, Sie müssen dieses Fachwort einer Person
erklären, die absolut fachfremd ist.
Wie erklären Sie dieses Fachwort? Welche Beispiele verwenden Sie?

Neben der Wortwahl wird das sprachliche Ausdrucksverhalten von einem angemessenen **Satzbau** bestimmt. Worauf kommt es beim Satzbau an? Viele Sprecher glauben, dass lange, kompliziert konstruierte Sätze, Kompetenz ausstrahlen. Allerdings erschweren lange Sätze die Verständlichkeit und können bei den Zuhörenden den Eindruck wecken, der Vortragende „rede um den heißen Brei herum". Daher sollten einfache Satzkonstruktionen gebildet werden. Wichtige Orientierungspunkte sind die Satzstruktur und die Beachtung von Aktiv- versus Passivkonstruktionen:

*Satzstruktur:* Der Satzbau ist bestimmt durch die Kombination von Haupt- und Nebensätzen sowie durch die Reihenfolge der verschiedenen Satzbausteine. Die gängigste Reihenfolge ist Subjekt (S), Prädikat (P) und Objekt (O). Für den Zuhörenden erschwert sich die Verständlichkeit, wenn gewohnte Satzkonstruktionen umformuliert werden (z.B. S-P-O wird zu O-P-S) oder ein Hauptsatz mit sehr vielen Nebensätzen ergänzt wird.

Beispiel für die Reihenfolge S-P-O:

*„Der Tutor hilft den Studierenden."*

Beispiel für die Reihenfolge O-P-S:

*„Den Studierenden hilft der Tutor."*

---

**Tipps & Tricks**

Um einen einfachen Satzbau zu üben, beachten Sie folgende Regel: Vermitteln Sie pro Satz nur eine neue Information.
Jede weitere Information wird in einem neuen Satz formuliert.

---

*Aktiv- versus Passivkonstruktionen:* Passiv formulierte Satzkonstruktionen erschweren die Verständlichkeit ebenfalls. Obwohl sowohl Aktiv- als auch Passivkonstruktion die gleiche Information beinhalten, ist es leichter, den Sinn einer Aktiväußerung zu verstehen, da unser Gehirn bei Aktivkonstruktionen weniger Zeit zum Verarbeiten der Information benötigt.

Beispiel für eine Aktivkonstruktion: *„Der Tutor hilft den Studierenden."*
Beispiel für eine Passivkonstruktion: *„Den Studierenden wird vom Tutor geholfen."*
Beachten Sie also bezüglich Ihrer Satzstruktur und -konstruktion im Tutorium Folgendes:

- Wechseln Sie zwischen kürzeren und etwas längeren Sätzen (maximal zwei kürzere Nebensätze) ab. Vermeiden Sie Schachtelsätze und lange Satzperioden.
- Wählen Sie eine S-P-O Reihenfolge der Satzelemente aus.
- Verwenden Sie Aktiv- statt Passivkonstruktionen.

---

**Übung 33: Satzbau**

Versuchen Sie den folgenden Satz in mehrere verständlichere Sätze umzuformulieren.
*Gerade in der heutigen Zeit, in der westlichen Welt, wo viele Leute nahe beieinander leben, die einerseits an einen hohen Lebensstandard gewohnt sind, sich andererseits an eine Methode, diesen zu erreichen, nämlich immer an den größtmöglichen eigenen Profit zu denken, gewöhnt haben, was wiederum der Gesellschaft schadet, sind die so genannten Tugenden, wie zum Beispiel Bescheidenheit, Rücksicht und Verantwortungsbewusstsein, allen voran jedoch Mitgefühl, umso wichtiger.*

---

Als **Füllwörter** werden Wörter oder Lautäußerungen verstanden, die die Funktion eines Lückenfüllers haben. Typische Füllwörter sind: „ähm", „mh", „genau", „sozusagen", „ok". Wenn Füllwörter nicht sehr häufig auftreten, werden sie von den Zuhörenden nicht wahrgenommen. Problematisch wird es erst, wenn Füllwörter so oft auftreten, dass sich die Aufmerksamkeit der Studierenden bewusst darauf richtet und die Konzentration für die eigentlichen Inhalte verloren geht. Es gibt zwei Erklärungsansätze, warum Füllwörter verwendet werden.

Der psychologische Ansatz erklärt die Verwendung von Füllwörtern mit Unsicherheit bei der Sprecherin, beim Sprecher. Kurze stille Pausen in einem Vortrag werden von einer Sprecherin, einem Sprecher als sehr lange Pausen, Steckenbleiben oder sogar als kurzer Blackout wahrgenommen. Um diesen vermeintlichen Mangel an Sicherheit zu übergehen, wird eine eigentlich stille Pause, mit einem Füllwort „gefüllt". Ein weiterer psychologischer Grund ist der Wunsch eines Sprechers, das Rederecht zu behalten. Unterbrechungen mit Sprecherwechsel treten häufiger auf, wenn Sprechende im Redefluss eine kurze Pause machen. Durch die Verwendung eines Füllworts statt einer stillen Pause, versuchen Sprechende unbewusst den Redefluss aufrecht zu erhalten und dem Gesprächspartner eine Unterbrechung zu erschweren.

Ein zweiter Ansatz zur Erklärung von Füllwörtern liegt im physiologischen Sprechprozess. Bei der Sprachplanung ist einerseits unser Denkapparat beteiligt, der die Äußerung kognitiv plant und andererseits unser Sprechsystem, das die Äußerungen stimmlich formt. Beide Prozesse arbeiten unterschiedlich schnell. Wenn wir einen komplexen Gedanken formulieren möchten, kann es sein, dass unser Sprechsystem schon bereit ist, Äußerungen von sich zu geben, während unser Denkapparat noch Zeit benötigt, um die geplante Äußerung mit konkreten Inhalten zu füllen. Die Folge ist, dass ein Laut, also das Füllwort, von sich gegeben wird, welches keinerlei Inhalt hat: „Ähh".

Gehen Sie in Ihrem Tutorium bezüglich der Verwendung von Füllwörtern folgendermaßen vor:

Schritt 1 – Bewusstmachen:

- Werden Sie sich in einer Übungssituation bewusst, welche Füllwörter Sie verwenden.
- Nehmen Sie drei Minuten lang eine spontane Rede auf und achten Sie auf die Füllwörter.

- Fragen Sie einen Kommilitonen, inwieweit und wie häufig Sie Füllwörter verwenden.
- Einige wenige Füllwörter dürfen Sie ohne Sorge weiterhin äußern.

Schritt 2 – Vermeidung:
- Die effektivste Strategie Füllwörter zu vermeiden ist es, stille Pausen zu setzen (ohne diese mit Inhalt zu füllen).
- Pausen von bis zu drei Sekunden werden von Zuhörerenden nicht wahrgenommen: Dem Sprecher selbst kommen Pausen sehr lang vor, Zuhörende schätzen eine kurze Pause, um die Inhalte kurz verarbeiten zu können. Erst ab fünf Sekunden nehmen Zuhörende eine Redepause wahr.
- Pausen wirken nicht inkompetent. Im Gegenteil: Pausen helfen den Zuhörenden die Struktur eines Vortrags besser zu erfassen, die Inhalte können leichter verarbeiten werden.
- Nehmen Sie sich nicht vor: „Ich möchte Füllwörter vermeiden!" – Konzentrieren Sie sich darauf, was Sie stattdessen tun möchten: „Ich möchte bewusst Pausen aushalten!"

---

**Übung 34: Pausensetzung**

Suchen Sie ein Thema aus dem Tutorium, indem Sie Sich sehr sicher fühlen.
Halten Sie einen kurzen Vortrag zu diesem Thema und versuchen Sie nach Sinnabschnitten bewusst eine Pause zu setzen.
Versuchen Sie die Länge der Pausen zu übertreiben.
Im Tutorium werden Sie nach dieser Übung ebenfalls bewusster auf Pausen achten und sie werden dadurch leichter Füllwörter vermeiden.

Unter einer **Floskel** versteht man eine Redewendung oder eine Redensart, die besonders häufig im Alltag verwendet wird, deren Sinn jedoch nicht wortwörtlich gemeint ist. Eine Floskel ist also eine Worthülse. Floskeln im Alltag sind beispielsweise: „Willkommen im Club." oder „Nichts für ungut." Floskeln erfüllen fast eine Ritual-Funktion.

In unserem Zusammenleben ist es höflich, jemanden zu begrüßen und zu fragen, wie es ihr oder ihm geht. Im Kontext eines Tutoriums können Floskeln auch negativ wirken, denn sie können Distanz zwischen Tutorin, Tutor und den Studierenden schaffen. Floskeln in Tutoriums-Situationen sind beispielsweise: „Es freut mich, dass ihr so zahlreich erschienen seid.", „Vielen Dank für Eure Aufmerksamkeit." Beachten Sie in Ihrem Tutorium bezüglich der Verwendung von Floskeln Folgendes:

- Versuchen Sie individuelle und persönliche Formulierungen zu finden, um Kontakt zu Ihren Studierenden aufzubauen
- Unter Umständen können Sie auch eigene, besondere Formulierungen erfinden, die eine Verbundenheit mit Ihren Studierenden schafft.

---

**Übung 35: Floskeln**

Versuchen Sie eine individuelle Formulierung für folgende Floskeln zu finden:
„Es freut mich, dass ihr so zahlreich erschienen seid!"
„Vielen Dank für Eure Aufmerksamkeit."
„Der frühe Vogel fängt den Wurm."

---

Der letzte Faktor, der das sprachliche Ausdrucksverhalten bestimmt, ist schließlich die **bildhafte Sprache**. Für Sie als Tutorin, als Tutor ist die Kür nicht nur, verständlich mit angemessener Wortwahl und kurzen Sätzen zu formulieren, sondern die Inhalte auch noch anschaulich zu gestalten.

Abb. 51: Bildhafte Sprache

*Studierende: „Wir verstehen überhaupt nicht was bildhafte Sprache ist."*

*Tutorin: „Bildhafte Sprache ist wie ein Zaubertrank, der schwere Begriffe leicht, verständlich und anschaulich macht."*

Bildhafte Sprache bedeutet, die Vorstellungskraft der Studierenden anzusprechen und abstrakte Sachverhalte durch Vergleiche und sprachliche Bilder zu veranschaulichen. Dadurch wird die Aufmerksamkeit der Studierenden erhöht und der Behaltensprozess erleichtert. Stilmittel einer bildhaften Sprache sind:

| Stilmittel | Umsetzung | Beispiel |
|---|---|---|
| Metapher | Der Inhalt wird durch einen bildlichen Vergleich ersetzt | Ein Brett vor dem Kopf haben; Wir sitzen hier im Tutorium alle im gleichen Boot. |
| Analogie | Ein Fall wird in ähnlicher Struktur/Art beschrieben | Den Fehler zu finden ist natürlich ein bisschen so, wie die Nadel im Heuhaufen, aber ihr schafft das! Der Strom fließt wie Wasser in eine Richtung. |
| Beispiel | Ein Anwendungsbeispiel aus dem Alltag wird ergänzt | Operantes Konditionieren: Ich möchte meinen Freund konditionieren, den Müll herauszubringen. Deswegen gebe ich ihm jedes Mal, wenn er den Müll geleert hat, einen Kuss. |

Tabelle 23: Bildhafte Sprache

**Übung 36: Bildhafte Sprache**

Versuchen Sie, mit bildhafter Sprache einen komplexen Begriff oder Sachverhalt, wie zum Beispiel „Ablauf der Immatrikulation" oder „ECTS", zu erklären.
Suchen Sie nun einen komplexen Inhalt oder Sachverhalt aus Ihrem Tutorium und versuche Sie ihn bildhaft zu erklären.

Um die Faktoren der Sprache kurz zu wiederholen, möchten wir Ihnen nochmal das Beispiel „Auszug eines Vortrags" zeigen. Nachdem die vier Faktoren zur Sprache erklärt wurden, können Sie nun analysieren, was an diesem Vortrag verändert werden könnte, um Verständlichkeit und Anschaulichkeit zu erhöhen.

| **„Auszug eines Vortrags"** | **Optimierungsvorschläge** |
|---|---|
| Liebe Studierenden, | |
| es freut mich, dass Sie so zahlreich erschienen sind. Mein Name ist Andreas Schmidt und ich komm von der Universität München ... äh ... und das Thema meines Vortrags lautet „Wirksamkeit von Blended-Learning Lernumgebungen". ... ok ... mhhh ... was ich Ihnen heute erzählen möchte, ist, was hybrides Lernen bedeutet und inwieweit. ... äh ... die gegenseitige Anreicherung der Studierenden, die Ergänzung und Erweiterung von Präsenz- und Onlineangeboten im Rahmen von qualifizierenden Supportmaßnahmen ... äh ... in der Hochschule die Studierenden ... äh ... unterstützen. Ich kann Ihnen das ja mal an einem Beispiel kurz erklären. ... [Sprechpause] ... Nach der Uni können sich Studierende in ihre virtuelle Vorlesung einloggen und sich die Erklärungen der Professoren noch einmal anschauen. Dann können sie nach dem Video einen kurzen Test schreiben und schauen, was sie verstanden haben. Die Professoren können sich das Testergebnis anschauen und daraufhin Fragen in ihrer Vorlesung nochmal klären. ... genau ...  *– Es folgen weitere Inhaltspunkte & Erläuterungen –* | → Mit einem individuellen Einstieg beginnen statt mit einer Floskel<br>→ Nehmen Sie sich zu Beginn einer Rede Zeit und konzentrieren Sie sich auf Pausen, um Füllwörter zu vermeiden.<br>→ Überfrachten Sie im Einstieg ihre Zuhörer nicht mit Fachbegriffen. Der Einstieg soll als Orientierung dienen.<br>→ Fachwörter Stück für Stück erklären<br>→ Ein einfacher Satzbau ist besser für die Verständlichkeit.<br>→ Versuchen Sie den Vortrag klarer zu strukturieren.<br>→ Beispiele sind gut, es darf gerne deutlicher gemacht werden. |
| So dann komm ich mal zu meiner letzten Folie. ... äh ... was wichtig ist, dass ... äh ... hab ich ja schon erwähnt, also immer die Aufgaben zu machen, damit sie das Gelernte besser behalten können. ... genau ... Also vielen Dank für Ihre Aufmerksamkeit und jetzt hab ich Zeit für Ihre Fragen. Danke! | → Formulieren Sie einen klaren Schluss: Was soll behalten werden?<br>→ Finden Sie einen individuelleren Abschluss, keine Floskel. |

Tabelle 24: Optimierungsvorschläge

**Übung 37: Verständliche Sprache**

Notieren Sie sich, mit welchen Worten Sie ihr nächstes Tutorium beginnen. Analysieren Sie Ihren Text hinsichtlich
Wortwahl – Satzbau – Floskeln und Bildhafter Sprache.
Wann wären Pausen hilfreich?
Machen Sie sich nun Stichpunkte von Ihrem verfassten Text, die Sie für Ihr Tutorium verwenden können.

## 11.2 Authentisch auftreten

Sie haben nun viele Facetten kennengelernt, die Ihr persönliches Ausdrucksverhalten bestimmen. Die Stimme, die Körpersprache und die verständliche Sprache sind Ausdrucksmittel einer Sprecherin, eines Sprechers und spiegeln Stimmung, Emotionen, innere Haltung und Motivation wieder. Wenn Sie bei Ihrem Ausdruck etwas verändern bzw. Ihren Ausdruck optimieren möchten, so ist es unpassend einen „neuen" Ausdruck einzustudieren, da darunter Ihre Authentizität leiden könnte. Ein großes Problem, dass beim Training des persönlichen Ausdrucksverhaltens entstehen kann, ist, dass eine veränderte Stimme, Körpersprache oder Wortwahl schnell unnatürlich und „aufgesetzt" wirkt. Der Idealzustand im Zusammenspiel von Stimme, Körpersprache und Wortwahl wird als Kongruenz bezeichnet. Das bedeutet, dass die einzelnen Botschaften der Ausdrucksebenen die gleiche Aussage transportieren. Kongruentes Auftreten wirkt authentisch, natürlich, souverän und damit überzeugend. Stimmt die Aussage eines Parameters nicht mit den Aussagen der anderen beiden überein, so spricht man von Inkongruenz. Dazu gehören z.B. überdeutliches Artikulieren bei mangelndem Blickkontakt oder große, ausladende Gesten bei leise gesprochenen Inhalten.

*Beispiel: Eine Person sagt mit einer gerunzelten Stirn und monotoner Stimme: „Ich liebe Dich!"*

Da der Ausdruck der Körpersprache und der Stimme dem sprachlichen Inhalt widersprechen, trauen wir in diesem Fall der Aussage nicht.

Manchmal wird die Inkongruenz der Ausdrucksebenen bewusst eingesetzt. Zum Beispiel bei dem Einsatz von Ironie oder Sarkasmus.

*Beispiel: Eine Tutorin sagt mit hochgezogenen Augenbrauen und entrüsteter Intonation: „Das ist ja wirklich ganz toll, dass ihr immer zu spät kommt."*

Genauso wichtig wie ein kongruentes Auftreten, also dass alle drei Ausdrucksparameter die gleiche Botschaft transportieren, ist ein der Situation und dem Thema entsprechendes, angemessenes Auftreten. Fröhliches Lächeln, eine laute Stimme etc. sind bei einer Grabrede genauso wenig angemessen, wie eine leise Stimme und verhaltenes Auftreten in einem Tutorium. Die thematische Aufbereitung, die Abfolge der Inhalte und die bildhafte Unterstützung sollen nicht nur aufeinander abgestimmt, sondern auch zur Situation stimmig sein. Inkongruenz und Unangemessenheit sorgen in gewisser Weise für Aufmerksamkeit, was in manchen Momenten durchaus gewünscht sein kann (wie Sicherstellen der Aufmerksamkeit der Studierenden zu Beginn des Tutoriums, indem man zum Beispiel einen Zaubertrick vorführt). Generell sind jedoch Kongruenz und Angemessenheit anzustreben. Was bedeutet das nun für Ihr Tutorium?

- Achten Sie auf Kongruenz im Zusammenspiel von Stimme, Körpersprache und verbalem Ausdruck.
- Eignen Sie sich keine stimmlichen, sprachlichen oder körpersprachlichen Verhaltensweisen künstlich an, da Sie ansonsten unnatürlich und inkongruent wirken könnten.

- Überdenken und reflektieren Sie Ihre innere Einstellung. Eine positive Einstellung führt zu einem der Situation angemessenen Ausdruck.
- Setzen Sie inkongruentes Verhalten (z.B. Ironie) nur ein, wenn Sie einen bestimmten Effekt erzielen wollen. Dieser Effekt sollte von allen Studierenden auch verstanden werden.

**Übung 38: Reflexion zur Einstellung**

Wie ist Ihre Einstellung zu den Studierenden? Was halten Sie von den Studierenden?
Wie ist Ihre Einstellung zum Tutorium? Was halten Sie grundsätzlich von Tutorien?
Was ist Ihre Einstellung zu Ihrem Thema? Was halten Sie davon?

Sie sind jetzt gut darauf vorbereitet in Ihrem Tutorium Stimme, Körpersprache und Sprache ausdrucksstark einzusetzen. Im nächsten Kapitel erfahren Sie, welche Kommunikations- und Gruppenführungstechniken Sie zur Leitung Ihres Tutoriums nutzen können.

*Unsere Literaturempfehlungen zum Weiterlesen:*

Allhoff, Dieter-W. & Allhoff, Waltraud (2014): Rhetorik & Kommunikation: Ein Lehr- und Übungsbuch (16. Auflage). Verlag Ernst Reinhardt.

Mayer, H. (2007): *Rhetorische Kompetenz: Grundlagen und Anwendung*. UTB.

**Checkliste für das Kapitel 11**

→ Gehen Sie die Checkliste durch, um mit verständlicher Sprache gut auf das Tutorium vorbereitet zu sein.

Wortwahl:
Welche Fachwörter müssen in der nächsten Sitzung eingeführt werden? Wie können Sie diese einfach und verständlich erklären? Wann können Sie diese an einer passenden Stelle mit den Studierenden wiederholen?

Satzbau:
Was ist ein komplexerer Abschnitt Ihres Tutoriums? Wie können Sie diesen mit einfachen Satzkonstruktionen den Studierenden erklären?

Füllwörter:
1.  Konzentrieren Sie sich bei Ihrem nächsten Tutorium auf die Pausensetzung.
2.  Machen Sie sich Gedanken, wie Ihr Einstieg in das Tutorium gestaltet werden kann und üben Sie diesen mit vielen Sprechpausen.

Floskeln:
Welche Floskeln verwenden Sie häufig? Wie könnten Sie diese so umformulieren, dass sie persönlicher klingen?

Bildhafte Sprache:
Was sind gängige Fachwörter? Wie können Sie diese bildhaft umschreiben?

Kongruenz & Angemessenheit:
Bei welchen Passagen ist es für Sie schwer 100% dahinter zu stehen? Auf was möchten Sie achten, damit diese Inhalte nicht inkongruent wirken?

Wie verhalten Sie sich in Ihrem Tutorium bezüglich Stimme, Körpersprache und Sprache angemessen?

# 12. Gruppen leiten

In diesem Kapitel erfahren Sie ...

... wie Sie Fragen gezielt formulieren, um eine bestimmte Wirkung zu erreichen.

... wie Sie Ihr Zuhörverhalten zur Gesprächsführung nutzen können.

... was Metakommunikation bedeutet und welche Formulierungen Sie in Ihrem Tutorium nutzen können.

... was Sie bei der Führung von Gruppen beachten sollten.

... welche Aufgaben die Gruppenleitung übernimmt.

Sie haben mit Ihrem strukturierten Konzept, der methodischen und medialen Gestaltung sowie Ihrem bewussten Auftreten als Tutorin, als Tutor die Basis für ein erfolgreiches Tutorium gelegt. In der Durchführung wird es darum gehen, die Studierenden durch das Tutorium zu leiten. Tutorien durchzuführen bedeutet eine Gruppe zu steuern, mit unerwarteten Fragen umzugehen, die Studierenden zu den Lernzielen zu führen und die Gruppendynamik zu beeinflussen.

Um Ihr Tutorium souverän zu leiten, können Sie einige Techniken, Tipps und Kniffe nutzen. Allen voran gehen hier die Kommunikationstechniken, die in allen Lehrsituationen eine entscheidende Rolle spielen, aber besonders wichtig sind, wenn es darum geht, interaktiv zu arbeiten, d.h. mit den Studierenden im Tutorium ins Gespräch zu kommen und das Gespräch lernzielorientiert zu führen.

## 12.1 Kommunikationstechniken einsetzen

Der Begriff „Kommunikationstechnik" lässt den Eindruck entstehen, dass es möglich ist so zu kommunizieren, dass beim

Gegenüber sicher das passiert, was man selbst gerne hätte. Ganz so technisch funktioniert es in der Kommunikationstechnik leider nicht. Es geht darum, bewusst zu kommunizieren und sein eigenes Kommunikationsverhalten anzupassen, um dadurch die Wahrscheinlichkeit zu erhöhen, dass das Gespräch den gewünschten Verlauf nimmt. In schwierigen Situationen können durch Kommunikationstechniken beispielsweise Missverständnisse aufgelöst und das gegenseitige Verständnis verbessert werden (vgl. Kapitel 13.4).

Damit Sie Kommunikationstechniken für sich nutzen können, betrachten wir auf den folgenden Seiten die Frage- und Zuhörtechniken sowie die Metakommunikation detaillierter. Sie erhalten Anregungen, wie Sie Ihr Kommunikationsverhalten verändern können, damit das Gespräch den gewünschten Verlauf nimmt.

**Fragetechniken**

Folgendes Experiment bietet sich an, um die Wirkung von Fragen zu erleben: Stellen Sie sich in einer kleinen Runde mit Ihren Kommilitoninnen und Kommilitonen doch einfach mal reihum Fragen, auf die niemand eine Antwort gibt. Achten Sie darauf, wie es sich anfühlt eine Frage zu stellen und keine Antwort zu erhalten. Und wie fühlt es sich an, eine Frage gestellt zu bekommen und darauf nicht zu antworten?

Dieses kleine Experiment verdeutlicht Ihnen die Wirkung von Fragen. Fragen wird eine Sogwirkung nachgesagt, das heißt, eine Frage, die im Raum steht, erzeugt bei den Anwesenden den Wunsch nach einer Antwort. Die Frage braucht eine Antwort, sonst steht etwas Unvollendetes im Raum. Diese Sogwirkung von Fragen können Sie im Tutorium nutzen. Wenn Sie Fragen aufwerfen, die das Interesse der Studierenden wecken, wird ebenfalls ein Antwortsog entstehen.

Mit einer interessanten Frage erzeugen Sie Spannung und lenken damit die Aufmerksamkeit auf die darauf folgende Antwort.

| Beispiel: Mit Fragen die Aufmerksamkeit lenken | |
| --- | --- |
| Frage | „Wie schaffen es gute Rhetoriker jedes Thema so überzeugend vorzutragen, dass sie die Zuhörerschaft in einem Vortrag von der These und im nächsten Vortrag von der Gegenthese überzeugen?" |
| Antwort | „Rhetoriker dieser Art nutzen die Techniken, deren Grundstein bereits in der antiken Rhetorik gelegt wurde. Schauen wir uns genauer an, was in diesen Vorträgen passiert …" |

Tabelle 25: Aufmerksamkeit lenken

Damit Sie Fragen in Ihrem Tutorium mit der gewünschten Wirkung einsetzen können, braucht es ein wenig Hintergrundwissen.

Fragen können grob in zwei **Frageformen** unterteilt werden: offene und geschlossene Fragen. Bei offenen Fragen steht meist ein W-Wort zu Beginn (Wieso, weshalb, warum, wie, …). Offene Fragen öffnen das Gespräch, da die Studierenden aufgefordert werden, mehr zu sagen als ein einfaches „Ja" oder „Nein", wie es bei geschlossenen Fragen der Fall ist. Geschlossene Fragen beginnen meist mit einem Verb („Bist du gut vorbereitet?") und können mit einem Wort beantwortet werden. Die folgende Tabelle enthält einige Beispiele und beschreibt die gewünschte Wirkung beim Einsatz der jeweiligen Frageform.

|  | Offene Frage | Geschlossene Frage |
|---|---|---|
| Formulie-rung | • Beginnt mit einem W-Wort;<br>• kann nicht nur mit einem Wort wie Ja oder Nein beantwortet werden<br><br>• Wieso nehmen Sie an dem Tutorium teil?<br>• Weshalb engagieren Sie sich in der Fachschaft?<br>• Wodurch entsteht der positive Eindruck?<br><br>Ausnahme:<br>Wie heißt du? – Tim.<br>Wie geht's? – Gut. | • Kann schlicht mit Ja oder Nein beantwortet werden<br><br>• Beginnt mit einem Verb<br><br>• Verstehen Sie mich?<br>• Könnt ihr alle den Zitronensäurezyklus erklären?<br>• Hat euch das Tutorium heute gefallen? |
| Wirkung im Tutorium | • Die Studierenden erhalten viel Raum, um zu antworten und werden wenig einge-schränkt.<br><br>• Das Gespräch öffnet sich und als Tutorin, als Tutor erhalten Sie mehr Informationen.<br><br>• Sie erfahren, was die Studierenden nicht verstehen oder welche Fachbegriffe noch nicht richtig verwendet werden.<br><br>Achtung: Die Antworten können ausufern, vor allem bei Vielrednern! | • Fokussierend: Es kann zum Beispiel ein Konsens bestätigt werden ("Sind wir uns an dieser Stelle einig, dass …?")<br><br>• Steuernd: Das Gespräch wird auf ein bestimmtes Thema gelenkt ("Seid ihr einverstanden, wenn wir als nächstes x bespre-chen?")<br><br>Achtung: Wenn ausschließ-lich geschlossen gefragt wird, gerät der Gesprächs-fluss ins Stocken. |

|  | Offene Frage | Geschlossene Frage |
|---|---|---|
| Einsatz | • Um zu Beginn des Tutoriums mehr über die Studierenden zu erfahren („Welche Erwartungen habt ihr an das Tutorium?")<br><br>• Um Diskussionen zu fördern („Wie steht ihr zu dieser These?") | • Um zum nächsten Thema überzuleiten („Seid ihr einverstanden, wenn ich zur nächsten Aufgabe komme?")<br><br>• Um Diskussionen abzuschließen („Sind die wichtigsten Argumente genannt?") |

Tabelle 26: Offene und geschlossene Fragen

Mit der Wahl der Frageform versuchen wir die Antwortlänge zu beeinflussen. Die beiden oben beschriebenen Frageformen wirken sich tendenziell öffnend bzw. schließend aus. Letztendlich entscheidet der Antwortende in welchem Ausmaß er oder sie antwortet. Denken Sie an ein Interview mit Politikern, die auf geschlossene Fragen, wie zum Beispiel „Werden Sie heute für den Gesetzentwurf stimmen?", höchst selten eindeutig mit Ja oder Nein antworten. Sie nehmen die Frage vielmehr als Startsignal, um ihre Argumente vorzutragen.

Auch wenn keine Garantie besteht, mit einer geschlossenen Frage eine eindeutige Antwort herbeizuführen oder mit Hilfe von offenen Fragen ausführliche Beiträge zu erhalten, ist es wichtig, die Unterscheidung zu kennen und bewusst offene und geschlossene Fragen formulieren zu können. Sie können die Wirkungstendenz als Chance und Möglichkeit für die Gesprächsführung nutzen. Stockt in Ihrem Tutorium beispielsweise die Diskussion, können sie diese leichter mit einer offenen Frage wieder in Gang bringen.

**Tipps & Tricks**

Nutzen Sie alltägliche Gesprächssituationen als Übungsfeld, um die Wirkung von Fragen zu beobachten.

Damit die Variation und Kombination offener und geschlossener Fragen ganz selbstverständlich in Ihr Kommunikationsverhalten übergeht, ist es wichtig, dass Sie eine Zeit lang bewusst auf die Fragen achten, die Sie stellen. Achten Sie vor allem auf die Wirkung im Gespräch. Wie entwickelt sich der Verlauf nach einer offenen Frage? Wie ausführlich antwortet Ihr Gesprächspartner auf eine geschlossene Frage?

Übung 39: Fragen formulieren

Für die konkrete Vorbereitung auf Ihr Tutorium bietet sich die folgende Übung an:
Beschreiben Sie zwei Situationen, in denen Sie Fragen formulieren müssen (z.B. zu Beginn einer Diskussion oder nach einer Übungsaufgabe).
Notieren Sie sich drei bis fünf Fragen, die sich für die jeweilige Situation anbieten. Variieren Sie dabei zwischen offenen und geschlossenen Fragen.
Überlegen Sie, welche Wirkung durch die einzelnen Fragen vermutlich entstehen wird.
Wählen Sie am Ende die Frage aus, die Ihr Ziel am besten unterstützt und stellen Sie diese Frage später in Ihrem Tutorium.

Intention der Frage

Neben der Variation von offenen und geschlossenen Fragen, können Fragen noch weiter unterteilt werden, und zwar danach, was mit der Frage erreicht werden soll, d.h. mit welcher Intention gefragt wird. So können Sie mit Fragen Denkprozesse anregen, das Verständnis sicherstellen und Studierende motivieren. Damit die gewünschte Wirkung entstehen kann, sollten Sie sich vor der Formulierung der Frage bewusst sein, was Sie mit der Frage bei den Studierenden erreichen wollen. Die folgende Unterteilung hat sich in Lehrsituationen bewährt und hilft Ihnen dabei, die richtige Frage auszuwählen.

| Intention | Beispiele | Beabsichtigte Wirkung |
|---|---|---|
| Denkprozess anregen | • „Stellt euch vor, wir würden das Experiment folgendermaßen durchführen, … Welche Reaktion erwartet ihr?"<br>• „Nehmen wir an, dass die Bundesregierung das neue Gesetz wie geplant verabschiedet, welche Folgen hätte dies für die Gesamtwirtschaft?" | • Die Studierenden werden zum Weiterdenken angeregt.<br>• Es können verschiedene Szenarien anschaulich ausgemalt und durchdacht werden. |
| | • „Wie beurteilt ihr das Vorgehen?"<br>• „Welche Bedeutung haben eurer Meinung nach die neusten Erkenntnisse der Grundlagenforschung?" | • Studierende zur Stellungnahme bewegen und eine Einschätzung geben lassen. |
| Verständnis sichern | • „Welcher Aspekt hat euer Interesse geweckt?"<br>• „Wie würdet ihr die letzten 15 Minuten in einem Satz zusammenfassen?"<br>• „Was nehmt ihr aus dieser Einheit für euch mit?" | • Möglichkeit geben, Verständnis und Missverständnis zu klären;<br>• Konkretisieren und zusammenfassen der Informationsmenge. |

| Intention | Beispiele | Beabsichtigte Wirkung |
|---|---|---|
| Motivieren | • „Ihr bringt so unterschiedliche Erfahrungen mit, deswegen interessieren mich eure unterschiedlichen Meinungen besonders. Was sagt ihr zu dieser neuen Regelung?" | Studierende erinnern, dass sie bereits viel wissen und sie damit ermutigen zu antworten. |
| | • „Ihr habt ja bereits das Laborpraktikum gemacht und könnt die Theorie mit Praxis ergänzen. Wie beurteilt ihr diese Theorie vor dem Hintergrund eurer Erfahrung?" | Ressourcen/ Vorwissen/Erfahrung bewusst machen und wertschätzen; Studierende auf Augenhöhe ansprechen |

Tabelle 27: Frageintention

Machen Sie sich als Tutorin, als Tutor bewusst, was Sie mit den Fragen in Ihrem Tutorium erreichen wollen. Dann können Sie die vorgestellten Fragen zu Ihrem Zweck nutzen.

Vielleicht ist Ihnen beim Thema Fragetechniken der Gedanke durch den Kopf gegangen, dass es doch gerade in der Lehre häufig die Situation gibt, dass eine Frage gestellt wird und niemand antwortet. Wieso das so ist – darauf soll der folgende Punkt Antworten geben.

Eine Frage – keine Antwort

Sie kennen sicher die Situation, dass eine Dozentin, ein Dozent eine Frage stellt, darauf aber keine Antwort der Studierenden folgt. Schließlich beantwortet er oder sie selbst die Frage und fährt mit dem Stoff fort. Es gibt verschiedene Gründe, wieso in derartigen Situationen keine Antworten kommen. Auf den folgenden Seiten werden fünf mögliche Ursachen genauer erläutert und Tipps formuliert, wie Sie als Tutorin, Tutor es besser machen können.

### 1) Fragen nach einem längeren Vortragsblock

Die Standardsituation ist der 45 bis 60-minütige Vortrag an dessen Ende 15 bis 30 Minuten für Fragen und Diskussion eingeplant sind. Der Lehrende schließt seinen Vortrag ab, meist mit der beliebten Floskel „Vielen Dank für Ihre Aufmerksamkeit. Gibt es Fragen?" Und da ist sie: die Frage der Fragen, gefolgt von Sekunden, die sich unendlich lang anfühlen, sowohl für den Redner als auch für das Plenum.

Wo liegt das Problem? Das Rederecht lag nun bis zu 60 Minuten beim Lehrenden, den Studierenden kam die schweigende, zuhörende Rolle zu. Da ist es wenig verwunderlich, dass die plötzliche Wendung ein bisschen Zeit zum Verarbeiten benötigt. Daher ist es wichtig, den Übergang des Rederechts bewusst zu planen und den Zuhörern den Einstieg in den Austausch zu erleichtern:

- Kündigen Sie zu Beginn an, dass am Ende Fragen gestellt werden können und ermuntern Sie Ihre Studierenden im Verlauf des Inputteils Fragen zu notieren.
- Stellen Sie am Ende selbst eine offene Frage zu Ihrem Thema, die einen leichten Einstieg in die Diskussion ermöglicht.
- Zeigen Sie zu Beginn Fragen auf, die Ihr Vortrag beantworten will. Legen Sie dieselben Fragen am Ende auf und bitten Sie Ihr Plenum, diese Fragen nun zu beantworten (vgl. Kapitel 7.2 die interaktive Lehr-/Lernmethode „Vorher-Fragen").

### 2) Die Frage ist zu einfach

Wenn Studierende in einem höheren Semester mit sehr einfachen Fragen konfrontiert werden und die Antwort auf der

Hand liegt, fühlt sich das Plenum durch die Frage unterfordert und es schwindet die Bereitschaft zu antworten.

Die Zuhörerschaft stellt sich innerlich die Frage, ob die gestellte Frage wirklich ernsthaft beantwortet werden soll, wo die Antwort doch so offensichtlich ist. Sie können das wie folgt vermeiden:

- Stellen Sie ernst gemeinte, anspruchsvolle Fragen, die das Plenum nicht unterfordern.
- Wenn Sie Ihre Studierenden noch nicht sicher einschätzen können, bereiten Sie Fragen für unterschiedliches Vorwissen vor, damit Sie die Frage spontan anpassen können, zum Beispiel:

  Einfache Frage:

  „Wieso muss sich ein Unternehmen mit dem Thema Personalauswahl ernsthaft beschäftigen?"

  Anspruchsvollere Fragen:

  „Wie würdet ihr, als zukünftige Personaler, eine Argumentation gegenüber eurem Vorstand aufbauen, die diesen überzeugt, dass sich das zusätzliche Budget für die solide Personalauswahl rentiert?"

  „Wie würdet ihr ein System zur geeigneten Personalauswahl aufbauen?"

*3) Die Frage ist zu schwer*

Lehrveranstaltungen im ersten Semester haben häufig einen höheren Anspruch an das Vorwissen der jungen Studierenden als diese durch den bisherigen Schulunterricht mitbringen. Fragen sind dann schnell zu anspruchsvoll, die Studierenden haben das nötige Vorwissen nicht und es stellt sich erst einmal Schweigen im Raum ein.

Neben dem mangelnden Vorwissen kann die Schwierigkeit auch darin bestehen, dass das im Vortrag vermittelte Wissen noch nicht richtig verstanden ist. Die gestellte Frage verlangt

jedoch bereits eine tiefe Verarbeitung sowie das Weiterden-
ken der Studierenden.

- Beachten Sie das Vorwissen der Studierenden.
- Fassen Sie komplexe Inhalte möglichst einfach und verständlich zusammen.
- Bringen Sie „merk"-würdige Vergleiche und nutzen Sie
  bildhafte Sprache (vgl. Kapitel 11.1).
- Wenn Sie dennoch eine Frage stellen, die Ihre Studierenden überfordert, fragen Sie ganz offen im Plenum,
  wieso Sie keine Antwort erhalten: „Oh es wundert mich,
  dass niemand antwortet. Seid doch so nett und erklärt
  mir kurz, wieso sich niemand meldet, ist die Frage zu
  schwer?"

*4) Die Frage ist nicht eindeutig*

Sehr beliebt und dennoch sehr verwirrend sind Fragen, in
denen sich gleich mehrere Teilfragen verstecken: „Könnt ihr
mir sagen wie eine gute Forschungsfrage formuliert werden
sollte? Wie sollte der Methodenteil einer Forschungsarbeit
aufgebaut sein? Und was ist bei der Diskussion am Wichtigsten?"

Die Studierenden sind verwirrt oder sogar überfordert und
wissen nicht, auf welche Teilfrage sie antworten sollen.

Achten Sie bei Ihren Fragen auf Folgendes:

- Disziplinieren Sie sich: Bereiten Sie nur eine gute Frage vor
  und stellen Sie diese.
- Lassen Sie Ihrer Zuhörerschaft Zeit, um darüber nachzu-
  denken. Warten Sie zehn Sekunden ab, bevor Sie die Frage
  umformulieren, nach weiteren acht bis zehn Sekunden
  können Sie einen Hinweis oder eine Hilfestellung für die
  Beantwortung geben. Beantworten Sie nicht einfach die
  Frage selbst, sonst lernt Ihre Gruppe, dass Sie am Ende jede
  Frage doch selbst beantworten.

*5) Die Frage ist geschlossen*

Beliebte Fragen am Ende eines Vortrags sind Folgende: „Gibt es noch Fragen?" oder „Sind noch Fragen offen geblieben?" Beides sind geschlossen formulierte Fragen, auf die häufig erstmal keine Antwort erfolgt. Während einer Inputeinheit streut die Dozentin, der Dozent auch gerne ein „Haben Sie das verstanden?" oder „Ist das klar geworden?"

Das Problem dabei: Auf geschlossene Frage wird zwar manchmal fleißig genickt, jedoch selten laut geantwortet. Immerhin erhalten Sie auch über das Nicken eine wichtige Rückmeldung. Wenn Ihre Frage jedoch ausdrücklich beantwortet werden soll, wählen Sie besser eine offene Formulierung.

Formulieren Sie Ihre Fragen besser wie in einer dieser Varianten:

- Welche Fragen sind euch im Verlauf des Vortrags durch den Kopf gegangen?
- Welcher Aspekt hat euer Interesse geweckt?
- Wie würdet ihr die letzten 15 Minuten in einem Satz zusammenfassen?
- Was nehmt ihr aus dieser Einheit für euch mit?

Für die konkrete Vorbereitung auf Ihr Tutorium bietet sich Folgendes an:

- Markieren Sie sich in Ihrem Ablaufplan, wann Sie mit Ihren Studierenden interagieren wollen und wann Sie dies ankündigen.
- Bereiten Sie Fragen für unterschiedliche Wissensstände vor.
- Prüfen Sie die Frageform (offene Fragen bevorzugen) und ob sich einige Beispielfragen aus der Tabelle *Frageintention* eignen.

Wer Fragetechniken gekonnt einsetzt, sollte gut zuhören können, um die Antworten auch angemessen verstehen und darauf reagieren zu können. Deshalb betrachten wir im nächsten
Abschnitt die Zuhörtechniken genauer.

Zuhörtechniken

Für jede gelingende Kommunikation ist eine aufmerksame
Zuhörerin, ein aufmerksamer Zuhörer unerlässlich, denn die
Bedeutung des Gesagten entsteht auch beim Zuhörenden.
Prägnant auf den Punkt bringt es der Satz: Kommunikation
ist das, was beim anderen ankommt. Wenn wir beispielsweise die Gelegenheit hätten, mit einem Eskimo über Schnee zu
sprechen, würden wir bald feststellen, dass es bei Eskimos
viele unterschiedliche Begriffe für die verschiedenen Erschei-
nungsformen von Schnee gibt. Nun kennt ein Europäer diese
begriffliche Unterscheidung nicht und kann den Eskimo entsprechend schlecht verstehen. Die Information, die in der
begrifflichen Trennung liegt, erreicht den Europäer in diesem
Gespräch leider nicht.

Wenn dem Zuhörenden in der zwischenmenschlichen Kommunikation so eine entscheidende Rolle zukommt, liegt die
Frage nahe, wie das Zuhörverhalten optimal gestaltet werden
kann, damit sich zwei Menschen verstehen. Als Zuhörtechnik,
die zu einem besseren Verstehen beiträgt, hat sich das so
genannte „aktive Zuhören" bewährt.

Welche Bestandteile zeichnet das aktive Zuhören aus und
wie wird es in einer Lehrsituation wie dem Tutorium angewandt?

| Bestandteile des aktiven Zuhörens | Konkrete Situation im Tutorium |
|---|---|
| Körperhaltung zuwenden, Blickkontakt aufnehmen | Ein Student hat einen Einwand, das Tutorium soll um c.t. statt um s.t. anfangen.<br>Die Tutorin wendet sich dem Studenten zu und schaut ihn an. |
| Bestätigungen in Form von Nicken oder auch durch „aha", „hm" bis zu „ach wirklich" ausdrücken. Derartige Bestätigungspartikel werden in der Muttersprache ohne bewussten Denkvorgang automatisch formuliert. | Die Tutorin hört dem Studenten zu, während er seinen Einwand formuliert.<br>„Ich finde es blöd, dass wir immer schon um s.t. anfangen! Wieso beginnen wir nicht wie alle anderen um c.t.?"<br>Die Tutorin nickt und sagt „hm". |
| Nachfragen | Sie fragt nach: „Wieso wäre dir c.t. lieber?"<br>− „Weil ich dann auch mal von Anfang an dabei sein könnte. Ich muss immerhin von Gebäude Z bis hierher laufen." |
| Deuten, d.h. welche Emotion spricht aus dem Gesagten, ist es Freude, Wut, Zweifel, Ärger, Stolz, …? | Die Tutorin spricht die Emotion an, die sie aus dem Gesagten heraus hört:<br>„Ich merke schon, es ärgert dich richtig, dass du hier immer den Anfang verpasst, weil wir um s.t. anfangen." |
| Paraphrasieren, d.h. in eigenen Worten wiedergeben, was verstanden wurde | Sie fasst zusammen, was sie verstanden hat.<br>„Das heißt, wenn wir eine Viertelstunde später beginnen, hättest du genug Zeit, um aus Gebäude Z hier rüber ins Gebäude B zu laufen." |

Tabelle 28: Zuhörtechniken

Zu den oben beschriebenen Bestandteilen kommt noch das Zurückhalten dazu, d.h. dass der Zuhörende inhaltlich bei seinem Gegenüber bleibt, statt das Wort zu ergreifen und über sich selbst zu sprechen.

Abb. 52: Alltagsgespräch

Abb. 53: Aktives Zuhören

In der Übersicht finden Sie weitere Formulierungsbeispiele für die einzelnen Bestandteile des aktiven Zuhörens.

| Formulierungsbeispiele | |
| --- | --- |
| Bestätigen | „Ah, das klingt ja spannend!"<br>„Das finde ich interessant!" |
| Nachfragen | „Wie meinst du das?"<br>„Was genau verstehst du nicht?"<br>„Wie ist das für dich?"<br>„Inwiefern …?" |
| Deuten, Interpretieren | „Du meinst also, dass …? Verstehe ich dich richtig, dass …?"<br>„Oh, das belastet dich ziemlich, oder?"<br>„Du klingst richtig verärgert."<br>„Das heißt es ist dir wichtiger, dass X gesichert ist als Y?" |
| Paraphrasieren, Zusammenfassen | „Nur damit ich dich richtig verstehe, es geht dir also im Kern darum …, ist das richtig?"<br>„Das hört sich so an, als ob du da eine richtig gute Lösung gefunden hättest."<br>„Ok, du weißt einfach nicht, wie du vorgehen musst, um die Aufgabe zu lösen?"<br>„Ich versuche das noch mal zusammenzufassen: Deine Fragen waren …" |

Tabelle 29: Formulierungsbeispiele aktives Zuhören

## Wieso ist es sinnvoll, in Lehrsituationen aktiv zuzuhören?

• Als Tutorin und Tutor können Sie besser auf die Studierenden eingehen. Da Sie nachfragen, deuten und in eigenen Worten wiedergeben, reden Sie weit weniger aneinander vorbei.
• Das Verstehen verbessert und vertieft sich.
• Missverständnisse können abgebaut bzw. ihnen vorgebeugt werden.
• Die Sichtweise der Studierenden wird stärker berücksichtigt.

- Respekt und Interessen gegenüber den Studierenden werden gezeigt.
- Die Studierenden fühlen sich akzeptiert und ernst genommen.

Über die Technik des aktiven Zuhörens haben Sie also zum einen die Möglichkeit, Ihre Studierenden richtig zu verstehen, Missverständnisse aufzulösen und Wortmeldungen wertschätzend aufzugreifen. Sie können zudem mit Ihrem Zuhörverhalten den Gesprächsverlauf bewusst steuern.

Wenn Sie im Tutorium mit den Studierenden interagieren, verfolgen Sie damit in der Regel ein didaktisches Ziel. Nun lässt sich der Gesprächsverlauf in Gruppen nicht vorher planen, d.h. Sie müssen spontan auf die Aussagen reagieren und das Gespräch so führen, dass Sie am Ende Ihr Ziel erreichen. Die Techniken des aktiven Zuhörens geben Ihnen die Möglichkeit, das Gespräch entsprechend zu lenken. Wie funktioniert das?

Durch Bestätigungspartikel wie „ah, interessant" ermuntern Sie Ihre Studierenden, weiter zu sprechen und ausführlichere Antworten zu geben. Wenn Sie gezielt nachfragen, können Sie die Informationen erhalten, die für Sie interessant sind („Wie bist du denn genau vorgegangen bei deinem letzten Experiment?"). Durch Deuten, d.h. das Aussprechen intuitiv wahrgenommener Emotionen („Das hört sich an, als ob du dich richtig ärgerst?") können Sie das Gespräch mehr auf der Beziehungsebene führen, als wenn Sie sachlich nachfragen („… und was wirst du jetzt machen?"). Das bietet sich an, wenn es um persönliche Themen geht (Nervosität vor Prüfungen) oder wenn sich Ihnen jemand sehr emotional zeigt, weil er zum Beispiel verärgert ist über die Bewertung der letzten Klausur. Wird die richtige Emotion erkannt und ausgesprochen, deeskalieren sich dadurch viele Gespräche wie von selbst. Paraphrasieren, d.h. in eigenen Worten wiedergeben, wie das Gesagte verstanden wurde, ermöglicht

Ihnen den Aspekt des Gesagten herauszugreifen, der in die gewünschte Richtung führt. Bringt ein Student einen längeren Kommentar ein, kann die Antwort möglicherweise lauten: *„Ja, das stimmt, was du sagst, besonders interessant finde ich deinen letzten Gedanken. Lasst uns doch darüber noch weiter diskutieren.* Wie sehen die anderen diesen Aspekt?"

Viele Bestandteile des aktiven Zuhörens entsprechen einem höflichen, interessierten Zuhörverhalten und sind womöglich nicht neu für Sie. Das Gespräch über das eigene Zuhörverhalten zu lenken ist dennoch eine Fertigkeit, die etwas Übung braucht.

---

**Übung 40: Zuhörverhalten**

Beobachten Sie sich in Ihren alltäglichen Gesprächssituationen, z.B. bei einem Treffen mit einer Freundin, einem Freund oder Ihren Kommilitonen und probieren Sie, beim nächsten Gespräch Einfluss auf den Gesprächsverlauf zu nehmen, indem Sie Ihr Zuhörverhalten verändern (mehr nachfragen oder paraphrasieren). Beobachten Sie die Wirkung.

---

Wenn Sie in alltäglichen Gesprächen Ihr eigenes Kommunikationsverhalten und das Ihres Umfeldes beobachten, wird sich nach und nach ein höheres Bewusstsein bei Ihnen einstellen. Es wird Ihnen dann zunehmend leichter fallen, auch in Situationen, die durch Nervosität und Anspannung gekennzeichnet sind, Einfluss auf die Gespräche zu nehmen.

Metakommunikation

Sie kennen nun Frage- und Zuhörtechniken. Eine weitere Kommunikationstechnik zur Gesprächsführung ist die sogenannte Metakommunikation, das heißt die Kommunikation über die Kommunikation. Wenn Menschen also das eigentliche Gesprächsthema verlassen und die Art und Weise, wie sie miteinander sprechen, selbst zum Thema machen, handelt es sich um Metakommunikation.

Beispielformulierungen für Metakommunikation:
- *„Dieses Tutorium ist ein Angebot von Studierenden für Studierende, deswegen hoffe ich, dass wir hier zu einer angenehmen Diskussionsatmosphäre kommen!"*
- *„Wenn für euch etwas unklar ist, ist es das für die anderen vermutlich auch. Deswegen stellt die Fragen doch bitte laut."*
- *„Auf den Punkt gehe ich später noch ein. Lasst mich das kurz zu Ende erklären, dann beantworte ich die Frage."*
- *„Mir scheint, dass wir gerade das eigentliche Ziel aus den Augen verlieren. Bitte lasst uns erst gemeinsam festlegen, was wir heute erreichen wollen, bevor wir inhaltlich fortfahren."*

Wann ist Metakommunikation in Lehrsituationen wie dem Tutorium hilfreich?

Wie die eben genannten Beispielformulierungen veranschaulichen, kann Metakommunikation verschiedene Funktionen erfüllen. Metakommunikation hilft uns, Gespräche besser zu strukturieren und uns gegenseitig transparent zu machen, wie wir miteinander sprechen wollen oder gemeinsam festzulegen, wohin das Gespräch führen soll. Vor allem können mithilfe der Metakommunikation Missverständnisse aufgeklärt bzw. von vornherein vermieden werden. Besonders in kritischen Situationen kann die Metakommunikation die beste Kommunikationstechnik sein, um das Gespräch konstruktiv weiterzuführen. Als hilfreiche Struktur hat sich dabei die Formulierung nach dem „BIBB"-Schema erwiesen:

Das **BIBB-Schema** hat sich als Strukturhilfe für Gespräche bewährt, in denen kritische Verhaltensweisen rückgemeldet werden sollen (z.B. Zuspätkommen oder Nebengespräche von

Studierenden) oder wenn sich Gespräche festgefahren haben (langwierige Diskussionen). Es hilft bei der konstruktiven, de-eskalierenden Gesprächsführung.

Die Abkürzung **BIBB** steht für **B**eobachtung, **I**nterpretation, **B**ewertung, **B**itte. Die ersten drei Schritte entsprechen dem menschlichen Wahrnehmungsvorgang:

- Zuerst sehen oder beobachten wir etwas, zum Beispiel ein Fahrzeug, das zügig näher kommt, während ein Fußgänger sich bereit macht, über den Zebrastreifen zu gehen.
- Anschließend wird die Beobachtung interpretiert: „Der Autofahrer sieht bestimmt den Fußgänger nicht, deswegen fährt er zügig weiter".
- Um schließlich zur Bewertung zu gelangen: „So ein unaufmerksamer Autofahrer! Unmöglich!"

Wie Sie sich an dem gerade beschriebenen Beispiel gut vorstellen können, vollziehen sich die drei Schritte der Beobachtung, Interpretation und Bewertung sehr schnell. Im Gespräch wird häufig nur noch die Bewertung geäußert. Gerade wenn wir jemandem eine Rückmeldung zu seinem Verhalten geben wollen, formulieren wir meist intuitiv eine Bewertung. Allerdings ist die Bewertung besser zu verstehen und anzunehmen, wenn zudem die Beobachtung und die Interpretation transparent gemacht werden. Sie können aus dem Dreischritt „Beobachtung, Interpretation, Bewertung" ganz leicht eine Strukturhilfe für das jeweilige Gespräch machen, anhand der Sie auch schwierige Situationen konstruktiv auf der Metaebene ansprechen können. Etwa, wenn in Ihrem Tutorium ein Verhalten auftritt, das Ihnen nicht gefällt. Ergänzen Sie die BIB-Schritte um ein weiteres „B", um eine Bitte, eine Frage oder einen Vorschlag, und Sie kommen zu einer stimmigen Äußerung:

*„Ich sehe, du kommst 15 Minuten nach Beginn des Tutoriums (Beobachtung), vermutlich gibt es dafür einen guten*

*Grund (Interpretation). Für mich ist es allerdings wirklich un-*
*angenehm, wenn ihr so nach und nach eintrefft (Bewertung).*
*Bitte komme zukünftig pünktlich (Bitte)."*
    Durch die Verwendung des BIBB Schemas werden Sie sich
bewusst, auf welche Beobachtung Sie Ihre Interpretation
gründen und können anschließend zu alternativen Interpretationen kommen. Zudem wirkt sich diese transparente
Kommunikation deeskalierend auf Gespräche aus. Auf der
anderen Seite erhalten Ihre Studierenden wichtige Informationen darüber, welches Verhalten von ihnen welche Interpretation nach sich zieht, können ihr Verhalten erklären und
zukünftig anpassen. Missverständnisse, die aufgrund von
Fehlinterpretationen entstanden sind, können leicht aufgelöst werden.
    Damit das BIBB-Schema richtig wirken kann, ist es wichtig
die Beobachtung möglichst neutral zu formulieren und nicht
mit der Interpretation zu vermischen. Um zu einer neutralen
Formulierung zu kommen, hilft die Vorstellung, dass eine Kamera die beobachtete Situation aufzeichnen würde. Wenn Sie
sich diese Aufzeichnung ansehen würden, was wäre zu sehen? Hier einige Beispiele:

- Zwei Teilnehmer sprechen miteinander.
- Eine Teilnehmerin blickt seit zehn Minuten auf ihr Handy.
- Die Hälfte der Teilnehmer schaut aus dem Fenster.

Wie würden Sie diese Beobachtungen interpretieren? Wieso
verhalten sich die Teilnehmenden wie sie sich verhalten? Die
Tabellen bieten einige Interpretationsmöglichkeiten zur Auswahl:

| 1. Zwei Teilnehmer sprechen miteinander, vermutlich tun sie das, weil | | | |
|---|---|---|---|
| der eine dem anderen etwas erklärt. | sie sich langweilen. | sie mich ärgern wollen. | es schon lange keine Möglichkeit zum Austausch gab. |
| 2. Eine Teilnehmerin blickt seit zehn Minuten auf ihr Handy, vermutlich tut sie das, weil | | | |
| sie auf eine wichtige Nachricht wartet. | sie sich lieber mit Facebook beschäftigt. | sie die Zeit im Tutorium nur absitzt. | sie einen Fachbegriff googelt. |
| 3. Die Hälfte der Teilnehmer schaut aus dem Fenster, vermutlich tun sie das, weil | | | |
| draußen etwas Spannendes zu sehen ist. | sie sich langweilen. | sie den sonnigen Nachmittag gerne draußen verbringen würden. | sie mir zeigen wollen, dass mein Tutorium uninteressant ist. |

Tabelle 30: BIBB Schema Beispiele Interpretation

Auf die Interpretation folgt schließlich die Bewertung, d.h. wie wird das beobachtete und interpretierte Verhalten beurteilt. Abhängig von der Interpretation wird die Bewertung sehr unterschiedlich ausfallen, betrachten wir wieder die erste Situation.

| 1. Zwei Teilnehmer sprechen miteinander, vermutlich tun sie das, weil | | | |
|---|---|---|---|
| der eine dem anderen etwas erklärt. | sie sich langweilen. | sie mich ärgern wollen. | es schon lange keine Möglich-keit zum Austausch gab. |
| Bewertung | | | |
| Grundsätzlich gut, dass sich die Studieren-den gegenseitig helfen. Trotzdem stört mich das Gemurmel. | Das Tutorium ist nur ein Angebot, wenn sie sich langweilen, sollten sie besser nicht kommen. | Unverschämt-heit! Ich möchte mal sehen, wie es denen an meiner Stelle gehen würde! | Stimmt, der Input dauert einfach schon zu lange. Ich werde einfach gleich die Methode wechseln. |

Tabelle 31: BIBB Schema Beispiel Bewertung

Wenn Sie den beiden sprechenden Teilnehmern nun eine Rückmeldung nach dem BIBB-Schema geben wollen, fügen Sie als letztes „B" nach der Bewertung noch eine Bitte, eine Frage oder einen Vorschlag an. Für die vier unterschiedlichen Interpretationen finden Sie die passende wörtliche Rede in der folgenden Tabelle.

| |
|---|
| „Björn und Markus, ich sehe euch miteinander sprechen, vermutlich ist noch Erklärungsbedarf? Ich finde es gut, wenn ihr euch gegenseitig die Sachen erklärt. Das Gemurmel stört mich allerdings. Wir haben hier Zeit auf alle Fragen einzugehen, bitte fragt einfach laut, wenn was unklar ist." |
| „Björn und Markus, ich sehe euch miteinander sprechen, vermutlich ist das für euch gerade nicht interessant? Das Tutorium ist ein Angebot für alle, die den Stoff noch mal vertiefen wollen, wenn ihr euch hier langweilt, steht es euch frei zu gehen. Wenn ihr da seid, bitte ich euch, keine Nebengespräche zu führen." |

> „Björn und Markus, ich sehe euch miteinander sprechen, ich weiß nicht genau, wieso ihr das tut, ich habe aber so langsam das Gefühl, dass ihr mich einfach nur ärgern wollt. Das finde ich unverschämt! Wenn ihr mitmachen wollt, seid ihr herzlich willkommen, wenn ihr nur hier seid, um zu quatschen und mich abzulenken, dann kommt bitte nicht mehr."

> „Björn und Markus, ich sehe euch miteinander sprechen, es ist wohl Zeit, für eine kurze Murmelgruppe. Unterhaltet euch mit euren Nachbarn und haltet fest, was ihr bis jetzt verstanden habt und was euch noch unklar ist."

Tabelle 32: BIBB Schema wörtliche Rede

Aus den Beispielen wird erkennbar, dass die Interpretation der rein objektiv beobachtbaren Situation entscheidend für die nachfolgende Reaktion ist. So kann von einem positiven, lösungsorientierten Umgang bis hin zu einem negativen, eskalierenden Verhalten alles möglich sein. Das liegt vor allem daran, dass verschiedene Interpretationen andere Emotionen auslösen, die den objektiven Blick trüben. Wenn Sie das Gespräch steuern wollen, ist es wichtig, dass Sie sich der unterschiedlichen Interpretationsmöglichkeiten bewusst sind und versuchen den objektiven Blick zu behalten. Machen Sie sich deswegen zunächst immer bewusst, welche Fakten in einer schwierigen Situation wirklich objektiv zu beobachten waren. Werden Sie sich dann Ihrer Interpretationen bewusst. Überlegen Sie sich, welche weiteren Interpretationen möglich sein könnten. Alleine durch den Perspektivwechsel und den sachlichen Blick auf die Situation können sich schon viele Missverständnisse auflösen. Wird die Interpretation ausgesprochen, haben die Studierenden die Möglichkeit darauf einzugehen und das jeweilige Verhalten zu erklären.

**Übung 41: Situationen interpretieren**

Stellen Sie sich die folgende Situation vor: Eine Teilnehmerin in Ihrem Tutorium setzt sich immer in die erste Reihe, kommt immer pünktlich, sagt aber nie etwas. Wie würden Sie diese Beobachtung interpretieren? Finden Sie mindestens drei unterschiedliche Interpretationen.

Welche Bewertungen lösen die unterschiedlichen Interpretationen bei Ihnen aus? Wie würden Sie Ihre Beobachtung der Teilnehmerin rückmelden? Formulieren Sie in wörtlicher Rede.

Kommunikationstechniken gehören zum grundlegenden Handwerkszeug einer Tutorin und eines Tutors, um die Gruppen zu leiten. Es ist wichtig, das eigene Gesprächsverhalten bewusst ändern zu können, um gezielt Einfluss auf den Gesprächsverlauf zu nehmen. Die vorgestellten Techniken können zwar keinen bestimmten Gesprächsverlauf garantieren, aber die Wahrscheinlichkeit für den Verlauf in der einen oder anderen Richtung erhöht sich. Besonders erfreulich ist die Tatsache, dass Gesprächsführungstechniken täglich geübt werden können und sich so Tag für Tag ein höheres Bewusstsein für das eigene Kommunikationsverhalten einstellt. Ergänzend zu den Kommunikationstechniken stellen wir Ihnen nur die Gruppenführungstechniken vor.

## 12.2 Gruppen steuern

In der Hochschulbildung kommt der Leitung von Gruppen eine besondere Bedeutung zu, da viele Lernprozesse in Gruppen gestaltet werden. Die Unterstützung des Gruppenprozesses sowie die Steuerung und Anleitung einer Gruppe sind wichtige Aufgabenbereiche von Tutorinnen und Tutoren.

---

**Infotafel: Wann ist eine Gruppe eine Gruppe?**

Gruppen umfassen 3 bis ca. 20 Mitglieder, wobei von Kleingruppen bei 3 bis 8 Mitgliedern und von Großgruppen ab ca. 20 Personen gesprochen wird. Gruppen bestehen über einen bestimmten Zeitraum, verfügen über eine gemeinsame Aufgabe oder ein

gemeinsames Ziel und stehen miteinander in einer direkten (oder indirekten) Interaktion. Darüber hinaus entwickeln Gruppen ein Wir-Gefühl der Zugehörigkeit, das durch Werte und Normen als Grundlage von Kommunikation und Zusammenarbeit in der jeweiligen Gruppe geprägt ist. In Gruppen bildet sich zudem ein System von formellen und/oder informellen Rollen aus. (Kalt, 2010)

---

Wenn Sie die Leitung eines Tutoriums übernehmen, sollten Sie vorab für sich klären, mit welchem Rollenverständnis Sie in Ihre Gruppe gehen (Kapitel 3. Rolle). Treten Sie beispielsweise als „Kapitän" auf, werden Sie das Tutorium straffer strukturieren und sehr präsent in der Gruppenleitung sein. Verstehen Sie sich eher als „Lernbegleiter", werden Sie Angebote machen und die Gruppe phasenweise völlig unabhängig von Ihrer Leitung selbstgesteuert arbeiten lassen. Für welche Art der Gruppenleitung Sie sich in Ihrem Tutorium entscheiden, hängt von Ihrer persönlichen Haltung, Ihren Erfahrungen mit unterschiedlichen didaktischen Vorgehensweisen und den Lernzielen Ihres Tutoriums ab. Welche Gestaltung Sie auch wählen – als Tutorin, als Tutor nehmen Sie durch Ihre Lehr- und Gruppenleitungsstrategien Einfluss auf die Qualität des studentischen Lernens.

---

**Infotafel: Konzeptionelles Lernen in Gruppen**

Wird die Wissensvermittlung strukturiert geplant und didaktisch vorbereitet, spricht man von konzeptionellem Lernen, so wie es klassisch während des schulischen Lernens und im universitären Bereich stattfindet. Hierzu können verschiedene Methoden eingesetzt werden, wie sie bereits im Kapitel 7 vorgestellt wurden.

Ebenfalls in Gruppen, jedoch wesentlich weniger planbar, findet das gruppendynamisch orientierte Lernen statt. Hierbei sollen in der Regel Verhaltensänderungen bei den Teilnehmenden erreicht werden. Die Gruppe wird als soziales Umfeld genutzt, in dem die Teilnehmenden Erfahrungen machen und darauf Feedback erhalten können. Der zentrale Unterschied zwischen konzeptionellem und gruppendynamischem Lernen besteht darin, dass die Gruppenleiterin, der Gruppenleiter beim konzeptionellen Lernen über einen Wissensvorsprung verfügt und den Teilnehmenden dieses Wissen in angemessener Art und Weise vermitteln soll.

Für die Lernziele im Hochschulbereich eignet sich das konzeptionelle Lernen. Je nach Inhalt und Lernziel ist es sinnvoll, das konzeptionelle Lernen mit dem gruppendynamischen Lernen zu verbinden. Soll zum Beispiel das individuelle Konfliktverhalten verändert werden, ist eine Kombination der strukturierten Wissensvermittlung mit emotionalen Erfahrungen, wie sie das gruppendynamische Lernen ermöglicht, sehr wirksam.

(Brosius, 2009)

---

Falls Sie noch unentschieden sind, wie Sie Ihre Gruppenleitung ausüben wollen, kann Ihnen der folgende Zugang helfen: Stellen Sie sich vor, wie Ihre ideale Gruppe in Ihrem Tutorium aussehen soll. Malen Sie sich Ihre „Wunschgruppe" aus!

Abb. 54: Wie wünschen Sie sich Ihre Gruppe?

**Übung 42: Wunschgruppe konkretisieren**

Notieren Sie stichpunktartig, wie Sie sich Ihre Gruppe wünschen
(aktiv diskutierend, konzentriert zuhörend, interessiert, …)

Wie wollen Sie die Gruppenleitung wahrnehmen? (strukturiert,
interaktiv, locker, …)

Was brauchen Sie selbst, damit es Ihnen gut geht? (ein gutes
Konzept, eine Flasche Wasser, Vorbereitungszeit, bequeme Kleidung, …)

Abhängig davon, welche Wunschgruppe entstehen soll, kön-
nen Sie die Gruppenleitung gestalten. Die Informationen auf
den folgenden Seiten bieten Ihnen Hilfestellung zur konkreten
Einflussnahme auf Gruppenprozesse. Zunächst werden die
Aufgaben der Gruppenleitung beleuchtet, danach wird die
Leitung von Diskussionen besprochen. Abschließend erhalten
Sie Tipps, wie Sie auf die erbrachte Gruppenleistung, zum
Beispiel nach Gruppenarbeiten, wertschätzend Feedback ge-
ben können.

Aufgaben der Gruppenleitung

Nachdem die Aspekte „Tutorien konzipieren" und „interaktive
Lehr-/Lernmethoden einsetzen" bereits ausführlich in den Kapiteln 6 und 7 dargestellt wurden, liegt der Fokus nun auf den
konkreten Aufgaben, die Tutorinnen und Tutoren zusätzlich
innehaben, um das Tutorium souverän zu leiten. Auf der
Mindmap sehen Sie die wichtigsten Aufgaben einer Gruppenleiterin, eines Gruppenleiters illustriert: die Vorbereitung, Orientierung geben, den Rundumblick trainieren und das Schaffen einer guten Atmosphäre.

RUNDUMBLICK
--> DIE EINZELNEN UND DIE GRUPPEN IM BLICK
--> VERFASSUNG
--> STÖRUNGEN
--> DYNAMIK

ORIENTIERUNG GEBEN
--> ZIELE UND ABLAUF TRANSPORTIEREN
--> STRUKTUR BIETEN
--> ZUSAMMENFASSUNGEN FORMULIEREN
--> ZEIT IM BLICK BEHALTEN

AUFGABEN DER GRUPPENLEITUNG

VORBEREITUNG
--> INHALTE
--> METHODEN
--> RAUM

Abb. 55: Aufgaben der Gruppenleitung

Als Tutorin und Tutor steht natürlich zunächst die **Vorbereitung** der Inhalte, der Lehr-/Lernmethoden und der Visualisierungen im Vordergrund. Ist dies bewerkstelligt, sollte auch der Raum, in dem das Tutorium durchgeführt wird, vorbereitet werden. Hierzu soll die Vielfalt der Möglichkeiten anhand der Wahl der Sitzordnung und die jeweilige Wirkung deutlich gemacht werden:

| Sitzordnung | | |
|---|---|---|
| Details | Möglichkeiten | Beabsichtigte Wirkung |
| Im Hörsaal oder in einem anderen Raum mit festen Tischreihen und Stühlen | Die Studierenden dürfen sich frei ihren Platz suchen | Der Tutor, die Tutorin macht keine Vorgaben bzgl. der Platzwahl und steuert erstmal nicht. Alle sollen merken, dass es hier locker und entspannt abläuft. |
| | Die Studierenden bitten, sich möglichst nah nach vorn zu setzen | Die Tutorin, der Tutor wirkt auf die Platzwahl ein, sodass die Gruppe möglichst nah zusammensitzt und es leichter ist, mit ihr in Kontakt zu kommen. |
| | Es wird ein Seil oder Band gespannt, um die hinteren Reihen unzugänglich zu machen. | Die Tutorin, der Tutor wirkt auf die Platzwahl ein, indem scheinbar von außen (Seil) die Platzwahl eingeschränkt wird. Dadurch muss keine mündliche Aufforderung erfolgen. |
| | Die Studierenden bitten, die vorderen Reihen unbedingt freizuhalten und sich erst ab Reihe 4 zu setzen. Der Tutor, die Tutorin stellt sich dann dorthin, wo die Gruppe sitzt | Diese Aufforderung überrascht und ist ungewohnt. Gleichzeitig wird Einfluss auf die Platzwahl genommen und unterschwellig vermittelt, dass es hier anders läuft. |

| Sitzordnung | | |
|---|---|---|
| Details | Möglichkeiten | Beabsichtigte Wirkung |
| Raum mit flexibler Bestuhlung | Sitzreihen Kinobestuhlung | Alle Studierenden können gerade auf die Tafel/Präsentationsfläche schauen. |
| | U-Form | Die Studierenden sehen einander und kommen leichter ins Gespräch/in Diskussionen |
| | Stuhlkreis ohne Tische | Die Tutorin, der Tutor ist nah dran an den Studierenden, kann sich flexibel im Raum bewegen, es steht keine Barriere im Weg. Die Teilnehmenden können leicht aufstehen und Gesprächsgruppen bilden. |
| Labor | Als Gruppe zusammenstehend | Die Gruppe bleibt auf begrenztem Raum zusammen. Dabei richtet sich die Aufmerksamkeit zunächst nur auf den Tutor, die Tutorin, bis die Arbeit im Labor beginnen soll. Bereits gesäuberte Arbeitsplätze sollen vorab nicht verunreinigt werden. |
| | Studierende stehen/ sitzen an Laborplätzen | Jeder Teilnehmer/jede Teilnehmerin hat einen Laborarbeitsplatz gefunden. Nach einführenden Worten kann die Arbeit sofort beginnen. Der Tutor, die Tutorin kann Bezug nehmen auf Material oder Geräte, die für das Experiment gebraucht werden. |

Tabelle 33: Sitzordnung

Ein weiterer Aspekt, der bereits in der Vorbereitung durchdacht werden sollte, ist die Wahl der eigenen Position im Raum. Von wo aus möchten Sie die Leitung des Tutoriums ausüben? Hierzu einige Anregungen in Tabelle 34:

| Rhetorisch betrachtet | Gründe für diese Position, die von unseren Teilnehmenden genannt wurden | Vorschläge |
|---|---|---|
| Position vorne hinter einem Tisch | | |
| Die Tutorin, der Tutor ist weniger präsent, da nur der Oberkörper sichtbar ist.<br>Mehr Distanz zu Studierenden, Raumnutzung nur eingeschränkt möglich | „Gibt mir Sicherheit, … weil meine Unterlagen sichtbar vor mir liegen"<br>„… weil ich mich geschützt fühle von dem Tisch"<br>„… weil ich dort die Präsentation weiter klicke" | • Schreiben Sie ein gutes Stichwort-Manuskript auf Din A5 Karteikarten. Diese können in einer Hand gehalten werden und machen Sie flexibel.<br>• Beginnen Sie in der Position hinter dem Tisch und wenn die anfängliche Aufregung abgeklungen ist, verändern Sie die Position, um hierbei Erfahrung sammeln zu können und sicherer zu werden.<br>• Arbeiten Sie mit einer Fernbedienung. |

Tabelle 34a: Position im Raum

Abb. 56: Mögliche Positionen im Raum

| Rhetorisch betrachtet | Gründe für diese Position, die von unseren Teilnehmenden genannt wurden | Vorschläge |
|---|---|---|
| **Vorne frei stehend** | | |
| Die Tutorin, der Tutor ist präsent, kann sich flexibel im Raum bewegen und Kontakt zu Teilnehmern aufbauen | „Gibt mir die Möglichkeit auf Teilnehmende zuzugehen, wenn Fragen oder auch Unruhe auftreten." „Gefällt mir selbst als Zuhörer bei Vorträgen am besten." „Mein Eindruck ist, dass ich so die Aufmerksamkeit meiner Studierenden am besten aufrechterhalten kann." | • Machen Sie sich vor Beginn des Tutoriums schon mal mit dem Raum vertraut und probieren Sie verschiedene Positionen aus. <br> • Achten Sie besonders auf den Blickkontakt mit den Studierenden. |
| **Sitzend als Teil der Gruppe** | | |
| Die Tutorin, der Tutor ist weniger präsent und eingeschränkt in der Raumnutzung. | „Ich möchte mich in die Gruppe integrieren und Teil der Gruppe bleiben." „Zu sitzen ist für mich bequemer." | • Wählen Sie Ihre Sitzposition so, dass Sie alle Teilnehmenden im Blick behalten. <br> • Variieren Sie zwischen sitzend und stehend. |

Tabelle 34b: Position im Raum

Entscheidend für die Wahl Ihrer Sitz- oder Präsentationsposition ist Ihr Wohlbefinden. Wenn Sie sich wohl und sicher fühlen, können Sie die besten Ergebnisse erreichen. Für Präsentations- und Gruppenleitungsaufgaben empfehlen wir die freistehende Position. Wenn Sie sich damit anfangs noch nicht wohlfühlen, beginnen Sie in Ihrer „Wohlfühl-Position" und variieren Sie im Verlauf des Tutoriums Ihre Position.

Neben der Vorbereitung ist die zweite wichtige Aufgabe von Gruppenleitern die **Orientierung** der Studierenden. Die Orientierung einer Gruppe trägt maßgeblich dazu bei, dass die Aufmerksamkeit der Teilnehmenden auf die Inhalte gerichtet werden kann und somit die gewünschten Ziele erreicht werden (siehe auch Kapitel 6.2). Wenn Fragen wie beispielsweise „Was tun wir heute?", „Wozu ist das wichtig?", „Wann gibt es eine Pause?" und „Was wird von mir als Teilnehmer erwartet?" geklärt sind, werden die Studierenden nicht unnötig durch innere Fragen abgelenkt, sondern können einfach aufmerksam am Tutorium teilnehmen.

Beachten Sie als Tutorin und Tutor im Sinne der Gruppenleitung die folgenden Punkte, um gute Orientierung zu schaffen:

- Machen Sie die Ziele der Sitzung transparent: Was soll im heutigen Tutorium erreicht werden?
- Bieten Sie Struktur: Wie gehen wir vor? Wo befinden wir uns gerade?
- Formulieren Sie Zusammenfassungen: Wie lautet die Quintessenz?
- Behalten Sie die Zeit im Blick: Welche Inhalte sind noch geplant?
- Geben Sie einen Ausblick: Was folgt in der nächsten Sitzung?

Achten Sie darauf, dass die Orientierung der Studierenden ein fester Bestandteil Ihres Tutoriums wird. Zu Beginn nennen Sie Ziele und Vorgehen, zwischendurch geben Sie kurze Zusammenfassungen und am Ende bieten Sie eine Abschlusszusammenfassung und den Ausblick.

Eine weitere wichtige Aufgabe der Gruppenleitung ist es, die einzelnen **Teilnehmerinnen und Teilnehmer im Blick**

zu haben, damit Sie bei Bedarf darauf reagieren können. Sind
die Studierenden …

… noch aufmerksam, z.b. Blick nach vorn gerichtet?

… noch aufnahmefähig, denken die Teilnehmenden noch mit
oder sitzen sie nur die Zeit ab?

… abgelenkt? Gibt es Nebengespräche, Blick aufs Handy, Blick
aus dem Fenster?

… interessiert? Sehen Sie Zuhörsignale wie Nicken, nachfragen?

… unruhig, z.b. Nebengespräche, auf den Stühlen hin und
her rückend?

… müde, z.b. Gähnen, Augen, die zufallen oder müde aussehen?

Dazu müssen Sie Ihre eigene Wahrnehmung schulen, um einerseits die Atmosphäre in der Gruppe und andererseits die Individuen in der Gruppe wahrnehmen zu können. Sie vermitteln also nicht nur fachliche Inhalte, sondern behalten parallel dazu immer die Studierenden im Auge. Lassen Sie den Blick immer wieder schweifen und seien Sie aufmerksam, gegenüber allem, was in der Gruppe passiert. Nur so bekommen Sie mit, falls sich in der Gruppe zum Beispiel Unmut oder Unverständnis breit macht, einzelne Teilnehmer oder Teilnehmerinnen abgelenkt sind oder die Gruppe insgesamt müde wirkt. Dann können Sie darauf reagieren. Sie können kurze Pausen machen oder die Lehr-/Lernmethode wechseln. Sie können einzelne Teilnehmer ansprechen und auf die Bedürfnisse der Studierenden reagieren. Auf diese Weise bleibt die Gruppe arbeitsfähig und die gute Gesamtstimmung in Ihrem Tutorium wird aufrechterhalten.

Worauf können Sie konkret achten?

Am einfachsten lassen sich die körpersprachlichen Signale wahrnehmen. Hier liegen Chance und Risiko nah beieinander, denn auch wenn wir durch die Körpersprache wertvolle Indizien über den Zustand der Studierenden erhalten, sei davor gewarnt, die körpersprachlichen Signale eins zu eins zu übersetzen (z.B. bedeuten verschränkte Arme nicht immer unbedingt Abwehr, siehe Kapitel 10). Es geht vielmehr darum, körpersprachliche Signale wahrzunehmen und diese gegebenenfalls der Gruppe mit Hilfe der Metakommunikation zurückzumelden.

Einige Formulierungsbeispiele:

*„Für mich sieht es gerade so aus, als ob ihr schon recht müde seid? Jetzt machen wir mal eine einminütige Lüftungspause und dann geht es weiter!"*

*„Ich sehe hier vorne Schmunzeln und Flüstern und wieder ein Schmunzeln, lasst uns doch teilhaben, was euch durch den Kopf geht. Ein wenig Aufheiterung tut uns sicher allen gut!"*

*„Wenn ich mich in der Runde so umschaue, habe ich den Eindruck, dass das Thema für alle bekannt ist und eher eine Wiederholung darstellt. Inwieweit liege ich da richtig? Dann können wir natürlich weitergehen."*

Oder Sie bewerten die Signale für sich selbst und passen den Ablauf der Einheit an.

*„Ich blicke hier in das eine oder andere müde Gesicht, deswegen schlage ich vor, dass sich jetzt jeder mal zwei Minuten mit seinem Nachbarn unterhält. Was war für euch der wesentlichste Punkt der letzten 30 Minuten?"*

Wir erleben es häufig, dass Tutorinnen und Tutoren negative körpersprachliche Signale auf sich persönlich beziehen und zu Interpretationen kommen, die sie selbst abwerten, wie beispielsweise: „Die schauen alle so gelangweilt, die mögen mich einfach nicht." Wie wir bereits im Kapitel 12.1 erläutert haben, ist es hilfreich, verschiedene mögliche Interpretationen zu einer Beobachtung zu formulieren, um Verhaltensweisen der Studierenden nicht persönlich zu nehmen und im Verlauf professionell damit umgehen zu können.

---

**Infotafel: Zwischen Integration und Differenzierung**

Während der Arbeitsphase bleibt der Gruppenprozess nicht statisch auf einem Niveau, sondern bewegt sich dynamisch. Abhängig von den Teilnehmenden der Gruppe, bewegt sich die Gruppe zwischen den beiden Polen Integration und Differenzierung hin und her.

Befindet sich eine Gruppe in einer Phase der Integration, werden Ähnlichkeiten, gleiche Sichtweisen und gemeinsame Erlebnisse zwischen den Teilnehmenden gefunden, die zu einem stärkeren Zusammenhalt führen. Ein Wir-Gefühl entsteht. Tritt die Differenzierung in den Vordergrund, bilden sich Rollen heraus, werden verschiedene Meinungen zugelassen und es können Spannungen und Konflikte innerhalb der Gruppe auftreten.

Beide Zustände sind wichtig für die Gruppe, damit sowohl die Bedürfnisse des Einzelnen ihren Raum erhalten (Differenzierung) als auch die Gruppe als Ganzes gestärkt wird (Integration). Fallen die Differenzierungsphasen weg, kommt es zur Auflösung des Individuums in der Gruppe, wie es zum Beispiel bei Sekten der Fall ist. Fehlt hingegen die Integrationsphase, zerbrechen Gruppen, weil ihnen die gemeinsame Basis fehlt.

In Lerngruppen sollten beide Bewegungen zugelassen und sogar gefördert werden, damit die Gruppe ihr Ziel gemeinsam erreicht und gleichzeitig Raum für die individuellen Gruppenmitglieder besteht. Um der Differenzierung gerecht zu werden, können Unterschiede verbalisiert, eigenständige Meinungen unterstützt, Widerstände und Konflikte angesprochen werden. Um die Integration zu fördern sollten Gemeinsamkeiten und Stärken der Gruppe betont, gemeinsame Erfolge und Arbeitsergebnisse ermöglicht sowie gemeinsame Ziele transparent gemacht werden.

(Kalt, 2010)

Besonders notwendig ist die Gruppenleitung wenn es darum geht, Diskussionen lernzielorientiert zu leiten. Der folgende Abschnitt beleuchtet die Methode der Diskussion und die Anforderungen an die Leitung genauer.

Diskussionen leiten

Eine der beliebtesten Lehr-/Lernmethoden im akademischen Kontext ist die Durchführung von Diskussionen. Diskussionen in Tutorien helfen den Studierenden Inhalte kritisch zu hinterfragen, ihre Standpunkte zu formulieren und zu verteidigen. Damit fördern Diskussionen das Lernen und tragen zu einer tieferen Verarbeitung von Wissen bei. Obwohl die Diskussion eine so wertvolle Methode in Lehrveranstaltungen ist, verläuft sie leider oft schleppend, dreht sich im Kreis oder findet nur zwischen wenigen Personen statt. Damit dies nicht passiert, wird der Prozess von einer Diskussionsleiterin, einem Diskussionsleiter unterstützt, der das gesamte Repertoire der Kommunikationstechniken einsetzen kann. Betrachten wir die Diskussion als Gesprächsführungssituation etwas genauer.

Grundsätzlich kann bei Diskussionen zwischen inhaltsorientierten und ergebnisorientierten Diskussionen unterschieden werden. In inhaltsorientierten Diskussionen stehen die besprochenen Inhalte im Vordergrund. In ergebnisorientierten Diskussionen soll am Ende ein gemeinsames Ergebnis stehen, zum Beispiel die neue Aufgabenverteilung in einer Fachschaft. Im akademischen Kontext finden hauptsächlich inhaltsorientierte Diskussionen statt, da es meistens um die Auseinandersetzung mit neu erworbenen Inhalten geht. Diskussionen können in unterschiedlichen Phasen des +AVIVA+- Schemas eingesetzt werden: Mit Diskussionen können die Studierenden ihr Vorwissen reaktivieren, neu erworbenes Wissen vertiefen und verarbeiten oder sie können Inhalte am Ende eines Themenblocks wiederholen. Unabhängig davon, wozu Sie die Diskussion einsetzen, gilt es zu Beginn jeder Diskussion, diese in Gang zu bringen.

*Was sollten Sie im Vorfeld einer Diskussion tun?*

Legen Sie das Diskussionsziel fest. Soll ergebnis- oder inhaltsorientiert diskutiert werden? Welche Inhalte sollen mit welchem Ziel besprochen werden? Soll zum Beispiel kritisches Hinterfragen einer wissenschaftlichen Theorie oder eines Versuchsdesigns erreicht werden?

Bereiten Sie passende Fragen vor. Formulieren Sie Fragen für den Einstieg ebenso wie weiterführende Fragen, mit deren Hilfe Sie die Studierenden im Verlauf der Diskussion in eine andere Richtung lenken können:

*„Nach allem was wir heute besprochen haben, was schätzt ihr, wozu tendiert der aktuelle wissenschaftliche Diskurs?"*

Ergänzend zu den Fragen, können Sie sich im Vorfeld kontroverse Thesen überlegen, durch die die Diskussion angefacht wird:

*„Es gibt Stimmen die behaupten, dass es für die erfolgreiche Implementierung von Umstrukturierungen in Unternehmen ausreicht, wenn das Management die Neuerungen transparent kommuniziert."*

Um sich die Diskussionsleitung zu erleichtern, hilft es, etwaige Methoden und Visualisierungen vorher vorzubereiten. Bereiten Sie zum Beispiel eine Mindmap zur Dokumentation der Diskussionsergebnisse vor oder stellen Sie im Vorfeld die Stühle in die Sitzordnung für die Fish-Bowl-Methode. Auch wenn Sie keine Diskussions-Methode verwenden, sollten Sie die Sitzordnung diskussionsfreundlich gestalten, indem Sie beispielsweise die Stühle in U-Form aufstellen, sodass sich alle Teilnehmenden sehen können oder sich die Diskutanten, im Sinne einer Pro-Kontra-Diskussion, gegenüber sitzen.

*Wie können Sie Diskussionen generell fördern?*

Kündigen Sie die Diskussion frühzeitig an, damit sich alle Teilnehmenden gedanklich darauf vorbereiten können. Wenn Sie regelmäßig Diskussionen durchführen, kann sich in Ihrem Tutorium eine Diskussionskultur entwickeln, in der Diskussionen immer leichter in Schwung kommen. Ob Sie diese Methode regelmäßig oder nur ab und zu einsetzen, immer gilt: Beachten Sie den Wissensstand Ihrer Studierenden, damit die Diskussion auf dem richtigen Niveau geführt wird. Zudem sollten Sie darauf achten, die Kontroverse zu erhalten, denn nur wenn unterschiedliche Meinungen bestehen, kommt es zu einer Diskussion. Nutzen Sie Ihre vorbereiteten Fragen und Thesen, um die Diskussion am Leben zu erhalten.

*Wie gestalten Sie den Übergang vom Vortrag in die Diskussion?*

Sie haben verschiedene Möglichkeiten, die Diskussion zu beginnen: So können Sie beispielsweise eine offene Starterfrage stellen:

*„Nun sind wir im Schnelldurchlauf durch die verschiedene Epochen gegangen, welche hat euch am meisten angesprochen und wieso?"*

Lassen Sie anschließend acht bis zehn Sekunden Zeit verstreichen, damit die Studierenden nachdenken und eine Antwort formulieren können. Eine Alternative besteht darin, ein Meinungsbild einzufordern und anschließend eine offene Frage zu formulieren:

*„Gebt mir doch bitte mal ein Handzeichen: Wer befürwortet den Vorschlag? Wer lehnt ihn ab?"*

*„Wieso lehnt ihr den Vorschlag ab?"*

Wenn Sie die Diskussion mit einer kontroversen These eröffnen, muss diese richtig eingeführt werden, damit anschließend eine Diskussion beginnt, wie der folgende Beispielsatz zeigt:

*„Ich habe eine kontroverse These mitgebracht und bin sehr gespannt, was ihr dazu sagt! Die These lautet: Studieren erzeugt lediglich träges Wissen, auf die Arbeitswelt werden Studierende nicht vorbereitet."*

In jedem Fall ist es hilfreich, auf nonverbale Signale zu achten und diese anzusprechen:

*„Du siehst aus, als ob du etwas sagen möchtest, was geht dir durch den Kopf?"*

Neben diesen generellen Strategien zur Diskussionseröffnung, können Sie zudem auf Diskussionsmethoden zurückgreifen, wie sie im Kapitel 7.2 Lehr-/Lernmethoden beschrieben sind (z.B. Murmelgruppe oder Fish-Bowl).

*Worauf sollten Sie während der Diskussionsleitung achten?*

Achten Sie darauf, dass die Reihenfolge der Wortmeldungen eingehalten wird, indem Sie beachten, wer sich wann meldet und kurz mit einem Handzeichen zeigen, wer wann ans Wort kommt. Achten Sie auf gleichmäßige Redeanteile der Diskutanten:

*„Vielen Dank Louis, das war sehr anschaulich. Mich würde interessieren, welche weiteren Meinungen es zu dieser Frage gibt. Hier die linke Tischreihe war bisher etwas zurückhaltend."*

*„Wer vertritt den gleichen Standpunkt? Wie begründest du deine Position?"*

*„Wer von euch kann noch eine andere Perspektive dazu aufzeigen?"*

Behalten Sie das Ziel der Diskussion im Auge und steuern Sie bei Bedarf, mit Hilfe von Kommunikationstechniken, die Diskussion. Lenken Sie beispielsweise mit Fragen zu weiteren Aspekten:

*„Das ist ein wichtiger Aspekt, den du ansprichst und das bringt mich gleich zu einer weiteren interessanten Frage, die ich gerne noch mit euch diskutieren möchte."*

*„Ich merke, hier ist noch viel Diskussionspotential, lasst uns trotzdem an dieser Stelle zu einer anderen wichtigen Frage kommen, um in der Diskussion nicht zu einseitig zu werden."*

*„Bevor wir diesen Diskussionspunkt gleich abschließen, noch eine letzte Frage ..."*

Hören sie zudem aktiv zu (vgl. Kapitel 12.1), indem Sie Aussagen paraphrasieren, d.h. in eigenen Worten den Kern der Aussage formulieren. Achten Sie auf einen respektvollen Umgang miteinander und nutzen Sie gegebenenfalls Metakommunikation (vgl. Kapitel 12.1). Fordern Sie die Studierenden auf, in der Diskussion Bezug auf das vorher Gesagte zu nehmen, damit sich die Diskussion weiterentwickelt und nicht nur ein Schlagabtausch von einzelnen Gedanken stattfindet. Geben Sie Zwischenzusammenfassungen und visualisieren diese bei Bedarf (vgl. Kapitel 8). Als Diskussionsleitung sind Sie zu Beginn und am Ende einer Diskussion meist aktiver und steuern vermehrt das Gespräch, im Verlauf der Diskussion sollte sich der Austausch zwischen den Diskutanten entwickeln und Sie können sich zurücknehmen.

*Wie beenden Sie die Diskussion?*

Kündigen Sie an, dass sich die Diskussion dem Ende neigt:

*„Wir haben noch Zeit für zwei Wortmeldungen, dann möchte ich die Diskussion zusammenfassen."*

Stellen Sie eine geschlossene Frage:

*„Haben wir Eurer Meinung nach die wichtigsten Argumente zusammengetragen?"*

Formulieren Sie eine Abschlusszusammenfassung und danken den Studierenden für die gute Beteiligung. Im Anschluss können Sie einen Ausblick auf die nächste Veranstaltung geben oder zum nächsten Thema überleiten.

*Wie gehen Sie mit den Ergebnissen um?*

Im Gegensatz zu ergebnisorientierten Diskussionen steht am Ende einer inhaltsorientierten Diskussion meist kein eindeutiges Ergebnis, sondern die Facetten eines Themas wurden differenziert betrachtet, Vor- und Nachteile herausgearbeitet, Argumente ausgetauscht. Die Differenzierung statt der eindeutigen Antwort mag bei manchen Studierenden oder auch bei der Tutorin, beim Tutor selbst ein Gefühl der Unzufriedenheit auslösen, da nach all dem Austausch nun immer noch keine klare Aussage steht. Es ist allerdings auch nicht das Ziel einer inhaltsorientierten Diskussion zu eindeutigen Antworten zu kommen. Es geht vielmehr darum, ein Thema differenziert zu beleuchten, die eigene Argumentationsfähigkeit auszubauen und durch den konstruktiven Diskurs neue Perspektiven zu erhalten. Damit ist die Diskussion in der Lehre, analog zum schriftlich geführten wissenschaftlichen Diskurs zu sehen. Gerade dadurch, dass Fragen offen bleiben, Gedanken weiterentwickelt werden oder Aspekte neu beleuchtet werden, entwickeln sich die Wissenschaften weiter. Diskussionen in der Lehre einzusetzen, bildet bei den Studierenden eine grundlegende Fertigkeit zum wissenschaftlichen Arbeiten aus. Es ist wichtig, dass Sie sich als Tutorin, als Tutor darüber bewusst sind, um am Ende einer Diskussion mit den Ergebnissen gut umgehen zu können. Auch hierfür ein Formulierungsbeispiel:

*„Wir haben in der Diskussion wirklich viele interessante Argumente zusammengetragen. Wie ihr an den Notizen seht, überwiegen zwar mit einem leichten Vorsprung die Pro-Argumente, aber wir hier in dieser Runde sind nach wie vor gespalten und das ist auch gut so. Denn nur wenn es verschiedene Meinungen und Ideen unter Wissenschaftlerinnen und Wissenschaftlern gibt, entwickelt sich unser Fach weiter. Es geht darum, die eigenen Standpunkte vertreten und wissenschaftlich belegen zu können."*

Wertschätzen Sie die Diskussionsleistung und beziehen Sie die Ergebnisse oder die genannten Argumente im weiteren Verlauf des Tutoriums immer wieder mit ein.

Die Diskussion ist eine beliebte interaktive Lehr-/Lernmethode. Mit dem Einsatz von Übungen und Methoden werden definierte Lernziele verfolgt. Damit diese Ziele erreicht werden, ist es wichtig, den Studierenden ein differenziertes Feedback auf die erbrachte Leistung, d.h. auf die Arbeitsergebnisse zu geben. Der folgende Unterpunkt stellt dar, worauf bei der Formulierung von Feedback zu achten ist.

Feedback auf Gruppenleistungen geben

**Tipps & Tricks**

Prüfen Sie bereits während laufender Gruppenarbeiten, ob die Aufgabe richtig bearbeitet wird und korrigieren Sie bei Bedarf.

Abhängig von dem Fokus Ihres Tutoriums wird Feedback für Sie eine größere oder kleinere Rolle spielen. Bieten Sie beispielsweise ein Vertiefungstutorium zu einer Vorlesung an, wollen die Studierenden hier ihr Wissen festigen und sich auf eine Prüfung vorbereiten. Dafür ist es wichtig, dass die Studierenden eine realistische Einschätzung erhalten, wo sie bzgl. der Lernziele stehen. Feedbacktechniken werden für Sie in diesen Tutorien ein sehr relevantes Instrument sein. Gestalten Sie hingegen ein Orientierungstutorium, in dem Erstsemester-Studierende mit den grundlegenden Informationen zum Studieneinstieg versorgt werden sollen, spielt Feedback eine kleinere Rolle.

*Was ist unter Feedback zu verstehen?*

Feedback bedeutet, dass die Studierenden eine Rückmeldung auf eine erbrachte Leistung, zum Beispiel das Ergebnis von Übungsaufgaben oder auf ein Verhalten, etwa die Art und Weise einer Präsentation, erhalten. Für das Feedback auf erbrachte Leistungen ist ein Wissensvorsprung gegenüber den Studierenden erforderlich, d.h. als Tutorin, als Tutor können Sie beurteilen, wie gut eine Aufgabenstellung bearbeitet wurde oder ob das Ergebnis einer Übungsaufgabe richtig oder falsch ist. Durch Ihr Feedback haben die Studierenden die Möglichkeit zu lernen und sich zu verbessern.

*Wie geben Sie Feedback auf Leistungen?*

Beginnen Sie, indem Sie die Leistung wertschätzen. Im Anschluss daran wird die Leistung differenziert ausgewertet und aufgezeigt, was korrekt bearbeitet wurde und wo ggf. Fehler gemacht wurden. Dabei ist es wichtig, herauszuarbeiten, wie der Fehler korrigiert bzw. vermieden werden kann. Wenn es möglich ist, können Sie eine allgemeine Regel oder einen Merksatz für die Studierenden ableiten. Wörtlich formuliert, könnte Ihr Feedback so klingen:

*„Sehr gut, alle Gruppen sind in der Zeit fertig geworden und haben ein Ergebnis, das sie präsentieren können* (Wertschätzung). *Wie ich sehe, hat Schritt 1 der Übung bei allen richtig gut geklappt* (Wertschätzung), *die Schritte 2 und 3 müssen wir uns noch mal anschauen, hier gibt es unterschiedliche Lösungen und so viel kann ich vorweg sagen, leider ist nur eine richtig* (differenziert auswerten). *Bei Schritt 2 müsst ihr darauf achten, dass …* (Fehler korrigieren). *Mir hilft bei solchen Aufgaben folgende Eselsbrücke: …* (Merksatz)."

*„Bei eurer Gruppe ist zwar das falsche Ergebnis herausgekommen, trotzdem finde ich es interessant, wie ihr die Aufgaben angegangen seid* (Wertschätzung), *sagt mal, was euer Ansatz war und wo es dann schwierig wurde* (Differenzierung)."

Wenn Sie Feedback auf Verhaltensweisen, zum Beispiel darauf, wie sich Studierende im Tutorium verhalten oder wie ein Inhalt präsentiert wird, handelt es sich um Ihre subjektive Wahrnehmung. Dementsprechend sollten Sie das in Ihrer Formulierung kenntlich machen. Sie drücken aus, wie ein Verhalten auf Sie wirkt und zu welchen Konsequenzen das führt. Es ist gut möglich, dass dasselbe Verhalten bei verschiedenen Personen unterschiedlich ankommt und jede Wahrnehmung hat ihre Berechtigung.

*Wie geben Sie Feedback auf Verhaltensweisen?*

Um Feedback auf Verhaltensweisen zu geben, eignet sich die BIBB Struktur, die bereits im Kapitel 12.1 beschrieben wurde. Das heißt, Sie sprechen Ihre Beobachtung, die dazugehörige Interpretation und Ihre Bewertung aus. Anschließend formulieren Sie einen Vorschlag:

*„Ich sehe, dass ihr hier in der Gruppe noch an der ersten Frage arbeitet. Wenn ich das richtig gehört habe, seid ihr*

*unterschiedlicher Meinung. Das macht nichts, ihr müsst nicht zu einem Konsens kommen. Fangt jetzt bitte mit der nächsten Frage an."*

Darüber hinaus sind folgende Punkte wichtig:
  Formulieren Sie Ich-Botschaften

*„Mir fällt auf ... "*
*„Ich habe beobachtet ... "*
*„Auf mich hat das ablenkend gewirkt."*

Beziehen Sie Ihr Feedback auf ein konkretes Verhalten und beschreiben Sie die Wirkung, die dadurch bei Ihnen entsteht, statt Verallgemeinerungen zu formulieren.

*„Am Anfang ging dein Blick oft Richtung Leinwand, da habe ich dich schwer verstanden."*

statt

*„Du schaust die ganze Zeit auf die Leinwand. Mach das besser nicht."*

Sprechen Sie auch die positiven Aspekte an, damit ein ausgewogenes Feedback entsteht und die Verbesserungsvorschläge leichter angenommen werden können.

Mit der Feedback-Technik haben Sie ein wichtiges Steuerungsinstrument an der Hand, um Gruppenergebnisse und Verhaltensweisen konstruktiv zu korrigieren.

Als Tutorin und Tutor stehen Ihnen nun unterschiedliche Techniken zur Verfügung, um Ihr Tutorium zu leiten. In der Kombination aus den Kommunikationstechniken und bewusster Gruppenführung, haben Sie die wesentlichen Instrumente zur souveränen Leitung Ihres Tutoriums kennengelernt. Mit zunehmender Erfahrung können Sie immer flexibler auf Gruppenprozesse reagieren.

*Unsere Literaturempfehlungen zum Weiterlesen:*

Weidenmann, B. (2006): Gesprächs- und Vortragstechnik: Für alle Trainer, Lehrer, Kursleiter und Dozenten. 4. Auflage. Weinheim.

Weisbach, C.-R. (1994): Professionelle Gesprächsführung. Ein praxisnahes Lese- und Übungsbuch. München.

**Checkliste für das Kapitel 12**

→ Füllen Sie die folgende Checkliste aus, um gut auf das Tutorium vorbereitet zu sein.

Bereiten Sie Fragen für die erste Tutoriums-Sitzung vor.
In welcher Phase können Sie Fragen sinnvoll einsetzen?

..................................................................................

..................................................................................

..................................................................................

..................................................................................

Bereiten Sie passende offene Fragen vor:

..................................................................................

..................................................................................

..................................................................................

..................................................................................

Bereiten Sie passende geschlossene Fragen vor:

..................................................................................

..................................................................................

..................................................................................

..................................................................................

Alternative Fragen für unterschiedliches Vorwissen:

..................................................................................

..................................................................................

..................................................................................

..................................................................................

Was werden Sie dazu beitragen, damit Ihre Wunschgruppe Realität wird:

..............................................................................

..............................................................................

..............................................................................

..............................................................................

In meinem Tutorium werde ich diese Sitzordnung aufbauen:

Markieren Sie Ihre eigene Position.

Das Ziel für die Diskussion lautet:

..............................................................................

..............................................................................

Folgende Fragen und Thesen kann ich zur Steuerung der Diskussion nutzen:

..............................................................................

..............................................................................

..............................................................................

..............................................................................

..............................................................................

# 13. Schwierige Situationen meistern

In diesem Kapitel erfahren Sie …

… wie sich Lampenfieber auswirken kann und welche Maßnahmen Sie ergreifen können, um Ihre Nervosität in den Griff zu bekommen.

… wie Sie Ihr Tutorium motivierend gestalten können.

… wie Sie intervenieren können, wenn eine Lehr-/Lernmethode misslingt.

… welche Strategien Sie im Umgang mit schwierigen Kommunikationssituationen einsetzen können.

Mit der Leitung eines Tutoriums übernehmen Sie eine wichtige Lehraufgabe im Hochschulalltag. Gerade für die weniger Erfahrenen unter Ihnen wird das sicherlich mit Aufregung und Nervosität verbunden sein. Vielleicht haben Sie zwischenzeitlich sogar Zweifel, ob die Durchführung so klappt, wie Sie sich das vorstellen. In diesem Kapitel zeigen wir mögliche Schwierigkeiten auf, die in Tutorien entstehen können und geben Ihnen Strategien an die Hand, wie Sie in derartigen Situationen souverän reagieren können. Dazu betrachten wir, wie Sie Lampenfieber abbauen, demotivierte Studierende im Rahmen Ihres Tutoriums motivieren, wie Sie agieren, wenn eine interaktive Lehr-/Lernmethode einmal misslingen sollte und geben Tipps zum Umgang mit schwierigen Kommunikationssituationen.

## 13.1 Wenn das Lampenfieber regiert …

Lampenfieber ist ein Phänomen, das vor stressbesetzten Situationen auftreten kann. Dabei „arbeiten" die Psyche und der Körper eng zusammen. Unsere Gedanken beeinflussen unser Verhalten und das veränderte Verhalten hat Einfluss auf unsere

Gedanken. Eine als bedrohlich empfundene Situation z.B. vor einer Gruppe frei zu sprechen, führt dazu, dass Stresshormone freigesetzt werden. Dadurch werden wir in den sogenannten „Fight-or-Flight"-Zustand versetzt, der die typischen Symptome des Lampenfiebers mit sich bringt. Das heißt, unser Instinkt „empfiehlt" uns in Stresssituationen entweder zu kämpfen, also die Situation durchzustehen oder zu fliehen und der Situation auszuweichen. Oft haben wir keine Wahl und müssen uns der Situation stellen, also „kämpfen". Die Stärke des Lampenfiebers hängt damit zusammen, wie stressbesetzt die Situation empfunden wird. Das wiederum ist darauf zurückzuführen, wie die individuelle Wahrnehmung der Situationsanforderung (Was fordert die Situation von mir?) von der Wahrnehmung der eigenen Kompetenz (Wie schätze ich meine Möglichkeiten ein, in dieser Situation zu bestehen?) abweicht.

Abb. 57: Lampenfieber

Lampenfieber kann bei Ihnen als Tutorin, als Tutor durch drei verschiedene Faktoren ausgelöst werden:

1.  Unsicherheiten, die mit dem Inhalt verbunden sind: Personen mit Lampenfieber sind besorgt, das Thema nicht zu beherrschen und einen inhaltlichen Fehler zu machen.
2.  Soziale und situationsbezogene Unsicherheiten und Ängste: In Ihrem Tutorium arbeiten Sie mit Kommilitoninnen und Kommilitonen und möchten sich selbstverständlich mit ihnen gut verstehen. Daher kann die Sorge entstehen, sich im Tutorium zu blamieren oder dass Sie bei den Studierenden nicht gut ankommen. Einige befürchten auch Kritik von Seiten der Studierenden und sind dadurch verunsichert.
3.  Bedenken in Bezug auf das Ausdrucksverhalten: Häufige Bedenken sind, sich nicht richtig ausdrücken zu können, dass die Stimme zittrig ist oder der Körper zu sehr zappelt.

Wie Sie sehen, kann Lampenfieber durch unterschiedliche Faktoren hervorgerufen werden. Wichtig dabei ist, sich seiner Bedenken bewusst zu werden, um dann gezielt Maßnahmen dagegen zu ergreifen. Zunächst beleuchten wir, wie Lampenfieber in der Regel verläuft und welche positiven Nebeneffekte es mit sich bringen kann. Dann stellen wir Ihnen unterschiedliche Möglichkeiten vor, welche kurz- und langfristigen Maßnahmen Sie gegen Lampenfieber ergreifen können, um in einer stressigen Situation besser damit umgehen zu können.

Lampenfieber aktiviert

In Stresssituationen gibt es ganz unterschiedliche Momente, in denen Lampenfieber auftreten kann. Einige Personen berichten schon Tage vor einer Redesituation von Nervositätsgefühlen, andere spüren im Vorfeld keinerlei Aufregung und werden erst während der Redesituation angespannter. Jeder erlebt Lampenfieber anders. Ein gewisser Grad an Aufregung tritt immer auf. Das geschieht häufig kurz vor oder zu Beginn einer Redesituation. Hierzu das Beispiel eines Tutors und dessen innerer Dialog kurz vor seinem Tutorium:

*„Oje! Gleich beginnt mein Tutorium und alle Studierenden sitzen schon im Raum. Jetzt muss ich gleich mit meinem Vortrag beginnen und dann muss ich die Gruppenarbeit machen. Hoffentlich bekomm' ich gleich die Aufmerksamkeit und die schauen mich an. Ich muss jetzt unbedingt gut strukturiert starten und nicht durcheinander kommen. Was ist, wenn ich etwas vergesse? Mir ist warm und kalt und ich werde ganz unruhig. Uh, jetzt geht es los – ich muss aufstehen ..."*

Den typischen Verlauf von Lampenfieber verdeutlicht einprägsam die Abbildung 58a. In dem Koordinatensystem sehen Sie zum einen den „Grad der Aktivierung" im Verhältnis zur „Zeit", die Sie in Ihrer Tutoriums-Sitzung verbringen. Das bedeutet, dass zu Beginn der Redezeit die Aktivierung höher ist. Der Grad der Aktivierung nimmt im Laufe der Zeit wieder ab, bis es zu einem angenehmen bzw. guten Aktivierungsniveau kommt. Lässt sich die Spannung nicht regulieren, wird also die Anspannung im Laufe der Redesituation nicht weniger, so liegt viel Lampenfieber – wenn nicht sogar Redeangst – vor.

Dass der Adrenalinspiegel in einer Redesituation steigt, ist selbstverständlich. Ein gewisses Maß an Aktivierung, Anspannung und demnach auch Lampenfieber ist durchaus positiv getreu dem Spruch: *„Ein Auftritt ohne Lampenfieber ist wie eine Liebe ohne Gefühl"* (Samy Davis). Um in einer Stresssituation eine optimale Leistung zu vollbringen, ist ein bestimmter Grad an Aktivierung nötig. Wie die Abbildung 58b zeigt, ist es förderlich, ein wenig aufgeregt zu sein. Sind Sie zu entspannt, sind Sie nicht leistungsfähig. Ist die Aufregung jedoch zu groß, haben Sie also zu viel Lampenfieber, so beeinträchtigt dies die Leistung.

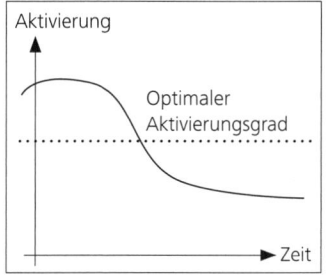 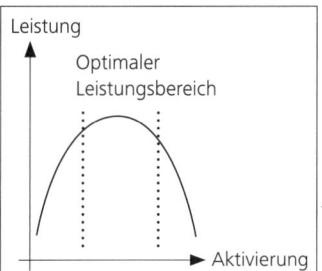

Abb. 58a: Typischer Verlauf von Lampenfieber

Abb. 58b: Instrumentalisierung von Lampenfieber

Wir können also Folgendes festhalten: Ein gewisses Maß an Lampenfieber wirkt aktivierend und sogar leistungssteigernd!

Mit einem angemessenen Grad an Lampenfieber haben Sie mehr Spannung, mehr Kraft, es macht „wach" und ein bisschen Kribbeln tut sogar gut. Sehen Sie es als Ihr natürliches, gesundes Aufputschmittel an.

Symptome

Wie äußert sich Lampenfieber? Die Symptome des Lampenfiebers lassen sich auf zwei verschiedenen Ebenen beobachten: auf der körperlichen und auf der gedanklichen. Wie schon erwähnt „arbeiten" Körper und Psyche eng zusammen. Körperliches Verhalten wird von uns kognitiv wahrgenommen, z.B. nehmen wir unsere zittrige Stimme wahr. Wir interpretieren die zittrige Stimme als negatives Verhalten. Die negativen Gedanken haben wiederum Einfluss auf unser physisches Verhalten und das Verhalten verschlechtert sich, z.B. treten gehäuft Füllwörter und „Ähs" auf. Die Verschlechterung des Verhaltens wird von unserer Psyche noch negativer interpretiert. Dieses Wechselspiel kann als „Teufelskreis von Lampenfieber" beschrieben werden. Es kann also durchaus sein, dass in Situationen mit Lampenfieber minimale Bedenken zu starken Zweifeln werden.

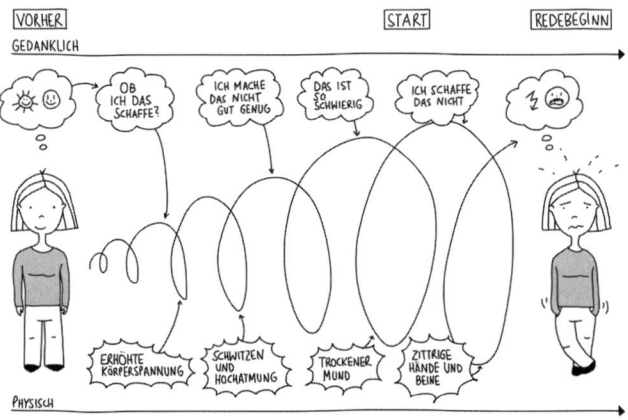

Abb. 59: Lampenfieber Symptome

Typische physische Symptome von Lampenfieber sind zum Beispiel: Schwitzen, Rotwerden, erhöhte Anspannung im Körper, Hoch- oder Schnappatmung, veränderte Stimme, trockener Mund, Sprechblockaden, kein oder nur wenig Blickkontakt. Kognitive Symptome sind negative Gedanken, wie beispielsweise: „Ich bin einfach schlecht", „Das ist so schwierig", „Ich schaff das nicht", „Alle merken, dass ich aufgeregt bin", „Alle werden denken, dass ich nichts weiß", etc.

Wie können Sie als Tutorin, Tutor nun mit Lampenfieber umgehen?

Maßnahmen gegen Lampenfieber

Um Lampenfieber in Ihrem Tutorium auf ein akzeptables und leistungssteigerndes Maß zu reduzieren, gibt es unterschiedliche Maßnahmen, die Sie ergreifen können. Dabei differenzieren wir zwischen Langzeit- und Kurzzeitstrategien. Längerfristige Strategien sollten dann angewendet werden, wenn Sie sehr unter Lampenfieber leiden. Gerade wenn Sie schon Tage vor einer Stresssituation angespannt oder nervös sind, sollten Sie sich darauf im Vorfeld vorbereiten. Die kurzfristigen Strategien helfen Ihnen direkt vor Beginn oder auch während des Tutoriums, um Ihren Körper und Ihre Gedanken zu beruhigen:

| Langfristige Strategien gegen Lampenfieber | |
|---|---|
| Gedanklich | (1) „Worst-Case-Szenario"<br>(2) Vorbereitung<br>(3) Positiv Denken |
| Körperlich | (4) Entspannungstechniken<br>(5) Verhaltenstherapeutische Übung<br>(6) Optimales Körpergefühl |
| Kurzfristige Strategien gegen Lampenfieber | |
| Gedanklich | (7) Roter Faden<br>(8) Pausen<br>(9) Blackout |
| Körperlich | (10) Small Talk<br>(11) Position im Raum<br>(12) Entspannung<br>(13) Versorgung |

Tabelle 35: Strategien gegen Lampenfieber

## 1) „Worst-Case-Szenario"

Vorgehensweise: Stellen Sie sich die schlimmsten aller möglichen Fälle und deren Folgen vor, die in Ihrem Tutorium passieren könnten.

Beispiel: Ihnen fällt gar nichts mehr zum Thema ein, dann rutscht Ihnen die Hose herunter, die Studierenden lachen sich kaputt und rufen Ihre Mutter an, die schimpft mit Ihnen und zerrt Sie an den Ohren zu Ihrem Professor und der exmatrikuliert Sie postwendend …

Effekte: Sich das Schlimmste vorzustellen, macht einerseits Spaß und andererseits können Sie sich die Angst davor nehmen, denn: Was auch das Schlimmste sein mag, es passiert in 99,9% der Fälle ohnehin nicht.

## 2) Vorbereitung

Bereiten Sie sich gut auf Ihr Tutorium vor. Machen Sie eine gute, übersichtliche Recherche zu Ihrem Thema, das bereitet Sie auf Fragen von Studierenden vor. Sammeln Sie Fragen, die die Studierenden möglicherweise stellen könnten, damit Sie keine Angst vor Fragen haben. Sie können sich auch mit anderen Tutoren austauschen und Fragen überlegen (vgl. Kapitel 4 & Kapitel 12). Erstellen Sie sich ein schlüssiges Konzept (vgl. Kapitel 6), das bietet Ihnen einen roten Faden. Verwenden Sie Karteikarten für Ihren Ablaufplan, damit Sie nichts übersehen oder vergessen. Falls Sie durcheinanderkommen, finden Sie schnell zu Ihrem Thema zurück. Machen Sie einen Probevortrag vor Freunden oder anderen Tutoren, das beruhigt und gibt Ihnen Sicherheit. Je mehr Routine, desto leichter wird es! Überlegen Sie sich einen guten Einstieg und einen guten Abschluss. Wenn Sie zu Beginn genau wissen, was Sie sagen möchten, dann können Sie Ihr Lampenfieber abbauen. Planen Sie Ihre Überleitungen, damit Sie nicht von einem zum anderen Thema ins Stocken geraten. Machen Sie sich schon im Vorfeld mit dem Raum und den Geräten vertraut.

### 3) Positiv Denken

Vorgehensweise: Versuchen Sie sich durch Selbstsuggestion zu bestärken, das heißt, formulieren Sie negative Gedanken positiv um und brechen Sie den Teufelskreis auf.

Beispiel: Sagen Sie anstatt „Ich schaff das nicht, ich bin so aufgeregt" zu sich: „Ich bin ganz ruhig, ich fühle mich wohl. Ich kenne mich gut mit dem Thema aus."

Effekte: So wie wir unsere Gedanken negativ beeinflussen können, so können wir das auch positiv. Denken Sie positiv!

### 4) Entspannungstechniken

Wenn Sie unter Anspannung leiden, dann nutzen Sie Techniken zur Entspannung, zum Beispiel: Autogenes Training, Progressive Muskelentspannung (nach Jacobson, Atemtechniken vgl. Kapitel 9) oder Yoga.

### 5) Verhaltenstherapeutische Übung

Um sich langfristig auf die Stresssituation einzustellen, können Sie eine verhaltenstherapeutische Übung machen: Versuchen Sie die stressige Situation im Sitzen oder Liegen mit geschlossenen Augen zu visualisieren. Nehmen Sie die psychischen und physischen Symptome bewusst war und akzeptieren Sie diese. Versuchen Sie gleichzeitig, sich in der imaginären Situation zu entspannen und eine optimale Strategie zur Bewältigung zu finden.

*6) Optimales Körpergefühl*

Forcieren Sie ein optimales Körpergefühl vor und während des Vortrags durch: Schlaf, Essen, Trinken und bequeme Kleidung.

**Tipps & Tricks**

Eine lang- und kurzfristig wirkende Alternative ist das Klopfen gegen Lampenfieber. Beim Klopfen geht es zunächst um eine Bewusstmachung und Veränderung von Selbstbewertung und Ängsten. Als weiterer Schritt folgt eine aus der Energetischen Psychologie stammende Klopftechnik. Dabei werden 16 Körperpunkte bzw. Akupunkturpunkte, z.B. Handrücken, Stirn oder auch Augenbereich koordiniert abgeklopft, während man an das beängstigende Gefühl denkt. Das Klopfen führt zu einer Selbstberuhigung. (Bohne, 2008)

*7) Roter Faden*

Vorgehensweise: Sollten Sie sich versprechen oder den Faden „verlieren", dann sprechen Sie dies kurz an:

*„Ach, jetzt habe ich den Faden verloren, ich fange nochmal an."*

Nehmen Sie sich Zeit, schauen Sie auf Ihre Karteikarten bzw. Ihren Ablaufplan und ordnen Sie sich neu.

*8) Pausen*

Setzen Sie bewusst Pausen. Das hilft Ihnen, die Gedanken zu sortieren und die Studierenden können die Inhalte besser verarbeiten.

*9) Blackout*

Wiederholen Sie bei einem Blackout in Ruhe das, was Sie zuletzt gesagt haben bzw. fassen Sie die letzten Gedanken zusammen. Nehmen Sie sich eine kurze Auszeit, indem Sie zum Beispiel ein Glas Wasser trinken oder eine kurze Pause zum Lüften machen.

## 10) Small Talk

Plaudern Sie zu Beginn mit Ihren Studierenden, das lockert die Stimmung und Sie können sich an das Reden gewöhnen.

## 11) Position im Raum

Versuchen Sie frühzeitig im Raum des Tutoriums zu sein, um sich mit allem vertraut zu machen und um Materialien gut zu positionieren. Suchen Sie sich eine Position im Raum, an der Sie sich wohlfühlen und alle Studierenden gut anschauen können. Finden Sie eine angenehme Sitz- oder Stehposition, die Sie zur Ruhe bringt. Achten Sie auf einen festen Stand und eine gute Körperspannung.

## 12) Entspannung

Versuchen Sie immer wieder in Ihren Körper zu spüren und sich bewusst zu entspannen. Konzentrieren Sie sich auf Ihre Atmung und atmen Sie zwischendurch tief ein und aus.

## 13) Versorgung

Schauen Sie, dass Sie immer ein Glas Wasser griffbereit haben und genug trinken. Achten Sie auf angenehme Luft im Raum, machen Sie genug Pausen zum Lüften.

Um den „Teufelskreis Lampenfieber" zu durchbrechen, müssen Sie entweder Ihre Gedanken oder Ihren Körper beruhigen. Wenn ein Bereich positiv ist, wirkt sich das auf den anderen Teil auch positiv aus und der Kreis ist durchbrochen. Gerade wenn Sie noch sehr unerfahren als Tutorin, als Tutor sind, nutzen Sie die längerfristigen Strategien. Wenn Sie schon mehr Routine haben, können Sie sich mit den kurzfristigen Strategien auf einen guten, angemessenen Grad der Aufregung bringen.

Betrachten wir noch einmal die zu Beginn beschriebenen Unsicherheiten des Tutors. Die drei Faktoren waren: 1) Unsicherheiten, die mit dem Inhalt verbunden sind, 2) Soziale und situationsbezogene Unsicherheiten und 3) Bedenken in Bezug auf das Ausdrucksverhalten. Welche Maßnahmen können wir gegen diese Ängste ergreifen?

1. Sicherheit im Inhalt erlangen Sie mit einer guten Vorbereitung (siehe langfristige Faktoren – Gedanklich).
2. Gegen soziale und situationsbezogene Unsicherheiten hilft positives Denken sowie eine verhaltenstherapeutische Übung (langfristige Faktoren – Gedanklich & Körperlich).
3. Bedenken, die das Ausdruckverhalten betreffen, können Sie mit allen kurzfristigen körperlichen Strategien, wie Position im Raum oder Entspannung entgegenwirken.

Halten Sie sich vor Augen, worin Sie gut sind, welche Situationen Sie bereits gemeistert haben und auf welche Ihrer Stärken Sie sich in Ihrem Tutorium verlassen können. Je weniger Aufmerksamkeit Sie den Symptomen des Lampenfiebers geben, umso weniger werden Sie diese auch wahrnehmen. Akzeptieren Sie Ihr Lampenfieber und nehmen Sie es als etwas Positives an, denn es hilft Ihnen, dass Sie konzentriert bei der Sache sind.

## 13.2 Wenn es an Motivation mangelt …

Sicherlich kennen Sie Situationen, in denen es Ihnen leicht fällt, motiviert zu lernen und einfach mit Spaß bei der Sache zu sein. Und dann gibt es Situationen, in denen das Lernen zäh und anstrengend verläuft. Motivation und Lernen sind eng miteinander verbunden. Dabei funktioniert Lernen mit und ohne Motivation. Allerdings ist Lernen ohne Motivation mit einer höheren Anstrengung und einer geringeren Verankerung des Lerninhalts verbunden. Auf den folgenden Seiten versuchen wir von den Erkenntnissen der Motivationstheorie konkrete Gestaltungsideen für Tutorien abzuleiten, in denen Lernen leichtfällt und alle Beteiligten motiviert teilnehmen.

## Intrinsische und extrinsische Motivation

Der Begriff Motivation kann auf das lateinische Verb *movere* zurückgeführt werden, was sowohl „bewegen" als auch „antreiben" bedeutet. Bei der näheren Betrachtung, was Menschen zu einer Handlung bewegt, was sie antreibt, kann eine grundlegende Unterscheidung getroffen werden, nämlich die zwischen intrinsischer und extrinsischer Motivation. Dabei werden intrinsisch motivierte Verhaltensweisen durch die individuellen Interessen eines Menschen bestimmt. So klettern Kinder gerne auf Bäume, versinken Jugendliche in der Romanwelt Harry Potters, gehen Erwachsene ihren Hobbies nach und alle vergessen die Zeit und könnten ewig weitermachen, weil es einfach Spaß macht. Wir bringen die nötige Energie auf, weil die Handlung selbst uns zufriedenstellt. Wir sind besonders motiviert, wenn unsere Interessen angesprochen werden. Intrinsische Motivation geht dabei mit Neugier, Spontanität und Entdeckergeist einher. Sie kann als der Prototyp selbstbestimmten Handelns gesehen werden, Menschen können mit vollem Engagement tun, was sie interessiert.

**Tipps & Tricks**

Wenn Sie sich selbst in einen guten inneren Zustand bringen möchten, schreiben Sie sich drei Dinge auf, die in Ihrem Tutorium für Sie positiv waren. Oder drei Dinge, die Ihnen vom heutigen Tag positiv in Erinnerung bleiben.

Betrachten wir die extrinsische Motivation, so wird diese von außen, d.h. von Faktoren ausgelöst, die außerhalb der handelnden Person liegen. Jugendliche tragen Zeitungen aus, weil sie sich ihr Taschengeld aufbessern wollen, Studierende lernen für die kommende Prüfung, um die Klausur zu bestehen, Erwachsene nehmen an einer Fortbildung teil, um sich für andere berufliche Aufgaben zu qualifizieren. Es handelt sich bei extrinsisch motiviertem Verhalten also um Verhaltensweisen, die mit einer instrumentellen Absicht ausgeführt werden. Der Mensch tut etwas, um etwas anderes dafür zu erhalten.

---

**Infotafel: Extrinsische Motivation differenziert**

Auf den ersten Blick scheinen intrinsische und extrinsische Motivation zwei Gegenspieler zu sein. Die intrinsische ist die gute, reine von innen antreibende Motivation, wohingegen die Extrinsische sich am Außen orientiert. Extrinsische Motivation kann intrinsische Motivation sogar mindern, wenn eine ursprünglich intrinsische Verhaltensweise mit einem extrinsischen Anreiz belohnt wird (Kontaminierungseffekt).

So schwarz-weiß ist die Motivationswelt jedoch nicht. Decy und Ryan beschreiben Zustände der extrinsischen Motivation, in denen es durchaus zu selbstbestimmtem Handeln kommen kann. Nämlich dann, wenn Ziele oder Verhaltensnormen, die außerhalb der Person liegen, verinnerlicht und in das jeweilige Selbstkonzept integriert werden. Die äußeren Anforderungen werden somit ein Teil der eigenen Person. Wird dann das Handeln an den integrierten Zielen oder Normen ausgerichtet, wird die Handlung als selbstbestimmt erlebt.

(Deci & Ryan, 1993)

---

Häufig tritt eine Mischung aus beiden Antrieben auf. So haben Sie Ihr Studium vermutlich nach Ihrem grundsätzlichen Interesse ausgewählt (intrinsische Motivation) und werden im Studienverlauf durch extrinsische Faktoren, wie etwa die Prüfungsordnung oder das vorgegebene Curriculum, zur Teilnahme an verschiedenen Veranstaltungen und Prüfungen motiviert. Was bedeutet das für Ihr Tutorium?

Die Studierenden werden ebenfalls mit einer Mischung aus intrinsischen und extrinsischen Antrieben in Ihr Tutorium kommen. Die einen haben Freude daran von und mit anderen Studierenden zu lernen oder sind so interessiert an dem Thema, dass sie jede Möglichkeit zur Vertiefung wahrnehmen. Andere wollen einfach nur die nächste Prüfung bestehen und tun das, was dafür von ihnen erwartet wird, nämlich unter anderem an Ihrem Tutorium teilzunehmen.

Wenn Sie Ihre Studierenden motivieren möchten, müssen Sie es schaffen, deren Interessen anzusprechen. Versuchen Sie Ihre Teilnehmenden neugierig zu machen, damit bestehende Interessen geweckt und neue entdeckt werden. Es gibt unterschiedliche Lernmotivationstheorien, aus denen Anregungen für die Gestaltung von Lehrveranstaltungen gezogen werden können. Für die Durchführung von Tutorien empfehlen wir die Selbstbestimmungstheorie (Deci & Ryan, 1993), da es hierbei darum geht, eine auf Interesse und Selbstbestimmung fokussierte Lernumgebung anzubieten.

Die Selbstbestimmungstheorie

Die Selbstbestimmungstheorie gibt weiteren Aufschluss darüber, wie Menschen bewegt werden können, ihre Energie in der einen oder anderen Weise einzubringen. Für die Gestaltung eines Tutoriums stellt sich genau diese Frage. Was bewegt die Studierenden, sich aktiv, interessiert und motiviert mit dem Stoff auseinanderzusetzen? Folgende Ansatzpunkte liefert hierfür die Selbstbestimmungstheorie: Menschen werden durch physiologische Bedürfnisse (Hunger, Durst, Schlaf oder Wärmeregulation), Emotionen (Freude, Ärger, Trauer) und psychologische Bedürfnisse beeinflusst. Die Selbstbestimmungstheorie geht davon aus, dass es drei angeborene psychologische Grundbedürfnisse gibt: das Bedürfnis nach Kompetenz, Autonomie und sozialer Eingebundenheit.

Für das Bedürfnis nach Kompetenz oder Wirksamkeit ist das persönliche Kompetenzerleben entscheidend. Hierbei entsteht das Gefühl, einer Aufgabe gewachsen zu sein, eine Anforderung aus eigener Kraft zu bewältigen. Auch Studierende wollen sich im Tutorium als „wirksam" und der Aufgabe gewachsen erleben, d.h. sie wollen weder unter- noch überfordert werden. Das zweite psychologische Bedürfnis ist das nach Autonomie oder Selbstbestimmung. Hier sollen die verfolgten Ziele und Handlungen durch die Person selbst bestimmt werden. Soziale Eingebundenheit oder soziale Zugehörigkeit ist das dritte psychologische Grundbedürfnis. Menschen wollen von ihrer Umgebung akzeptiert und anerkannt sein.

Wenn die Lernsituation in Ihrem Tutorium diese drei psychologischen Bedürfnisse befriedigt, werden die Studierenden motivierter teilnehmen, da sie elementare Bedürfnisse bedienen können. Wie kann das Tutorium demnach motivationsfreundlich gestaltet werden?

---

**Förderung der Kompetenzwahrnehmung und der Wirksamkeit**

Erstellen Sie zu Beginn des Tutoriums mit Ihren Studierenden eine Wissenslandkarte. Auf dieser Wissenslandkarte tragen die Studierenden ihr vorhandenes Vorwissen ein.
Im Verlauf des Tutoriums lassen Sie die Landkarte um Stichworte, d.h. um Wissen ergänzen, das im Tutorium erarbeitet wurde.
Die Wissenslandkarte kann von allen Studierenden zur Darstellung des Gruppenwissens oder individuell von jedem Studierenden für das jeweilige Vorwissen angelegt werden.

Geben Sie Rückmeldungen und Bekräftigungen:
Formulieren Sie positive Rückmeldungen, auch bei kleinen Lernfortschritten.
Verweisen Sie die Studierenden auf frühere Erfolge, um sie bei Misserfolgen zu ermutigen.

| Förderung der Kompetenzwahrnehmung und der Wirksamkeit |
|---|
| Machen Sie die Lernziele des Tutoriums transparent (vgl. Kapitel 6.1). Zeigen Sie den Studierenden, dass sie Fortschritte machen, indem Sie erreichte Lernziele markieren (zum Beispiel grün abhaken auf einem Flipchart). |
| Präsentieren Sie den Lernstoff klar, strukturiert und anschaulich: Achten Sie auf einfache Anleitungen. Wählen Sie einen angemessenen Schwierigkeitsgrad. Veranschaulichen Sie die Inhalte durch Beispiele. |
| Bieten Sie soziale Unterstützung bei der Aufgabenbewältigung an: Orientieren Sie sich am Kenntnisstand der Studierenden, um ihnen einen Lernerfolg zu ermöglichen. Bieten Sie Lerntechniken (siehe Onlinematerial) an, um die Stoffmenge zu bewältigen. |

Tabelle 36: Kompetenzwahrnehmung

| Förderung der Autonomie und Selbstbestimmung |
|---|
| Ermöglichen Sie Ihren Studierenden Mitbestimmung: Beteiligen Sie die Studierenden an der Auswahl des Lernstoffs und der Lernziele. Legen Sie gemeinsam einen Zeit- und Arbeitsplan fest. |
| Bieten Sie Ihren Studierenden an, einen Schwerpunkt oder eine Leitfrage auszuwählen, die jeder für sich im Verlauf des Tutoriums beantworten möchte. Lassen Sie die Studierenden zwischendurch ihre Erkenntnisse vorstellen. |
| Ermöglichen Sie Ihren Studierenden die Selbstbewertung: Bieten Sie freiwillige Tests an, damit die Studierenden die eigenen Lernfortschritte selbst dokumentieren und wahrnehmen können. Bieten Sie Lerntechniken an wie z.B. das Anlegen von Lernkurven oder Lernportfolios und Lerntagebüchern (siehe Onlinematerial). |
| Achten Sie zudem auf Ihre Formulierungen: „Das ist euer Tutorium, ihr sollt davon etwas haben! Bringt euch ein und sagt, was ihr braucht!" |

Tabelle 37: Förderung der Autonomie

| Förderung der sozialen Eingebundenheit |
| --- |
| Geben Sie die Möglichkeit zur Teamarbeit:<br>Wählen Sie hierfür Methoden, die in Partner- oder Gruppenarbeit durchgeführt werden.<br>Planen Sie anschließend den gemeinsamen Austausch in der gesamten Gruppe ein.<br>Arbeiten Sie spielerisch in Teams, indem Sie z.B. ein Wissens-Quiz durchführen. |
| Bieten Sie den Studierenden ein partnerschaftliches Lehr-Lern-Verhältnis an:<br>Bekunden Sie Ihr Interesse am Lernfortschritt der Studierenden.<br>Zeigen Sie, dass es Ihnen wichtig ist, dass die Studierenden Fortschritte machen. |

Tabelle 38: Förderung der sozialen Eingebundenheit

## Die Pädagogisch-psychologische Interessentheorie (PIT)

Einen weiteren Gedanken zur motivierenden Gestaltung eines Tutoriums liefert die pädagogisch-psychologische Interessentheorie. Diese Theorie geht der Frage nach, wie ein Interesse für einen bestimmten Inhalt oder Lerngegenstand überhaupt entsteht. Damit sich Studierende für einen Lerninhalt interessieren, muss dieser für sie eine persönliche Bedeutung haben, d.h. der Lerninhalt wird als relevant erachtet und von dem jeweiligen Studenten, der Studentin wertgeschätzt. So wird ein Lehramtsstudent sich wahrscheinlich für den Umgang mit auffälligen Schülerinnen und Schülern interessieren. Er wird es für relevant erachten, als Pädagoge auch Schülerinnen und Schülern gerecht zu werden, die aktuell zum Beispiel durch die Scheidung ihrer Eltern beeinflusst sind und sich deshalb im Unterricht anders verhalten als gewohnt. Wenn für diesen Lehramtsstudenten nun noch die aktive Auseinandersetzung mit dem Inhalt positive Erfahrungen mit sich bringt, etwa durch die Lektüre hilfreicher Fachliteratur[1] oder durch den Austausch mit Kommilitonen aus höheren Semestern, sind die zwei wichtigsten Faktoren gegeben, dass sich eine Studentin, ein Student weiterhin für einen Lerninhalt interessiert.

Wie Sie sehen, ist die Entwicklung von Interessen eng mit der jeweiligen Person verknüpft, der Inhalt muss als relevant erachtet und persönlich wertgeschätzt werden, zudem muss die Auseinandersetzung mit dem Inhalt emotional positiv erlebt werden. Die persönliche Bedeutung des Lerngegenstands herauszuarbeiten, ist demnach ein wichtiger Ansatzpunkt, um die Motivation der Studierenden zu fördern.

| Förderung der persönlichen Bedeutsamkeit des Lerngegenstandes |
| --- |
| Formulieren Sie eine offene Frage zu Beginn des Tutoriums (zur jeweiligen Einheit): „Wieso ist der folgende Inhalt wichtig?" „Wozu werden wir ihn zukünftig brauchen?" Notieren Sie die Antworten als Zurufliste auf eine Tafel oder ein Flipchart. |
| Erarbeiten Sie gemeinsam mit den Studierenden deren Zielzustand bzw. deren Vision: „Wenn ich mein Lehramtsstudium abgeschlossen habe, wie sieht dann mein Leben aus?" „Wie hilft mir mein Studium dabei, zu diesem Zielzustand zu kommen?" (besonders in Orientierungstutorien geeignet) |
| Formulieren Sie Lernziele (vgl. Kapitel 6.1) so, dass diese klar und präzise sind und gleichzeitig der Interessenslage der Lernenden entsprechen. |
| Bringen Sie Ihr eigenes Interesse und Ihren persönlichen Bezug zum Thema zum Ausdruck. Machen Sie Ihre eigenen Motivationsstrategien transparent. |
| Zeigen Sie praktische Anwendungsmöglichkeiten auf – was können die Studierenden mit den neuen Inhalten praktisch tun? |

Tabelle 39: Förderung der persönlichen Bedeutsamkeit

---

[1]  Für dieses Thema empfehlen wir: Meyer et al. (2015) Praxisleitfaden auffällige Schüler und Schülerinnen.

Ein Bild, das verdeutlicht, wie wichtig Ihre eigene Begeisterung für die Motivation der Studierenden ist, wollen wir Ihnen zum Abschluss dieses Kapitels mitgeben:

*„Sie können nur dann andere entzünden, wenn Sie selbst brennen."*

**Übung 43: Motivation**

Hinterfragen Sie nun Ihre eigene Motivation das Tutorium durchzuführen.
Auf einer Skala von 1 (sehr wenig motiviert) bis 10 (maximal motiviert), wie hoch sind Sie motiviert?

1  10

Damit Sie sich auf dieser Skala Richtung 10 bewegen können, prüfen Sie die folgenden Fragen, um weiteres Motivationspotential zu entdecken:

- Wie erleben Sie Ihre Kompetenz, was hilft Ihnen sich kompetenter/wirksamer zu fühlen?
- Wie erleben Sie Ihre Autonomie, machen Sie sich bewusst, wie viel selbstbestimmten Spielraum Sie in der Gestaltung des Tutoriums haben!
- Wie erleben Sie Ihre soziale Eingebundenheit, was würde Ihnen hier gut tun? Stehen Sie im Austausch mit anderen Tutoren?/mit Ihrem Betreuer, Ihrer Betreuerin?
- Welche Bedeutung hat der Lerninhalt für Sie, den Sie in Ihrem Tutorium vermitteln?

Versuchen Sie im Tutorium nicht nur für Ihre Studierenden, sondern auch für sich selbst die psychologischen Grundbedürfnisse zu befriedigen, damit Sie motiviert jede Sitzung gestalten können!

Sie haben nun einige Anregungen erhalten, wie Sie Ihr Tutorium möglichst motivations freundlich gestalten können. Seien Sie sich bewusst, dass die Studierenden teils intrinsisch, teils extrinsisch motiviert an Ihrem Tutorium teilnehmen werden. In beiden Fällen ist es motivationsförderlich, die individuellen Interessen anzusprechen und die Neugier der Studierenden zu wecken, um neue Interessen zu entdecken. Berücksichtigen Sie, dass die psychologischen Bedürfnisse nach Kompetenzerleben, Autonomie und sozialer Einbindung in Ihrem Tutorium bedient werden, damit die Studierenden motiviert teilnehmen. Ergänzt wird diese Grundmotivation durch die persönliche Relevanz, d.h. inwieweit die Studierenden dem Lerninhalt persönlich Bedeutung beimessen. Wenn Sie die dargestellten Aspekte bei der Gestaltung Ihres Tutoriums berücksichtigen, schaffen Sie die Voraussetzungen, damit sich vorhandene Motivation entfalten und neue Motivation entstehen kann.

## 13.3 Wenn die Methode misslingt …

Wie bereits im Kapitel 7 beschrieben, tragen interaktive Lehr-/ Lernmethoden wesentlich dazu bei, dass Studierende Lerninhalte tiefer verarbeiten. Sie haben gelesen, wie Sie Gruppen bilden und Gruppenarbeiten anleiten, so dass die Studierenden gut mitarbeiten. Hin und wieder kann es jedoch vorkommen, dass eine Lehr-/Lernmethode nicht die gewünschten Erfolge erzielt. Dies merken Sie beispielsweise an folgendem Verhalten:
- Die Studierenden fangen nicht an zu arbeiten oder arbeiten nicht so gut mit.
- Die Studierenden murren.
- Die Ergebnisse der Gruppenarbeit sind nicht so gehaltvoll wie erhofft.
- Die Methode nimmt weniger oder mehr Zeit in Anspruch als geplant.

Lassen Sie sich davon nicht entmutigen! Bleiben Sie offen für Rückmeldungen aus der Gruppe bezüglich des Methodeneinsatzes. Denn auch für die Verwendung von Lehr-/Lernmethoden gilt: Übung macht den Meister! Reflektieren Sie, woran es liegen könnte, dass die Methode nicht so funktioniert, wie Sie es sich in der Planung vorgestellt haben. Daraus lernen Sie, können im Tutorium darauf reagieren und können sich auf den nächsten Methodeneinsatz besser vorbereiten. Wie können Sie konkret und umgehend reagieren, wenn Sie bemerken, dass die Methode nicht gelingt?

Die Studierenden fangen nicht an zu arbeiten oder arbeiten nicht so gut mit

| Mögliche Ursachen | Interventionen |
|---|---|
| Die Aufgabenstellung ist nicht klar und präzise genug gestellt | Überlegen Sie sich vorher, welche Ergebnisse Sie erwarten und fertigen Sie eine Musterlösung an. Orientieren Sie sich daran, formulieren Sie eine präzise Frage und visualisieren Sie diese. |
| Die Gruppenbildung läuft chaotisch ab | Bestimmen Sie im Vornherein genau, wie viele Gruppen à wie viele Personen sie benötigen und bereiten Sie dementsprechend Ihre Arbeitsmaterialien vor. Überlegen Sie sich eine Gruppenzusammenführung, die keine Diskussion oder Verwirrung zulässt. Einige Möglichkeiten zur Gruppenbildung finden Sie im Kapitel 7.3. |
| Der Ablauf der Methode ist unklar und führt zu Verwirrung | Reflektieren Sie, ob die Komplexität der Methode reduziert werden kann. Visualisieren Sie den Ablauf der Methode und planen Sie bei der Einführung der Übung genug Zeit zur Erklärung ein. |
| **Sofortmaßnahmen:** | |
| • Fragen Sie nach, ob den Studierenden Informationen fehlen oder sie die Fragestellung nicht richtig verstanden haben. Visualisieren Sie die Aufgabenstellung.<br>• Bedenken Sie, dass in der Regel Anweisungen beim ersten Hören nur unzureichend verstanden werden.<br>• Unterbrechen Sie gegebenenfalls die Gruppenarbeit und liefern Sie nachträglich weitere Erklärungen. | |

Tabelle 40: Mitarbeit Studierender

## Die Studierenden murren

| Mögliche Ursachen | Interventionen |
|---|---|
| Das Schwierigkeitsniveau der Übung ist unangemessen, d.h. zu leicht oder zu schwierig | Die Aufgabenstellung sollte einen angemessenen Schwierigkeitsgrad erfüllen. Falls Unsicherheit darüber besteht, könnten Sie eine einfachere Frage vorschalten bzw. eine schwierigere Frage hinterherstellen. |
| Die Studierenden erkennen die Relevanz der Übung nicht und lehnen sie ab | Formulieren Sie Relevanz und Ziel der Methode. Überlegen Sie Sich im Voraus, wie Sie Ihre Studierenden motivieren können, bei der Methode engagiert mitzuarbeiten (vgl. Kapitel 13.2) |
| Die Studierenden finden die Methode uncool oder halten sie für kindisch | Benennen Sie die Methode nicht mit einem niedlichen Namen, sondern führen Sie die Methode ohne große Ankündigung mit einer Selbstverständlichkeit durch. Anstatt: *„Wir probieren heute einmal ein Snowballing aus"* geben Sie gleich klare Handlungsanweisungen: *„Bitte steht alle auf und sucht euch einen Partner."* Nur wenn Sie sicher sind, welches Ziel Sie mit der Methode verfolgen, können Sie eine Methode selbstverständlich und souverän durchführen. Mit einer souveränen Ausstrahlung werden Ihre Studierenden die Methode nicht als kindisch empfinden. |
| **Sofortmaßnahmen:** | |

- Fragen Sie nach, was die Studierenden bewegt.
- Erläutern Sie die Relevanz und das Ziel der Übung transparent.
- Appellieren Sie an Ihre Studierenden, sich auf die Methode einzulassen, hinterher werden Sie gemeinsam auswerten, was an der Methode gut und schlecht war.
- Seien Sie offen für sachlich formulierte Einwände der Studierenden. Sollten Sie sich selbst nicht mehr sicher sein und die Argumente der Studierenden nachvollziehen können, dann halten Sie sich nicht starr an Ihren Ablaufplan, sondern gehen Sie auf berechtigte Einwände ein. Die gute Beziehung zwischen Ihnen und den Studierenden bleibt dann gewahrt.

Tabelle 41: Studierende murren

## Die Ergebnisse der Gruppenarbeit sind nicht so gehaltvoll wie erhofft

| Mögliche Ursachen | Interventionen |
|---|---|
| Das Schwierigkeits-niveau der Übung ist zu hoch | Schalten Sie eine einfachere Frage vor und überlegen Sie sich Impulse, die Sie den Studieren-den als Hilfestellung geben können, damit sie die Aufgabe bewältigen. |
| Die einzelnen Gruppen sind sehr heterogen und produzieren Ergebnisse mit hohen Niveauun-terschieden | Variieren Sie die Gruppenzusammensetzung. Für schnelle Gruppen können Sie eine Sonderaufgabe bereithalten, für eher schwächere Gruppen vereinfachte Aufgabenstellungen zulassen (z.B. „Ihr müsst euch nur drei Strategien überlegen statt fünf."). |
| **Sofortmaßnahmen:** | |
| • Streuen Sie schon während die Gruppe arbeitet gezielt Informationen, die die Studierenden in ihre Ergebnisse einarbeiten können. <br> • Wertschätzen Sie dennoch, was an Ergebnissen erarbeitet wurde. <br> • Ergänzen Sie fehlende Punkte. | |

Tabelle 42: Ergebnisse Gruppenarbeit

## Die Methode nimmt weniger oder mehr Zeit in Anspruch als geplant

Wenn Sie mit einer Übung früher fertig sind, können Sie ganz entspannt mit Ihrer Sitzung fortfahren: Sie haben Zeit gewonnen für spätere interaktive Einheiten. Wenn Sie merken, dass die Methode zu viel Zeit benötigt, überlegen Sie, was relevant ist: Ist die Übung so wichtig, dass sie für die weiteren Inhalte des Tutoriums Voraussetzung ist oder genügen zunächst Zwischenergebnisse? Welche darauffolgenden Einheiten können Sie kürzen? Seien Sie sich bewusst, dass auch professionelle und erfahrene Hochschuldozenten, immer wieder von ihrem Ablaufplan abweichen!

In sehr seltenen Fällen kann es die beste Option sein, die Methode abzubrechen. Das beste Anzeichen die Lehr-/Lernmethode zu stoppen ist, wenn Sie sich selbst plötzlich unsicher sind, ob die Übung überhaupt Ihre Ziele erfüllt. Bevor Sie die Führung verlieren, stehen Sie dazu und kommunizieren Sie ganz klar aus welchen Gründen Sie jetzt den Ablauf ändern.

*„Es verläuft gerade anders als ich mir das gedacht habe. Lasst uns kurz stoppen und besprechen, was ihr bisher gemacht habt und wo wir stehen."*

Besprechen Sie die bisher erarbeiteten Ergebnisse und vervollständigen Sie diese gemeinsam mit den Studierenden. Stellen Sie gegebenenfalls Ihre Musterlösung vor.

Aus unserer Erfahrung heraus, sind interaktive Lehr-/Lernmethoden ein sehr gut geeignetes Werkzeug, um Studierenden eine tiefere Verarbeitung des Lernstoffes zu ermöglichen. Es gibt verschiedene Gründe, warum interaktive Lehr-/Lernmethoden auch einmal nicht den gewünschten Effekt erzielen können. Meistens sind die Gründe auf eine unklare Fragestellung oder einen unklaren Ablauf zurückzuführen. Lassen Sie sich nicht entmutigen! Reflektieren Sie mögliche Gründe und optimieren Sie die Instruktion der Lehr-/Lernmethode beim nächsten Einsatz. Es wird sich für Sie und Ihre Studierenden lohnen!

## 13.4 Wenn die Stimmung kippt …

Jeder, der sich auf die spannende Aufgabe „Gruppenleitung" einlässt, wird früher oder später Erfahrungen machen, die einen an die eigenen Grenzen bringen. Solche Erlebnisse als wertvolle Situationen zu bewerten, aus denen jeder Lehrtätige viel lernen kann, ist dabei eine hilfreiche Perspektive, die sich in vielen Jahren der Lehrerfahrung bewährt hat. Frei nach dem Motto „Dient es nicht der Freude, dient es dem Lernen."

Nichtsdestoweniger sollen die bisher dargestellten Themen allesamt dazu dienen, dass Sie in Ihrem Tutorium möglichst keine schwierigen Situationen erleben. Denn der beste Weg, schwierige Situationen erst gar nicht entstehen zu lassen, ist die Prävention. Hinzu kommt, dass ein und dieselbe Situation von verschiedenen Personen unterschiedlich bewertet wird. Was für den einen eine interessierte und konstruktiv kritische Gruppe ist, wird von einer anderen Person womöglich als schwer zufriedenzustellende Gruppe und damit als schwierige Situation erlebt. Dass jede Beobachtung unterschiedlich interpretiert und bewertet werden kann, haben Sie bereits im Kapitel 12.1 Metakommunikation (BIBB) erfahren. Daher sollten Sie für sich zunächst klären, welche Situationen Sie als schwierig erleben und gerne vermeiden würden. Für den einen ist die Vorstellung verunsichernd, dass eine Studentin, ein Student aus dem gleichen Semester an dem Tutorium teilnimmt und mit seinem Wissen prahlt. Ein anderer malt sich aus, dass die Gruppe einfach passiv sitzen bleibt, obwohl er sie gebeten hat, sich in Kleingruppen zusammenzusetzen. Die Atmosphäre ist in jeder Gruppe anders und es können immer wieder neue überraschende Situationen auftreten.

> **Übung 44: Schwierige Situationen**
>
> Stellen Sie sich vor, wie Sie Ihr Tutorium durchführen. Welche Situationen könnten entstehen, die Ihnen Schwierigkeiten bereiten würden?
> Was genau ist daran für Sie schwierig?
> Wieso empfinden Sie das als schwierig?

Wichtige Grundvoraussetzungen für die souveräne Führung eines Tutoriums und die Ausübung einer Lehrtätigkeit sind a) eine realistische Einschätzung der eigenen Kompetenz, b) eine bewusste Rollenausübung und c) eine gute Vorbereitung.

Wenn Sie sich mit den Inhalten und mit Ihrem Konzept sicher fühlen, haben Sie die beste Basis, um schwierigen Situationen zu begegnen. Ihr Auftreten wirkt sich auf das Verhalten der Gruppe aus und umgekehrt. Die Darstellung unten verdeutlicht diesen Zusammenhang:

*Der gute innere Zustand der Tutorin drückt sich, zum Beispiel, durch Wohlbefinden und Freude aus. Sie hält den Stoff der heutigen Sitzung für relevant, fühlt sich sicher in der Vermittlung und hat zudem eine neue Lehr-/Lernmethode vorbereitet, die sie heute ausprobieren möchte. Die Tutorin tritt offen und selbstbewusst vor die Gruppe. Die Studierenden machen aktiv mit, stellen Fragen und sind engagiert dabei. Die Tutorin fühlt sich in ihrem Konzept bestätigt, die Planung geht auf und die Atmosphäre in der Gruppe ist sehr gut. Diese positive Erfahrung stärkt den guten inneren Zustand der Tutorin.*

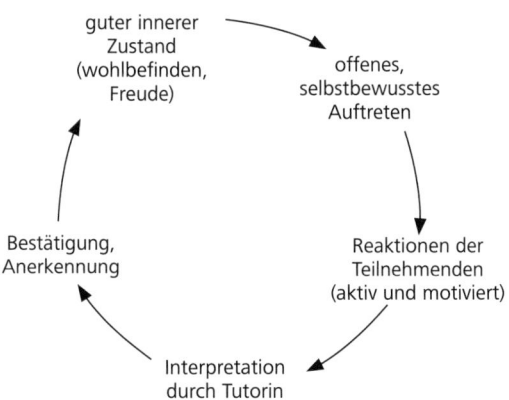

Abb. 60: Positiv verstärkender Kreislauf

Wie sieht dieser Kreislauf aus, wenn die Tutorin mit Zweifeln an den Inhalten und der Unsicherheit, ob sie diese gut vermitteln kann, ins Tutorium geht? Sie wird weniger selbstbewusst auftreten, vielleicht zeigt sich eine Anspannung in der Körpersprache, das offene Lächeln fehlt. Die Gruppe wartet ab, ist zurückhaltend. Die Tutorin nimmt die Zurückhaltung wahr und ist sich sicher, dass sie die Inhalte einfach nicht gut rüberbringt. Die inneren Zweifel werden verstärkt.

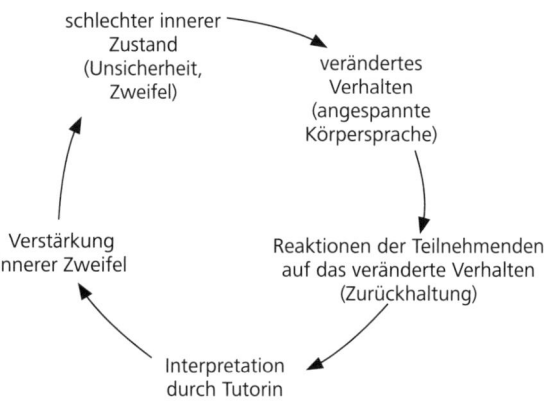

Abb. 61: Negativ verstärkender Kreislauf

Die beschriebene positive und negative Verstärkung soll lediglich exemplarisch veranschaulichen, wie ein derartiger Kreislauf aussehen kann. Die falsche Schlussfolgerung daraus wäre, dass Sie um jeden Preis versuchen selbstbewusst aufzutreten, auch wenn Sie sich nicht so fühlen. Um der negativen Verstärkung vorzubeugen, müssen Sie sich als ersten Schritt über

Ihren inneren Zustand bewusst werden. Wie können sie dem sich negativ verstärkenden Teufelskreis vorbeugen?

Reflektieren Sie Ihre eigenen Unsicherheiten und Ängste (vgl. Kapitel 13.1). Relativieren Sie die Unsicherheiten mit der **„und dann?" Methode**:

1. Wählen Sie eine der Situationen aus, die Sie oben aufge-schrieben haben. Zum Beispiel:

*„Für mich wäre es schwierig, wenn ich im Tutorium keine Antwort auf die gestellten Fragen weiß."*

2. Befragen Sie sich selbst mit der „Und dann?" Frage:

*„Ich habe keine Antwort auf die gestellten Fragen." – „Und dann?"*

*„Muss ich zugeben, dass ich die Antwort auch nicht weiß." – „Und dann?"*

*„Dann fragen sich die Teilnehmenden, wieso ich überhaupt Tutor bin, wenn ich die Fragen nicht beantworten kann." – „Und dann?"*

*„Dann entscheiden sich vielleicht einige gar nicht mehr zum Tutorium zu kommen." – „Und dann?"*

*„Na ja, dann habe ich eine viel kleinere Gruppe, aber irgend-wie auch das Gefühl versagt zu haben." – „Und dann?"*

*„Geht's mir erstmal nicht gut." – „Und dann?"*

*„Dann versuche ich mich aufzumuntern und sage mir, dass das Leben weitergeht." – „Und dann?"*

*„Werde ich mich auf die nächste Einheit noch besser vorbe-reiten." – „Und dann?"*

*„Kann ich wahrscheinlich mehr Fragen beantworten." – „Und dann?"*

*„Fühle ich mich gut."*

Machen Sie ein **Gedankenexperiment** und überlegen Sie sich, was Sie tun können, damit diese schwierige Situation garantiert eintritt. Notieren Sie diese Überlegungen schriftlich.

*„Was kann ich tun, damit die für mich schwierigste Situation garantiert eintritt?"*

Betrachten Sie Ihre Sammlung. Welche Konsequenzen leiten Sie daraus ab?

*„Was kann ich tun, damit garantiert keiner auf meine Frage antwortet, niemals?"*
- *Die Frage ganz leise stellen, sodass sie keiner hört*
- *Ganz viele komplizierte Begriffe in der Frage verwenden*
- *Die Frage in einer exotischen Fremdsprache stellen*
- *Die Frage als mathematische Gleichung formulieren*

Welche Konsequenzen lassen sich daraus ableiten?

*„Ich formuliere die Frage leicht verständlich und spreche sie laut aus."*

Hinterfragen Sie nach einer Einheit, Ihre **Interpretationen und Bewertungen** mithilfe des BIBB Schemas (vgl. Kapitel 12.1):
- Was hätte auch eine Kamera aufgezeichnet? (Beobachtung)
- Wie haben Sie die Beobachtungen interpretiert? (Interpretation)
- Welche Bewertungen sind bei Ihnen entstanden? (Bewertung)
- Was leiten Sie daraus für sich ab? (Bitte, Vorschlag, Konsequenz)

Finden Sie alternative Interpretationsmöglichkeiten, aus denen positive Bewertungen entstehen. Auf diese Weise kommen Sie zu einer konstruktiven Haltung, mit der Sie der schwierigen Situation leichter begegnen können.

Verinnerlichen Sie hilfreiche **Leitsätze** (vgl. Kapitel 3) für den souveränen Umgang mit schwierigen Situationen:

- *„Ich mache hier als Tutorin lediglich Angebote und jeder Teilnehmer, jede Teilnehmerin hat die Eigenverantwortung, daraus etwas zu machen."*

- *„Das ist ja wirklich interessant. Wieso der sich nun wohl so verhält, wie er sich verhält?"*
- *„Einiges weiß ich, einiges weiß die Gruppe, zusammen erschließen wir uns die Themen."*
- *„Ich darf auch auf Manches keine Antwort haben."*

**Übung 45: Leitsätze**

Vervollständigen Sie die oben begonnene Liste mit Leitsätzen, die für Sie passen.

Wir haben nun einige grundsätzliche Aspekte besprochen, die für den Umgang mit schwierigen Situationen hilfreich sind. Als nächstes gehen wir auf einige „Klassiker" ein, die von Tutorinnen und Tutoren häufig als schwierige Situation erlebt werden. Diese sind der Umgang mit kritischen Fragen, mit schweigenden Gruppen und mit Widerständen.

Reaktionsmöglichkeiten auf kritische Fragen

Stellen Sie sich vor, dass Sie zu Beginn der dritten Sitzung Ihres Vertiefungstutoriums mit folgender Frage konfrontiert werden:

*„Bei Professor Martin haben wir einen ganz anderen Ablauf zur Bearbeitung der Fallstudie erhalten. Kann es sein, dass Du da nicht auf dem aktuellen Stand bist?"*

Diese Frage kann natürlich unterschiedlich interpretiert werden. Sie steht jetzt aber im Raum und sollte adäquat behandelt werden. Wir zeigen nun Schritt für Schritt, worauf es beim Umgang mit Fragen im Allgemeinen und mit kritischen Fragen im Besonderen ankommt und haben am Ende dann sicherlich einige Antwortmöglichkeiten für das obige Beispiel.

Grundsätzlich dient die Beantwortung von Fragen der inhaltlichen Verständnisförderung, deshalb ist es wichtig, im

Tutorium Fragen auf jeden Fall zuzulassen und zu klären. Passt die gestellte Frage nicht zu der eigenen Struktur und Vorgehensweise, kann die Beantwortung aufgeschoben werden, zum Beispiel ans Ende der Einheit.

| Reaktion auf Fragen | |
|---|---|
| Nehmen Sie Fragen kooperativ und wertschätzend auf. | *„Vielen Dank, das ist eine wichtige Frage."* *„Vielen Dank, sehr gut, dass du die Frage aufbringst."* |
| Fragen Sie nach, wenn Ihnen die Frage unklar ist. | *„Was genau hast du noch nicht verstanden?"* *„Was interessiert dich besonders?"* |
| Halten Sie Kontakt zum Fragenden (Blickkontakt und Körper zuwenden) und binden Sie den Rest des Plenums in die Antwort ein. | |

Tabelle 43: Reaktion auf Fragen

Wie gehen Sie jedoch mit Fragen um, die für Sie schwierig zu beantworten sind, weil Sie die Antwort nur zum Teil oder auch gar nicht wissen? Oder mit Fragen, die Sie als kritisch wahrnehmen, weil Sie vermuten, dass der Fragende Kritik üben möchte?

Folgende Reaktionsmöglichkeiten sind denkbar:

*1) Fragen Sie zurück*

Für das oben genannte Beispiel:

*„Wo siehst du denn Unterschiede?"*
*„Was genau hat Professor Martin euch vorgestellt?"*
*„Welche Aspekte dieses Ablaufs findest du widersprüchlich?"*

Durch die Rückfrage erhalten Sie weitere Informationen. Außerdem gewinnen Sie Zeit, sich Ihre Antwort zu überlegen.

*2) Wiederholen Sie die Frage und formulieren Sie diese bewusst um*

Mögliche Antworten als umformulierte Frage:

*„Gut, dich interessiert also, wie der Ablauf, den Professor Martin vorgestellt hat, und das Vorgehen, das ich gerade aufgezeigt habe, zusammenpassen?"*
*„Da höre ich jetzt gleich zwei Fragen heraus, einmal, welchem Vorgehen ihr zur Bearbeitung der Fallstudie nun folgen sollt und dann, wie häufig Herr Professor Martin und ich uns abstimmen, ist das richtig?"*

Achten Sie darauf, dass Sie sich im Sinne des „Aktiven Zuhörens" Ihrem Gegenüber zuwenden und bleiben Sie wertschätzend. Rufen Sie sich in solchen Situationen einen Ihrer oben formulierten Leitsätze zum souveränen Umgang mit schwierigen Situationen ins Gedächtnis. Durch die Umformulierung, nehmen Sie die Schärfe aus der Frage, Sie erhalten eine positive Gesprächsatmosphäre aufrecht. Während der Umformulierung gewinnen Sie zudem Zeit zum Nachdenken, welche Antwort Sie auf die umformulierte Frage geben wollen.

*3) Stimmen Sie der Frage differenziert zu*

1. Schritt: Zustimmung formulieren

*„Du hast Recht, Professor Martin verwendet eine andere Darstellung."*

2. Schritt: Zusätzliche Informationen anhängen und Zustimmung differenzieren

*„Wenn wir uns die Schritte gleich im Detail anschauen, wirst du sehen, dass inhaltlich dasselbe erarbeitet werden muss."*
*„Es ist möglich, dass die Darstellungen abweichen (Zustimmung). Meine Variante habe ich mit Herrn Professor Martin*

*abgestimmt und daher werden wir diese jetzt verwenden (Zusätzliche Information)."*

Bei dieser Antwort-Technik, antworten Sie, indem Sie einem Teilaspekt oder unter bestimmten Voraussetzungen zustimmen.

*„Wenn du davon ausgehst, dass … stimme ich Dir zu."*
*„Wenn du damit meinst, dass … stimme ich Dir zu."*

Über die weiterführende Information, differenziert sich die Antwort.

Verbinden Sie die beiden Schritte mit einem „und" statt mit einem „aber", um weniger Widerspruch hervorzurufen:

*„Ja, das ist grundsätzlich möglich. Und in unserem Fall müssen wir noch besonders … beachten.»*

Mit dieser Technik können Sie das Gespräch in die gewünschte Richtung lenken.

*4) Beantworten Sie mehrgliedrige Fragen, indem Sie (vorerst) nur auf einen Teil antworten*

Eine Antwort für die oben genannte Frage könnte folgendermaßen lauten:

*„Oh, ich sehe, dass die unterschiedlichen Darstellungen von Herrn Professor Martin und mir gerade für Verwirrung sorgen, das kann ich gleich auflösen."*

Allgemeingültige Formulierung:

*„Gut, in deiner Frage stecken gleich mehrere Fragen drin. Ich beantworte zunächst die erste Frage, …"*

Wenn Sie eine Frage gestellt bekommen, die aus mehreren (Teil-)Fragen besteht, dann beantworten Sie zunächst den Teil, zu dem Sie am meisten wissen oder den Sie beantworten wollen. So gewinnen Sie Sicherheit und setzen Kompetenzsignale. Zudem gewinnen Sie Zeit, um sich zu überlegen, ob und wenn ja wie Sie die weiteren Fragen beantworten wollen.

*5) Sagen Sie ehrlich, wenn Sie die Antwort nicht wissen*

*„Oh, das stimmt, Herr Professor Martin hat hier tatsächlich ein anderes Vorgehen beschrieben. Das muss ich mit ihm nochmal klären."*

Allgemeingültige Formulierung:

*„Das ist wirklich eine interessante Frage und ich muss zugeben, ich weiß die Antwort leider nicht. Wir können aber gerne in der Runde kurz über mögliche Antworten diskutieren und bis zur nächsten Sitzung recherchiere ich hierzu und bringe die Antwort mit."*

Grundsätzlich ist es positiv, wenn sich die Studierenden trauen, in Ihrem Tutorium alle Fragen zu stellen. Wenn nun eine Frage gestellt wird, die größere Wissenslücken beim Fragenden aufzeigt und deren Beantwortung den Großteil der Gruppe aufhalten würde, sollten Sie dem Fragenden anbieten, die Frage im Nachgang zu beantworten.

Eine Formulierung könnte wie folgt lauten:

*„Es ist gut, dass du noch mal nachfragst. Für eine vollständige Antwort muss ich etwas ausholen. Das würde ich mit dir gerne im Anschluss an die Stunde machen. Ist das ok für dich?"*

Für den Umgang mit schwierigen Fragen sind Sie mit diesen Techniken gut gewappnet. Doch was ist zu tun, wenn das Gegenteil der Fall ist und sich keiner Ihrer Studierenden beteiligt?

Umgang mit schweigenden Gruppen

Für viele ist die Vorstellung einer schweigenden Gruppe die schwierigste Situation. Diese Situation ist deshalb so unangenehm, weil Sie als Lehrperson von schweigenden Studierenden kein Feedback erhalten, wie das, was Sie vorstellen, ankommt. Möglicherweise bezweifeln Sie sogar, dass überhaupt irgendetwas ankommt.

Welche Interpretationsmöglichkeiten fallen Ihnen ein, wenn Sie sich vorstellen, in Ihrem Tutorium schweigt die gesamte Gruppe? Vermutlich schweigt die Gruppe, weil …

… sie das Thema nicht interessiert.

… sie nicht wissen, was sie sagen sollen.

… alles klar ist und kein Austauschbedarf besteht.

… sie mich testen wollen.

… sie es lustig finden, mich zappeln zu lassen.

> **Übung 46: Schweigende Gruppen**
>
> Vervollständigen Sie die Liste der Interpretationsmöglichkeiten gern durch Ihre Ideen.

Die Gründe für Schweigen sind vielfältig:
Die Studierenden sind möglicherweise müde, gedanklich mit einem anderen Thema beschäftigt, krank, unterfordert, überfordert, vom Thema gelangweilt, unsicher in der Gruppe oder hören schlicht und einfach konzentriert zu. Trotzdem sollte es Ihnen gelingen, Ihre Gruppe wieder zum Sprechen zu bringen.

Welche interaktiven Lehr-/Lernmethoden und Gesprächsführungstechniken kennen Sie bereits, die Ihnen helfen, schweigende Gruppen wieder zum Sprechen zu bringen?

*1) Meinungsbild & Nachfrage (vgl. Kapitel 12.2)*

Stellen Sie eine Frage und lassen Sie diese mit einem Handzeichen beantworten.

*„Wer kann sich vorstellen, später an der Uni zu arbeiten? Wer nicht?"*

Fragen Sie anschließend direkt eine Person nach den Gründen. Gibt es unentschiedene Teilnehmende, befragen Sie diese nach ihren Überlegungen zum Thema.

## 2) Methodenwechsel (vgl. Kapitel 7)

Führen Sie eine Blitzlicht-Abfrage durch. Stellen Sie eine offene Frage und lassen Sie diese von jedem mit einem Satz beantworten.

Bilden Sie Kleingruppen mit Arbeitsaufträgen oder führen Sie eine Murmelgruppe durch.

Viel Dynamik entsteht mit der Übungsmaschine.

Gehen Sie über den schriftlichen Weg und lassen Sie die Studierenden erst ein One-Minute-Paper erstellen, um darüber anschließend in den Austausch zu kommen.

Wenig Aussicht auf Erfolg hat in dieser Situation die klassische Plenumsdiskussion, da die Teilnehmenden ja bisher schon wenig bis gar nichts sagen. Wenn Sie diskutieren wollen, wählen Sie eine alternative Diskussionsmethode aus (Fish-Bowl oder Pro-Kontra-Diskussion).

## 3) Metakommunikation (vgl. Kapitel 12.1)

Sprechen Sie Ihre Beobachtung an und fragen Sie die Gruppe, was sie braucht.

*„Ihr scheint mir heute viel ruhiger als sonst, es sagt kaum jemand etwas ... Was ist denn los?"*

Manchmal braucht es eine Kombination der Techniken und die feste Überzeugung, dass jede Gruppe früher oder später wieder spricht.

Lesen Sie hierzu den folgenden Erfahrungsbericht einer Tutorin:

*„Mein eindrücklichstes Schweigeerlebnis hatte ich in einem Seminar für Studierende im dritten Semester. Eine sonst sehr aktive Gruppe hat in dieser Sitzung einfach nicht mehr auf meine Fragen geantwortet. Ich habe also zunächst etwas Zeit verstreichen lassen, um zu sehen, ob doch noch eine Antwort auf die Frage kommt. Dann habe ich mich für die Metakommunikation entschieden und gefragt, wieso denn nun niemand auf die Frage antwortet. Wieder 25 schweigende Personen. Der Ausweg war ein Blitzlicht zur Frage, wieso hast du nicht auf die Frage geantwortet. Dazu hat jeder kurz etwas gesagt und wir waren wieder im Gespräch. Wie sich herausgestellt hat, hatte die Gruppe eine anstrengende Prüfungswoche hinter sich und war gedanklich nicht voll bei der Sache. Mit dieser Information konnte ich die übrige Zeit passender für die Gruppe gestalten."*

Dieses Beispiel zeigt sehr schön die Kombination aus Metakommunikation und anschließendem Methodenwechsel. Über das Blitzlicht kam die Tutorin wieder mit ihrer Gruppe ins Gespräch. Betrachten wie im nächsten Abschnitt, wie Sie auf mögliche Widerstände reagieren können.

Konstruktiver Umgang mit Widerstand

Will die Gruppe eine Übung nicht durchführen oder werden neue Inhalte, Betrachtungsweisen erst einmal abgelehnt, stehen Sie als Tutorin, als Tutor besonders im Fokus. Dabei ist es hilfreich, sich bewusst zu machen, dass Widerstand oft eine diffuse Reaktion auf Veränderungen darstellt. Er entsteht bei Ambivalenzen oder bei Ablehnung des Neuen und kann als Schutz interpretiert werden oder einfach als ein Signal des Einzelnen oder der Gruppe, das beachtet werden sollte. Eine konstruktive Haltung besteht darin, den Widerstand als ein Kooperationsangebot anzusehen: Die Studentin, der Student zeigt mir damit, was ihr, was ihm noch fehlt. Wie können Sie mit Widerständen umgehen?

**Bleiben Sie innerlich offen** gegenüber Widerständen und Konflikten. Es lohnt sich, einen konstruktiven Leitsatz für den Umgang mit Widerständen zu formulieren. Dieser könnte zum Beispiel so lauten:

*„Die Studierenden dürfen Dinge ablehnen, ich frage nach, um zu verstehen, was sie stört."*

Nehmen Sie Personen ernst, die Widerstand äußern und bringen Sie Ihnen **Wertschätzung** und einfühlendes Verstehen entgegen. Nutzen Sie hierzu das Aktive Zuhören (vgl. Kapitel 12.1). Bringen Sie zudem in Erfahrung, welche **Bedeutung** die Störung für die jeweilige Person hat. Hierzu ein Beispiel:

*Ein Student will auf keinen Fall an einer Diskussion teilnehmen. Er findet Diskussionen sind Zeitverschwendung. Seine starke Ablehnung verunsichert die übrigen Studierenden. Die Diskussion kann nicht beginnen.*

*Fragen Sie in einer solchen Situation nach: „Wieso hältst du Diskussionen für Zeitverschwendung?". Möglicherweise erfahren Sie dann mehr über die Beweggründe. Der Student hat bisher die Erfahrung gemacht, dass bei Diskussionen nicht viel heraus kommt und er muss die anstehende Prüfung unbedingt bestehen, er will in diesem Tutorium die nötigen Inhalte verstehen und nicht diskutieren.*

*Mit dieser Information können Sie ihm aufzeigen, wie viel besser er die Inhalte verstehen wird, wenn er sich in einer Diskussion damit auseinandersetzt.*

*Alternativ können Sie eine Abfrage in der Gruppe machen, wer die Diskussion durchführen möchte und wer nicht. Es besteht auch die Möglichkeit, die Gruppe zu teilen und die eine Hälfte diskutiert, die andere Hälfte bearbeitet einzeln oder gemeinsam Übungsaufgaben.*

Überlegen Sie sich, wieso der Widerstand auftritt. Formulieren Sie verschiedene Interpretationen (*„Vermutlich will sie, will er nicht, weil …"*). Entscheiden Sie sich, wie Sie die **Störung ansprechen** wollen, ob im Einzelgespräch oder in der Gruppe, in der Pause oder am Ende der Sitzung. Hören Sie in jedem Fall genau zu und bleiben Sie ruhig. Unterscheiden Sie die sachlichen und die persönlichen Kritikpunkte.

**Fragen** Sie im Gespräch nach den Begründungen (*„Wieso ist das für dich so?" „Inwiefern fehlt dir etwas?"*). Sie können zudem die Sichtweise anderer Studierender einholen (*„Wie sehen die Anderen das?"*).

---

**Tipps & Tricks**

Fragen Sie interessiert und wertschätzend: „Was stört dich?"

---

Wenn Sie die Gründe für den Widerstand verstanden haben, machen Sie transparent, was Sie am Ablauf oder an den Inhalten verändern können oder dürfen und was nicht. Erarbeiten Sie mit der Person bzw. mit der Gruppe gemeinsam eine Lösung. Dann können Sie Ihr Tutorium fortsetzen.

Die meisten schwierigen Situationen können durch eine gute Vorbereitung, durch ein klares Rollenverständnis und durch interaktive Methoden von vornherein vermieden werden. Tritt dennoch eine schwierige Situation auf, hilft eine offene Haltung, die Sie in Form von persönlichen Leitsätzen verinnerlichen können und eine transparente Kommunikation, wie sie etwa im BIBB-Schema vorgesehen ist. Nutzen Sie auch die Möglichkeit, bei Bedarf eine kurze Pause zu machen, um sich in Ruhe zu überlegen, wie Sie als nächstes weitermachen. Und zu guter Letzt möchten wir in Erinnerung rufen: „Dient es nicht der Freude, dient es dem Lernen".

*Unsere Literaturempfehlungen zum Weiterlesen:*

Bohne, Michael (2008): Klopfen gegen Lampenfieber: Sicher vortragen, auftreten, präsentieren. Energetische Psychologie praktisch. Reinbek: Rowohlt Verlag GmbH.
Kalt, Mirjam (2010): Lernprozesse von Gruppen begleiten. In: Christoph Negri (Hrsg.): Angewandte Psychologie für die Personalentwicklung. Berlin, Heidelberg: Springer, S. 225–249.
Schulze-Seeger, J. (2013). Schwarzer Gürtel für Trainer: Vom Meistern schwieriger Seminarsituationen. Weinheim: Beltz.

**Checkliste für das Kapitel 13**

→ Gehen Sie die folgende Checkliste durch, um gut auf das Tutorium vorbereitet zu sein.

Überlegen Sie sich langfristige Strategien, wie Sie mit **Lampenfieber** umgehen möchten.

Malen Sie sich ein Worst-Case Szenario aus: Was könnte in Ihrem Tutorium alles schief laufen?

Vorbereitung: Was müssen Sie alles vorbereiten, um sich sicher zu fühlen?

Schreiben Sie sich drei bis vier positiv formulierte Sätze auf, die Sie als Tutorin, als Tutor bestärken. Zum Beispiel: „Ich bin so gut vorbereitet, dass mir der Ablauf leicht gelingen wird!"

Prüfen Sie Ihr bisheriges Feinkonzept hinsichtlich **Motivationsförderlichkeit**! Verstehen Sie die folgenden Punkte als Optionen aus denen Sie wählen können.

Ich fördere das Kompetenzerleben der Studierenden, indem ich …

… die Lernziele transparent mache.

… sie an Ihr Vorwissen und Ihre Fortschritte erinnere.

Die Teilnehmenden dürfen autonom und selbstbestimmt wählen …

… welche Themen sie vertiefen wollen.

… wie wir im Tutorium arbeiten (Regeln für die Zusammenarbeit entwickeln).

Ich sorge für die soziale Einbindung der Studierenden, indem ich …

… verschiedene Methoden einsetze, durch die sie in Kontakt kommen.

… mich für den Lernfortschritt interessiere.

Ich arbeite mit den Studierenden die persönliche Bedeutsamkeit des Themas heraus, indem ich …

… zu Beginn einer Sitzung in einer Zurufliste erfrage, welche Bedeutung die Studierenden dem Thema geben.

… transparent mache, welche Bedeutung das Thema für mich hat und welche praktische Relevanz ich sehe.

Folgende interaktive **Lehr-/Lernmethode** setze ich in meiner nächsten Tutoriums-Sitzung ein:

...................................................................

Die Aufgabenstellung lautet konkret:

...................................................................

Etwas einfacher lautet die Aufgabe wie folgt:

...................................................................

Etwas komplexer lautet die Aufgabe wie folgt:

...................................................................

Ziel der Lehr-/Lernmethode:

...................................................................

Relevanz der Lehr-/Lernmethode:

...................................................................

Die Gruppen werden wie folgt gebildet:

...................................................................

Der Ablauf der Methode wird so erklärt:

...................................................................

Den Ablauf der Methode habe ich visualisiert.
Puffer, falls die Methode weniger Zeit in der Umsetzung benötigt:

...................................................................

Kürzungsideen, falls die Methode mehr Zeit in der Umsetzung benötigt:

...................................................................

Gehen Sie diese Liste anhand jeder interaktiven Lehr-/Lernmethode durch, die Sie in Ihrem Tutorium einsetzen werden.

Folgende Leitsätze helfen mir mit **schwierigen Situationen** gut umzugehen:

Mein Leitsatz für den konstruktiven Umgang mit meiner Situation, die ich als besonders schwierig empfinde:

.....................................................................

.....................................................................

Mein Leitsatz für den konstruktiven Umgang mit kritischen Fragen:

.....................................................................

.....................................................................

Mein Leitsatz für den konstruktiven Umgang mit schweigenden Gruppen:

.....................................................................

.....................................................................

Mein Leitsatz für den konstruktiven Umgang mit Widerständen:

.....................................................................

.....................................................................

# 14. Das Tutorium abschließen

In diesem Kapitel erfahren Sie ...

... wie Sie Ihre Abschlusssitzung gestalten können und Ihr Tutorium abschließen.

... wie Sie rückblickend Ihr Tutorium anhand vorgegebener Leitfragen auswerten können.

... wie Sie das Abschlussgespräch mit Ihrer Betreuerin, Ihrem Betreuer gestalten können.

... wie Sie den Erfahrungsaustausch mit anderen Tutorinnen und Tutoren gestalten können.

Sie befinden sich nun im letzten Drittel Ihres Tutoriums, das Semester ist bald zu Ende. In diesem Kapitel erfahren Sie, wie Sie Ihre letzte Tutoriums-Sitzung gestalten, welche Punkte Sie in der Nachsorge beachten müssen und wie Sie Ihre Arbeit als Tutorin, als Tutor so reflektieren, dass Sie etwas über sich lernen und Rückschlüsse für das nächste Semester ziehen können.

## 14.1 Abschlusssitzung gestalten

Im Kapitel 6.2 haben Sie gelernt, wie Sie sich Ihren Semesterplan erstellen. Dort haben wir Sie bereits darauf hingewiesen, dass Sie in der letzten Sitzung Ihres Tutoriums Zeit einräumen sollten, in der Sie keine neuen Inhalte mehr vermitteln. Unabhängig von dem gewählten Format des Tutoriums, also ob Sie wöchentliche Sitzungen oder eine Blockveranstaltung abhalten, die letzte Phase im Tutorium ist für den Abschluss des Tutoriums reserviert. Folgende Elemente sollten im Abschluss enthalten sein:

- Zeit für offene Fragen
- Besprechung weiterer Schritte
- Durchführen einer Feedbackrunde
- Persönlicher Abschluss

Die Länge der Abschlussphase hängt von der Länge des gesamten Tutoriums ab. In der folgenden Tabelle sehen Sie Richtwerte, die Sie natürlich an individuelle Gegebenheiten anpassen müssen:

| Art des Tutoriums | Länge des Tutoriums | Länge der Abschluss-phase |
|---|---|---|
| Tutorium als einmalige Veranstaltung | 90 Minuten | 10 Minuten |
| Tutorium als wöchentliche Veranstaltung | 12 Sitzungen à 90 Minuten | 45 Minuten |
| Tutorium als Blockseminar | 3 Tage | 45 Minuten |
| E-Learning Tutorium | Mehrere Präsenz- und Online-Phasen im Wechsel | 30 Minuten |

Tabelle 44: Abschlusssitzung

Sehen wir uns die einzelnen Elemente einer Abschlussphase nun genauer an:

Zeit für offene Fragen

Sicherlich hatten Ihre Studierenden während des gesamten Tutoriums hindurch immer wieder die Möglichkeit, Fragen zu stellen. Dennoch ist es wichtig, dass am Ende eine Schlussfragerunde eingeplant wird. Häufig sind sich die Studierenden mitten im Tutorium nicht sicher, ob eine Frage inhaltlich gerade passend ist und stellen sie zurück. Des Weiteren kann es passieren, dass ein Inhalt, der am Anfang des Tutoriums durchgenommen wurde, nach der Vermittlung weiterer Inhalte neue Fragen aufwirft. Häufig deckt das Lernen für die bevorstehende Klausur gegen Ende des Tutoriums ungeklärte Aspekte auf, so dass Sie im Falle einer schriftlichen Lernzielkontrolle besonders viel Zeit für Fragen einplanen sollten. Nicht zu vergessen ist auch, dass Studierende mit unterschiedlichen Erwartungen in das Tutorium gehen. Nun ist die letzte Gelegenheit, Nachfragen zu stellen und offene Punkte anzusprechen, so dass sich ihre Erwartungen erfüllen und die Studierenden zufrieden das Tutorium verlassen.

**Tipps & Tricks**

Kündigen Sie die Fragerunde schon einige Zeit vorher an, so dass sich die Studierenden im Vornherein Fragen notieren können.

Besprechen weiterer Schritte

In der Abschlussphase sollten Sie auf eventuell getroffene Abmachungen zurückkommen. Haben Sie im Laufe des Tutoriums Fotos gemacht oder Dokumente erstellt, die für die Studierenden zugänglich gemacht werden müssen? Klären Sie spätestens an dieser Stelle, bis wann die Studierenden die Fotos bzw. Dokumente auf welche Weise erhalten. Dies soll nicht bedeuten, dass Sie im Nachhinein noch viel Arbeit damit haben müssen. Sie können auch vereinbaren, dass eine Studentin die Fotos an alle Kommilitonen weiterleitet und ein Student die Dokumente sammelt und auf eine allen zugängliche Plattform hochlädt etc. Ihre Aufgabe als Tutorin, Tutor ist es jedoch, dafür zu sorgen, dass dies auch zum vereinbarten Zeitpunkt geschieht.

Müssen die Studierenden eine schriftliche Arbeit oder Ähnliches erstellen, so machen Sie nochmals klar, in welcher Form die Studierenden bis wann ihre Arbeit wo einzureichen haben. Kommunizieren Sie ebenso, ob, wie und in welchen Fällen Sie für die Studierenden weiterhin zu erreichen sind: Bis wann sind Sie bereit schriftliche oder mündliche Nachfragen zu beantworten? Möglicherweise ist es auch sinnvoll ein Follow-up-Treffen zu terminieren, in dem die Ergebnisse der Klausur besprochen werden können oder Ähnliches.

Manchmal möchte sich eine Studierendengruppe zu einem informellen Stammtisch oder Nachtreffen verabreden. Nun können Sie ein paar Minuten Zeit geben, damit die Gruppe ein Treffen vereinbart.

Feedbackrunde

In Kapitel 6.2 haben Sie das +AVIVA+-Schema kennengelernt. In der letzten Phase „Ausrichten" wurde bereits besprochen, dass kurze Feedbackeinheiten am Ende einer jeden Sitzung helfen, um im Verlauf eines Tutoriums mit der konzeptuellen Planung nachzusteuern. Am Ende des Tutoriums nehmen Sie sich nun Zeit für ein ausführliches Feedback. In der Feedbackrunde erhalten Sie eine persönliche Rückmeldung Ihrer Studierenden sowohl zu der Gestaltung des Tutoriums als auch zu Ihrem Auftreten als Tutorin, als Tutor. Durch die Rückmeldungen erfahren Sie, was bei den Studierenden besonders gut angekommen ist und was Sie beim nächsten Mal verbessern könnten. In Kapitel 7 haben Sie bereits einige interaktive Lehr-/Lernmethoden kennengelernt, mit denen Sie Feedback erfragen können. Hier zur Erinnerung drei Möglichkeiten:

**Tipps & Tricks**

Führen Sie bereits nach den ersten vier Sitzungen Ihres Tutoriums eine längere Zwischenfeedbackrunde durch, damit Sie die Möglichkeit haben konstruktive Vorschläge der Studierenden in Ihr Konzept einzuarbeiten.

*1) Blitzlicht*

*Ablauf:* Alle Studierenden geben Ihr Feedback als kurzes Statement ab, das nicht bewertet wird. So erhalten alle Studierenden gleichberechtigt die Gelegenheit, ihr Feedback zu kommunizieren.

*Beispielfrage:* „Zum Abschluss interessiert mich Euer Resümee. Wie hat euch das Tutorium gefallen, was hat gut geklappt, welche Punkte würdet ihr beim nächsten Mal an meiner Stelle anders machen?"

*Material:* Kein Material erforderlich

*Zeitaufwand:* bei einer Gruppe bis 15 Personen fünf bis zehn Minuten.

*2) One-Minute-Paper*

*Ablauf:* Die Studierenden beantworten auf einem Blatt Papier zwei Fragen zur Veranstaltung. Sie lesen ihre Antworten daraufhin vor. Bei einer großen Gruppe lassen Sie ein paar Studierende freiwillig vortragen. Sammeln Sie die Zettel anschließend ein, so dass Sie sich Ihr Feedback im Nachhinein ansehen können.

*Beispiel:* „Bitte beantwortet auf einem Blatt Papier die folgenden zwei Fragen:

    1. Was nehme ich aus diesem Tutorium als wichtigste Erkenntnis mit?

    2. Was hätte ich mir anders gewünscht?"

*Material:* Papier und Stift

*Zeitaufwand:* Eine Minute zur Beantwortung des One-Minute-Papers, zehn Minuten für die mündliche Feedback-Runde.

## 3) Punktabfrage

*Ablauf:* Auf einem vorgegebenen Raster dürfen alle Teilnehmenden einen Punkt kleben. Bestimmen Sie die Dimensionen des Rasters nach Kriterien, die für Sie persönlich wichtig sind (Bsp.: Inhaltliche Relevanz, Abwechslung, Verhältnis Theorie-Praxis, etc.). Wichtig ist, die Studierenden gleichzeitig punkten zu lassen, um eine gegenseitige Meinungsbeeinflussung zu verringern.

*Beispielfrage: „Wie hat euch das Tutorium insgesamt gefallen? Bitte gebt einen Punkt ab auf den zwei Dimensionen: interessant vs. langweilig sowie hilfreich vs. überflüssig."*

*Material:* Flipchart und Klebepunkte oder eine Tafel, auf die mit Kreide Punkte gezeichnet werden

---

**Tipps & Tricks**

Gestalten Sie das Plakat, auf dem das Feedback für das Tutorium gepunktet werden soll, ansprechend. Sie können zum Beispiel ein Stimmungsbarometer erstellen oder eine zum Thema passende Visualisierung erstellen. Beispiele dazu finden Sie im Download-Bereich zu diesem Buch.

---

Feedback zu geben erfordert von den Studierenden Mut und Offenheit. Deshalb ist es wichtig, im Vorfeld eine vertrauensvolle Atmosphäre zu schaffen und als Tutorin, als Tutor zu zeigen, dass Sie für Anregungen und Verbesserungsvorschläge offen sind. Die Studierenden müssen das Gefühl haben, dass Sie ein echtes Interesse an ihrer Rückmeldung haben und dass Sie negative Antworten konstruktiv aufnehmen, indem Sie beispielsweise bei Kritik die Ehrlichkeit loben und für die wertvollen Anregungen danken. Ein Beispiel:

*(Studierender) „Mir hat es hier gut gefallen, gerade die Strukturgleichungsmodelle hätte ich aber gerne noch mehr geübt."*

*(Tutorin) „Es freut mich, dass es Dir gefallen hat. Du hast Recht, die Strukturgleichungsmodelle kann man nur verinnerlichen, wenn man sich auch intensiv damit beschäftigt. Ich werde mir überlegen, wie ich die Einheit beim nächsten Mal gestalte, damit ihr mehr Zeit zum Üben habt. Vielen Dank für Deine Rückmeldung!"*

> ### Übung 47: Abschlusssitzung
>
> Auf welche Aspekte bezüglich Ihres Tutoriums und Ihres Auftretens wünschen Sie sich Feedback von Ihren Studierenden? Formulieren Sie eine Beispielfrage, um Feedback zu erhalten.

Persönlicher Abschluss

Die letzte Stunde Ihres Tutoriums nähert sich dem Ende. Alle offenen Fragen wurden geklärt, weitere Abmachungen wurden getroffen und Sie haben ein konstruktives Feedback von Ihren Studierenden erhalten. Nun fehlt nur noch ein stimmiger Abschluss. Binden Sie in Ihre letzten Worte des Tutoriums Folgendes mit ein:

| Aspekt | Beispiel |
| --- | --- |
| Ein kurzes Resümee, wie Sie das Tutorium erlebt haben | „Obwohl der Stoff nicht immer einfach war, habt ihr mich als Gruppe sehr motiviert. Ihr habt toll mitgearbeitet und bei den Gruppenarbeiten sind wirklich gute Ergebnisse herausgekommen." |
| Einen Wunsch, den Sie den Studierenden mit auf den Weg geben | „Nun wünsche ich euch viel Erfolg in der Klausur und dass ihr das, was ihr hier gelernt habt, sicher anwenden könnt." |

| Aspekt | Beispiel |
|--------|----------|
| Eventuell einen Ausblick auf das nächste Semester | „Im kommenden Semester wird ein Aufbau-Tutorium zu diesem Thema angeboten. Ich würde mich freuen, wenn ich den einen oder anderen von euch dort wiedersehe." |
| Dank und Abschied | „Ich danke euch für Eure konstruktiven Beiträge und wünsche euch alles Gute. Bis bald!" |

Tabelle 45: Abschluss Formulierung

**Übung 48: Abschluss formulieren**

Formulieren Sie Ihren persönlichen Abschluss mit einem kurzen Resümee, einem Wunsch an die Studierenden, einen Ausblick und dem Abschied.

## 14.2 Aus eigenen Erfahrungen lernen

Ihr Tutorium ist geschafft und Sie haben eine tolle Arbeit gemacht, die sicherlich nicht immer einfach war. Sie haben Ihr Tutorium bestimmt gründlich geplant und durchdacht und vielleicht sind Ihnen dennoch Sachen passiert, die Sie noch nicht so ganz einordnen können. Mit der letzten Stunde ist zwar das Tutorium abgeschlossen, dennoch lohnt es sich, die vergangene Zeit noch einmal Revue passieren zu lassen. Die Eindrücke sind jetzt noch frisch. Notieren Sie sich deshalb Ihre Erkenntnisse. Dies wird es Ihnen erleichtern, das nächste Tutorium gleich gut oder noch besser, vor allem jedoch mit wesentlich weniger Vorbereitungszeit durchzuführen. Die folgende Tabelle führt alle relevanten Bereiche auf und bietet Ihnen Fragen an, die Sie sich zur Abschlussreflexion stellen können. Wählen Sie die Fragen aus, deren Beantwortung für Sie wertvoll erscheint.

| Mein Tutorium im Rückblick | |
|---|---|
| Übergreifend | Wie zufrieden bin ich rückblickend mit meinem Konzept? Wie zufrieden bin ich mit der Umsetzung des Konzepts? Was würde ich beim nächsten Mal anders machen? Was würde ich genauso wieder machen? Welche Tipps würde ich anderen Tutorinnen und Tutoren geben, die nach mir diese Aufgabe übernehmen? Was habe ich selbst in meinem Tutorium gelernt? Wenn Sie die Chance haben, werden Sie auch im nächsten Semester wieder Tutorin, Tutor sein? |
| Rolle | Was habe ich über mich als Lehrperson gelernt? Wie gern übe ich die Rolle Tutorin, Tutor aus? Wie leicht oder schwer ist es mir gefallen, in diese neue Rolle zu schlüpfen? Woran lag das? Sind Rollenkonflikte aufgetreten? Wie bin ich damit umgegangen? Wie hätte ich mich anders verhalten können? Wie kann ich meine Leitsätze nach meinen Erfahrungen anpassen, damit sie noch besser zu mir passen? |
| Lernziele | Habe ich die gesetzten Lernziele erreicht? Falls Sie sich bei dem einen oder anderen Ziel nicht sicher sind – wie hätten Sie das Lernziel überprüfen können? Musste ich Lernziele auf dem Weg korrigieren? Welche waren das? |
| Ablauf | Wie gut haben Planung und Realität zusammengepasst? (Vergleichen Sie Ihre Ablaufpläne mit der tatsächlichen Durchführung) Wo gab es Abweichungen? An welchen Stellen muss ich beim nächsten Mal mehr Zeit einplanen und welche Einheiten kann ich kürzer kalkulieren? |

| Mein Tutorium im Rückblick | |
|---|---|
| Methodeneinsatz | Welche Methoden haben so gut funktioniert, dass ich sie sofort wieder verwenden würde? Welche Abwandlungen von Methoden habe ich gefunden? Welche Methoden sind anders verlaufen als geplant? Woran lag das? Was würde ich beim nächsten Mal in einer derartigen Situation anders machen? Was würde ich genauso wieder tun? |
| Gruppenleitung | Wie ist es mir im Umgang mit den Studierenden ergangen? Konnte ich lebhafte Diskussionen anstoßen? Wenn ja, was habe ich dazu beigetragen? Wenn nein, was hat gefehlt, was mache ich beim nächsten Mal anders? Wie gut konnte ich auf Fragen eingehen? Auf was habe ich hinsichtlich meiner Gesprächs-führung bewusst geachtet? Wie hat es sich ausgewirkt? |

Tabelle 46: Reflexion Abschluss

Mit diesem Fragenkatalog reflektieren Sie alle wichtigen Be-reiche, um für sich wesentliche Erkenntnisse aus Ihrer Tutori-en-Arbeit zu behalten. Markieren Sie sich, welche Punkte Sie gerne mit Ihrer Betreuerin, Ihrem Betreuer durchsprechen möchten. Welche Aspekte würden Sie zudem gerne mit an-deren Tutorinnen und Tutoren besprechen? Im folgenden Un-terkapitel erhalten Sie Anregungen für die Gestaltung derar-tiger Gespräche.

**Tipps & Tricks**

Lassen Sie bereits während des Semesters eine befreundete Tuto-rin, einen Tutor Ihre Veranstaltung beobachten und sich anschlie-ßend Feedback geben.

## 14.3 Im Austausch mit anderen lernen

Mit einem Abschlusstreffen runden Sie die Zusammenarbeit mit Ihrer Betreuerin, Ihrem Betreuer ab. Sie sollten dazu einerseits die Vereinbarungen aus Ihrem Startgespräch präsent haben und andererseits Ihre Erkenntnisse und Fragen aus der Abschlussreflexion parat haben. Wie können Sie nun die Abschlusssitzung mit Ihrer Betreuerin, Ihrem Betreuer gestalten? Vier Themen bieten sich für das Abschlussgespräch an:

Erwartungsabgleich

Schauen Sie sich in dem Protokoll des ersten Treffens Ihre jeweiligen Erwartungen an das Tutorium an. Reflektieren Sie, was Sie alles erreicht haben und was unter Umständen noch offen geblieben ist. Tauschen Sie sich gemeinsam darüber aus. Falls Punkte offen geblieben sind, können Sie gemeinsam festhalten, was bei einer erneuten Durchführung verändert werden sollte oder ob eventuell noch Informationen an die Studierenden nachgeliefert werden müssen. Notieren Sie sich diese Ideen.

Resümee: Inhaltliche und konzeptionelle Gestaltung

Gehen Sie den Fragenkatalog aus dem Abschnitt 14.2 durch. Was ist inhaltlich und konzeptionell gut gelaufen, was könnte verbessert werden? Gehen Sie diese Aspekte in der Abschlusssitzung mit Ihrer Betreuerin, Ihrem Betreuer durch und reflektieren Sie gemeinsam die inhaltliche und konzeptionelle Gestaltung. Notieren Sie sich Aspekte, die Sie inhaltlich und gestalterisch verändern möchten.

Feedback von den Studierenden

Am Ende eines Tutoriums erhalten Sie mündliches oder schriftliches Feedback von Ihren Studierenden. Manche Kritikpunkte sind direkt und einfach nachvollziehbar, andere wiederum nicht. Gehen Sie sowohl positives als auch negatives Feedback von den Studierenden mit Ihrer Betreuerin, Ihrem Betreuer durch. Lassen Sie das Feedback einschätzen und holen Sie sich Ideen, was Sie konkret verändern können. Gehen Sie auch darauf ein, inwieweit das von Ihnen überhaupt zu ändern ist oder ob Sie unter Umständen gar keinen Einfluss darauf haben. Notieren Sie sich Ideen, auf die Sie zukünftig achten möchten. Vermerken Sie auch, auf welche Aspekte Sie keinen Einfluss haben.

Feedback von der Betreuerin, dem Betreuer

Neben dem Feedback von den Studierenden ist auch das Feedback Ihrer Betreuerin, Ihres Betreuers wichtig, denn es hilft Ihnen Ihr Tutorium zu verbessern. Lassen Sie sich Feedback auf Ihre Tutorienarbeit geben. Das Feedback kann sich auf die Konzeption und die Zusammenarbeit beziehen. Notieren Sie positive sowie kritische Aspekte, die Sie aus dem Feedback Ihrer Betreuerin, Ihres Betreuers unbedingt mitnehmen möchten.

Bestimmt sind Ihnen in Ihrem Tutorium auch lustige oder irritierende Sachen passiert, über die Sie selbstverständlich berichten möchten. Je nach persönlicher Beziehung zu Ihrer Betreuungsperson und Zeitvorgabe im Besprechungstermin ist es wahrscheinlich nicht angemessen, alle Situationen im Detail auszuschmücken. Treffen Sie sich mit anderen Tutoren zu einem Abschlusstreffen, um sich unter Gleichgesinnten auszutauschen. Sie werden sehen, dass es den anderen Tutoren ähnlich erging und auch sie interessante, komische, aber auch schwierige Erfahrungen gemacht haben. Wenn Sie sich untereinander austauschen, relativieren sich im Nachhinein auch kritische Situationen. Jeder hatte seine persönlichen Höhepunkte und auch schwierigere Momente. Doch im Vordergrund steht, dass Sie das Tutorium erfolgreich durchgeführt haben. Themen für einen Austausch unter Tutoren können sein:

- Berichten Sie anderen Tutoren von Ihrer Konzeption. Was ist gut gelaufen und was war schwierig. Welche Tipps würden Sie anderen Tutoren geben? Welche interaktiven Lehr-/Lernmethoden können Sie anderen Tutoren empfehlen?
- Erzählen Sie wie Sie sich als Tutorin, als Tutor gefühlt haben. Wann war Ihre Rolle unangenehm für Sie und wie sind Sie damit umgegangen? Wie sind Sie mit Nervosität umgegangen und wie haben Sie sich motiviert?
- Erzählen Sie von schwierigen Studierenden und wie Sie darauf reagiert haben. Welche interessanten Teilnehmenden waren dabei? Wie haben Sie Ihre Studierenden motiviert?

Ein Erfahrungsaustausch hilft Ihnen, zukünftig schwierige Situationen besser einschätzen und bewältigen zu können sowie schwierige Situationen zu verarbeiten.

Vergessen Sie nicht, sich zum Schluss für Ihre ganze Arbeit als Tutorin, Tutor zu belohnen. Ob Sie gemeinsam mit anderen Tutoren feiern, shoppen gehen oder Sport machen – würdigen Sie Ihre Arbeit als Tutorin, als Tutor mit einer für Sie angemessenen Anerkennung!

Ihr Tutorium ist erfolgreich durchgeführt und abgeschlossen. Gratulation! Sie haben eine tolle Arbeit geleistet. Wir freuen uns, dass wir Sie mit diesem Handbuch begleiten konnten und wünschen Ihnen viel Erfolg bei der Durchführung weiterer Tutorien.

**Checkliste für das Kapitel 14**

→ Gehen Sie die folgende Checkliste durch um Ihr Tutorium nachzubereiten.

Gestaltung der Abschlusssitzung
- Wie viel Zeit nehme ich mir für die Abschlussphase?
- Habe ich Zeit für offene Fragen eingeplant?
- Wie gestalte ich die Feedbackrunde methodisch? Habe ich alle Unterlagen oder ggf. Visualisierungen vorbereitet?
- Auf welche Aspekte möchte ich konkret Feedback erhalten?
- Mit welchen Worten schließe ich das Tutorium ab?

Abschlusstreffen mit der Betreuerin, dem Betreuer und anderen Tutoren
- Was möchte ich mit meiner Betreuerin, meinem Betreuer abschließend besprechen?
- Welche Erwartungen hatten ich und meine Betreuerin, mein Betreuer zu Beginn meines Tutoriums? Wurde diese Erwartungen erreicht, was bleibt offen?
- Was ist inhaltlich und konzeptionell gut, was eher nicht so gut gelaufen? Welche Tipps kann mir meine Betreuerin, mein Betreuer geben?
- Wie sehe ich das Feedback meiner Studierenden? Was möchte ich meine Betreuerin, meinen Betreuer zum Feedback der Studierenden fragen?
- Auf welche Aspekte möchte ich Feedback zum Tutorium von meiner Betreuerin, meinem Betreuer erhalten?
- Welche Erfahrungen möchte ich mit anderen Tutoren teilen? Wobei könnten Sie mir helfen?
- Wie belohnen wir uns nach Ende des Tutoriums?

# Literatur

Allhoff, D.-W.; Allhoff, W. (1996): Rhetorik & Kommunikation. Regensburg: bvs Bartsch/Hoppmann/Rex/Vergeest.

Alt, J.A. (1994): Miteinander diskutieren. Eine Einführung in die Praxis vernünftiger Argumentation. Frankfurt/Main: Campus.

Argyle, M. (2005): Körpersprache und Kommunikation. Paderborn: Junfermann.

Anderson, L. W.; Krathwohl, David R. (2001): A taxonomy for learning, teaching, and assessing. A revision of Bloom's taxonomy of educational objectives. Complete ed. New York: Longman.

Beck, H. (2013): Biologie des Geistesblitzes – Speed up your mind! Berlin: Springer Berlin.

Brauer, M. (2014): Enseigner à l'université. Conseils pratiques, astuces, méthodes pédagogiques. Berlin: Springer.

Brinker, T.; Stelzer-Rothe, T. (2008): Kompetenzen in der Hochschullehre. Rüstzeug für gutes Lehren und Lernen an Hochschulen. 2., aktualisierte. Aufl. Rinteln: Merkur-Verl. (Das Kompendium).

Bremer, C. (2007): Qualität in der Lehre durch eLearning – Qualität im eLearning. In: Horst H. Ehlert (Hrsg.): eLearning nach Bologna. Düsseldorf, S. 60–74.

Brosius, K.: Soziales Lernen in Gruppen. In: Alles über Gruppen. Edding/Schattenhofer (2009) S. 274ff.

Bohne, M. (2008): Klopfen gegen Lampenfieber: Sicher vortragen, auftreten, präsentieren. Energetische Psychologie praktisch. Reinbek: Rowohlt Verlag GmbH.

Böss-Ostendorf, A.; Senft, H. (2014): Einführung in die Hochschul-Lehre. Ein Didaktik-Coach. Unter Mitarbeit von Lillian Mousli. 2., überarb. Aufl. Leverkusen: UTB.

Butterworth, B.; Hadar, U. (1989): Gesture, Speech, and Computional Stages: A Reply to McNeill. Psychological Review, Volume 96. S. 168–174.

Christenfeld, N.; Schachter, S.; Bilous, F. (1991): Filled Pauses and Gestures: It's not coincidence. Journal of psycholinguistic research, Volume 20 (1). S. 1–10.

Cienki, A. (1998): Metaphoric Gestures and Some of Their Relations to Verbal Metaphoric Expressions. In: Koenig, Jean-Pierre (Hrsg.): Discourse and Cognition. Center for the study of language and information. Stanford, California.

Cohen, P. A.; Kulik, J. A.; Kulik, C. C. (19): Educational Outcomes of Tutoring: A Meta-analysis of Findings. In: American Educational Research Journal 1982 (2), S. 237–248.

Csikszentmihalyi, M. (2010): Das flow-Erlebnis. 11. Auflage. Stuttgart: Klett-Cotta Verlag.

Deci, E. L.; Ryan, R. M. (1993): Die Selbstbestimmungstheorie der Motivation und ihre Bedeutung für die Pädagogik. In: Zeitschrift für Pädagogik 39 (2).

Doran, G. T. (1981): There's a S.M.A.R.T. way to write management's goals and objectives. In: Management Review 70 (11), S. 35–36.

Dietrich, C. (2004): Rhetorik. Die Kunst zu überzeugen und sich durchzusetzen. Berlin: Cornelsen.

Dittmann, A. T.; Llewellyn, Lynn G. (1969): Body Movement and Speech rhythm in social conversation. In: Journal of Personality and Social Psychology 11. S. 98–106.

Eder, F.; & Scholkmann, A. (2011): Lehrende als Coaches: Lernbegleitung von Studierenden am Beispiel des Tutoring im problem-based learning (PBL). Journal Hochschuldidaktik, 22 (2), S. 6–10.

Ekman, P. (1975): Universals and Cultural Differences in Facial Expressions of Emotion. In: Cole, J. (Hrsg.): Nebraska Symposium on Motivation 1971. Bd. 19. Lincoln: University of Nebraska Press.

Goldin-Meadow, S. (2003): Hearing gestures. Cambridge, Massachusetts, London: The Belknap Press of Harvard University.

Gullberg, M. (1998): Gesture as a Communication Strategy in Second Language Discourse. Lund: University Press.

Günther, U.; Sperber, W. (2000): Handbuch für Kommunikations- und Verhaltenstrainer. Basel: Ernst Reinhardt Verlag.

Hammer, S. S. (2012): Stimmtherapie mit Erwachsenen. In: Thiel, M. und Frauer, C. (Hrsg): Was Stimmtherapeuten wissen sollten. 5. Auflage. Heidelberg: Springer.

Jokanovic, M.; Szczyrba, B. (2012). Tutorienarbeit an Hochschulen. Professionalisierung der Lehre bottom up. In: Behrendt, B.; Szczyrba, B.; Wildt, J. (Hrsg.): Neues Handbuch Hochschullehre, Berlin: Dr. Josef Raabe Verlags GmbH.

Kalt, M. (2010): Lernprozesse von Gruppen begleiten. In: Christoph Negri (Hrsg.): Angewandte Psychologie für die Personalentwicklung. Berlin, Heidelberg: Springer, S. 225–249.

Kendon, A. (1998): Die wechselseitige Einbettung von Geste und Rede. In Schmauser, C.; Noll, T. (Hrsg.): Körperbewegungen und ihre Bedeutungen. Berlin: Berlin Verlag A. Spitz.

Kendon, A. (2004): Gesture: Visible Action as Utterance. Cambridge: Universtiy Press.

Krapp, A.; Seidel, T. (2014): Pädagogische Psychologie. Mit Online-Materialien. 6., vollst. überarb. Auflage Weinheim u.a.: Beltz.

Kunter, M.; Trautwein, U. (2013): Psychologie des Unterrichts. Paderborn: Ferdinand Schöningh.

Lakoff, G.; Johnson, M. (1998): Leben in Metaphern. Heidelberg: Carl-Auer-Systeme Verlag.

Lehmann, G. (1998): Gestalten kommunikativer Situationen. Frankfurt/Main: Peter Lang.

Lehner, M. (2012): Didaktische Reduktion. Ein Praxisbuch. Stuttgart: UTB.

Leutner, D.; Klauer, K. J. (2012): Lehren und Lernen. Einführung in die Instruktionspsychologie. 2. Auflage. Weinheim: Julius Beltz.

Loehr, D. P. (2004): Gesture and Intonation. Dissertation. Georgetown University.

Macke, G.; Hanke, U.; Viehmann, P. (2008): Hochschuldidaktik. Lehren, vortragen, prüfen; [CD-ROM: mit Methodensammlung „Besser lehren"]. Weinheim, Basel: Beltz.

Martens, T. (2012): http://www.welt.de/wissenschaft/article108835441/Lustloses-Lernen-hat-einen-enorm-hohen-Preis.html (abgerufen am 03.08.2015).

McNeill, D. (2005): Gesture and Thought. Chicago: The University of Chicago Press.

Mehrabian, A.; Wiener, M. (1967): Decoding of Inconsistent Communications. In: Journal of Personality and Social Psychology 6, (1) S. 109–114.

Mehrabian, A.; Ferris, S. (1967): Inference of Attitudes from Nonverbal Communication in Two Channels. In: Journal of Consulting and Clinical Psychology 31, Nr. 3, S. 248–252.

Meyer, B. E. (2014): Rhetorik für Lehrerinnen und Lehrer. Weinheim und Basel: Beltz Verlag.

Meyer, B.E.; Tretter, T; Englisch, U. (2015): Praxisleitfaden auffällige Schüler und Schülerinnen: Basiswissen und Handlungsmöglichkeiten. Basel: Beltz Verlag.

Müller, C. (1998): Beredete Hände. Theorie und Sprachvergleich redebegleitender Gesten. In Schmauser, C.; Noll, T. (Hrsg.): Körperbewegungen und ihre Bedeutungen. Berlin: Berlin Verlag A. Spitz.

Paas, F.; Renkl, A.; Sweller, J. (2004): Cognitive Load Theory: Instructional Implications of the Interaction between Information Structures and Cognitive Architecture. In: Instructional science 32, S. 1–8.

Pink, R. (2002): Souveräne Gesprächsführung und Moderation. Frankfurt/Main: Campus.

Poggi, I. (2007): Minds, Hands, Face and Body. Berlin: Weidler Buchverlag.

Roscoe, R. D.; Chi, M. T. H. (2007): Understanding Tutor Learning: Knowledge-Building and Knowledge-Telling in Peer Tutors' Explanations and Questions. In: Review of Educational Research 77 (4), S. 534–574. DOI: 10.3102/0034654307309920.

Schulze-Seeger, J. (2013): Schwarzer Gürtel für Trainer: Vom Meistern schwieriger Seminarsituationen. Weinheim: Beltz.

Schwarz, V. (2001): Betrachtungen zum therapeutischen Standort in der Logopädie. Forum Logopädie 6, S. 24–29.

Städeli, C. (2010): Kompetenzorientiert unterrichten. Das AVIVA-Modell. Bern: hep, der Bildungsverl. (Praxis).

Topping, K. J. (1996): The effectiveness of peer tutoring in further and higher education: A typology and review of the literature. In: Higher Education 32, S. 321–345.

Treichel, B. (1996): Die linguistische Analyse autobiographischen Erzählens in Interviews und die Anwendung narrationsanalytischer Erkenntnisse auf Probleme von Studienkarrieren. Tübingen: Narr.

Waldherr, F.; Walter, C. (2009): didaktisch und praktisch. Ideen und Methoden für die Hochschullehre. Stuttgart: Schäffer-Poeschel.

Wecker, C. (2012): Slide presentations as speech suppressors: When and why learners miss oral information. Computers & Education, 59 (2), S. 260–273.

Weidenmann, B. (2006): Gesprächs- und Vortragstechnik: Für alle Trainer, Lehrer, Kursleiter und Dozenten. 4. Auflage. Weinheim: Beltz.

Weisbach, C.-R. (1994): Professionelle Gesprächsführung. Ein praxisnahes Lese- und Übungsbuch. München: Deutsche Taschenbuch Verlag.

Woolfolk, A.; Schönpflug, U. (2008): Pädagogische Psychologie. 10. Auflage. München, Boston [u.a.]: Pearson Studium (Psychologie).

Wörner A. (2008): Lehren an der Hochschule. Eine praxisbezogene Anleitung. 2. Auflage. Berlin: VS Verlag. S. 96ff.

How to Get the Mentoring you want. A Guide for Graduate Students at a Diverse Universtity. University of Michigan. The Rachham School of Graduate Studies. http://www.rackham.umich.edu/downloads/publications/mentoring.pdf (30.06.2015)

# Übungsverzeichnis

## Die Autorinnen

**Jana Antosch-Bardohn M.A.** ist Kommunikations- und Hochschuldidaktiktrainerin. Sie hat an der LMU München in der hochschuldidaktischen Weiterbildung PROFiL die Tutorenausbilder-Ausbildung TutorPlus aufgebaut und führt diese seit mehreren Jahren als Ausbilderin durch. Ihr Trainingsschwerpunkt liegt auf den Themen Didaktik und interaktive Lehr-/Lernmethoden, mit besonderem Fokus auf Kreativitätstechniken und geeigneten Methoden für Großgruppen. Im Rahmen ihrer Dissertation erforscht sie Inkubationseffekte und selbstbestimmtes Lernen im Lernprozess.

**Barbara Beege M.A.** ist Kommunikations- und Hochschuldidaktiktrainerin. An der LMU München in der hochschuldidaktischen Weiterbildung PROFiL ist sie für das Weiterbil-
dungsangebot für Lehrtätige verantwortlich und berät seit
mehreren Jahren Dozierende in der Gestaltung ihrer Hochschullehre. Ihre Trainingsschwerpunkte bilden die Themen
Rhetorik und Präsentation insbesondere der Körpersprache
sowie der Umgang in schwierigen Situationen. Aktuell erforscht sie die Förderung von Lerntransfer von Weiterbil-
dungsveranstaltungen.

**Nathalie Primus M.A.** ist Kommunikationstrainerin, Moderatorin und Mediatorin. Sie hat an der LMU München in der hochschuldidaktischen Weiterbildung PROFiL die Tutorenausbilder-Ausbildung TutorPlus aufgebaut und führt diese seit mehreren Jahren als Ausbilderin durch. Sie ist zudem die Vertreterin der LMU im deutschlandweiten Netzwerk Tutorienarbeit. Ihre Trainingsschwerpunkte liegen im Bereich Gruppenleitung und Gesprächsführung mit besonderem Fokus auf der Kommunikation in Konflikten.

Die Autorinnen haben gemeinsam an der LMU München Psycholinguistik und Sprechwissenschaft studiert, dort die intensive Ausbildung zur Kommunikationstrainerin durchlaufen und sind nun seit mehr als 10 Jahren in der Erwachsenenbildung als Trainerinnen und Coaches tätig. Neben der Tätigkeit in der Hochschuldidaktik der LMU, bieten sie mit ihren Kolleginnen und Kollegen der sprachraum eG (www.sprachraum.org) vielfältige Seminare rund um das Thema Kommunikation und Didaktik im akademischen Bereich und für Unternehmen an.

# Register

# Schneller lesen und mehr verstehen

Günther Koch
**Speed Reading fürs Studium**
ISBN 978-3-8252-4412-5
Schöningh. 1. A. 2015
143 S., 11 s/w-Abb., 7 Tab.
€ 9,99 | € (A) 10,30

**Unvorbereitet, weil die Seminarlektüre zu lang ist? Das war gestern!**

Mit Speed Reading lassen sich große Mengen Text fürs Studium mühelos bewältigen. Speed Reading bezeichnet die Fähigkeit, Texte besonders schnell zu lesen, ohne dabei Abstriche beim Textverständnis machen zu müssen. Mittels verschiedener Techniken steigert sich die Lesegeschwindigkeit in kürzester Zeit. Das Gelesene wird wirklich verstanden und der Inhalt behalten.

**Mehr unter www.utb-shop.de**